한국어문화문법 3

우리말 어원과 변천

한국어문화문법 3

우리말 어원과 변천

최태호 지음

문경출판사

머리말

『한국어문화문법』이라는 책을 낸 지 5년이 지났다. 언어는 생물과 같아서 항상 변한다. 그동안 한국어를 외국인에게 가르치면서 어원과 함께 가르치니 상당히 좋은 결과를 보았다. 한국어와 자국어를 비교하면서 가르치는 것도 상당히 반응이 좋고, 역사적인 배경을 설명해 주면 효과가 탁월한 것도 많이 보아왔다. 그래서 그동안 신문에 연재했던 어원과 변천에 관한 칼럼과 토요일마다 지인들에게 보냈던 카카오톡의 <한자놀이>와 <헷갈리는 우리말>들을 엮어서 책으로 낸다.

책을 쓰면서 후회를 하지 않은 적이 없다. 매번 집필하고 나며 더 잘할 수 있었는데 하는 안타까움이 자리잡는다. 하지만 세월이 흐르면 언어의 역상에 따라 묻혀질 것도 많아서 부득이 이번에 『한국어문화문법3』를 내고 이어 『한국어문화문법4』, 『한국어문화문법5』를 출간할 예정이다. 그간에 모은 자료가 충분해서 별로 분류하여 출간하는데 무리가 없을 것으로 본다. 이제 퇴직을 목전에 두고 한국어문화문법에 대한 개요를 어느 정도 정리한 것 같다.

이번에도 책을 내는데 많은 분들의 도움을 받았다. <프레시안>의 김규철 국장님을 비롯해서, <국민투데이>의 이귀선 대표님께 특별히 감사의 인사를 전한다. 한국어 학계에 발을 들여놓은지가 벌써 40년이 되어가는데 그동안 주변에서 격려해주고 보듬어준 지인들이 참으로 많다. 일일이 거론하지는 못하지만 모두에게 감사의 인사를 전한다. 특히 한국어 학계에서 필자와 오류에 관해 늘 토론에 임해 준 아내 성인숙 교수에게도 감사하고, 20년 가까이 필자를 보좌해주는 박정태 교수, 편집에 교정까지 보살펴 준 이대현 교수에게도 고마움을 전한다.

 출판사의 사정도 어려운데 흔쾌히 출판을 허락해준 문경출판사 강신용 대표님께도 감사의 인사를 전한다.

2022년 1월

최 태 호 識

차 례

Contents

■ 머리말 · 8

19 · 갈매기살과 감자탕 이야기
22 · 어쩌다가 개를 낳았나요?
25 · 거시기와 똥짜바리
28 · 거지와 스님
31 · 건달, 깡패, 양아치
34 · 건배와 수작부리기
37 · 겻불과 곁불
40 · 생활 속의 일본어(고도리와 나가리)
43 · '고맙습니다'와 '감사합니다'
46 · 고문(顧問)과 자문(諮問)
49 · 고바우 영감 다꽝 먹다
52 · 곤두박질
55 · 관계해도 괜찮아?
58 · 귀먹으셨어요?
61 · 금수저와 갑질
64 · 생활 속의 일본어(기스와 노가다)
67 · 긴가민가 아리까리하네
70 · 까치설과 황금돼지해
73 · 땟물과 맨드리와 하제
76 · 꼬마와 작은마누라
79 · 나쁜 놈과 꼰대와 틀딱충

81 · 낭만에 대하여

84 · 먼저 가실게요(?)

87 · 떼놈, 되놈, 놈놈놈

90 · 놈팡이와 빨치산

93 · 누적(累積)과 축적(蓄積), 장해(障害)와 장애(障礙)

96 · 능지처참(陵遲處斬)과 오형(五刑)

99 · <님의 침묵>이 맞아요?

101 · 다대기와 다진 양념

104 · 다르다와 틀리다

107 · 다홍치마는 무슨 색일까요?

110 · 단군, 단골, 당골 그리고 화랑

113 · 단말마와 달마

116 · 단풍 유감

119 · 닭실과 닥실과 저곡리(楮谷里)

122 · 도대체 믿겨지지가 않아!

125 · 독도, 대마도, 일본

128 · 돈가스와 포크커틀릿

131 · 돌팔이와 선무당

134 · 똥을 싸요

137 · 마치다, 맞추다, 맞히다

140 · 막걸리와 빈대떡

143 · 머리와 대가리

146 · 머저리와 남북의 언어

149 · 멍텅구리 이야기
152 · 메밀, 모밀, 메밀소바
155 · 몇 월 며칠이죠?
158 · 무데뽀(無鐵砲)
159 · 문화문법(1) 남·북한의 언어비교
162 · 문화문법(2) 퍼더앉아 단고기나 먹읍세다
165 · 문화문법(3) 어벤져스와 복수자연맹
168 · 문화문법(4) 비닐과 플라스틱
171 · 문화문법(5) 미국 언제 들어가세요?
174 · 미꾸라지와 모래무지
177 · 미루나무와 한자어
180 · 미싱과 마징가 제트
183 · 바람(風)과 바람(壁)과 바람
186 · 바램과 바리바리
189 · 문화문법(6) 바톤 터치와 파이팅
192 · '반드시'와 '반듯이'
195 · 저기요 있잖아요
198 · 배상(賠償)과 보상(補償)
201 · 배웅과 마중
204 · 백수(白手)와 백수(白壽)
207 · 백악관과 청와대
210 · 애, 밸, 막창 등이 뭐여?
213 · 번째와 째번

216 · 벙어리와 농인(聾人)

219 · 뵈요와 봬요, 되요와 돼요

222 · 분리수거와 분류배출

225 · 비역질과 밴대질

228 · 빈축(嚬蹙)과 수염(鬚髥)

231 · 사달과 사단

234 · 사리와 곤이(鯤鮞, 고니)

237 · 사이비(似而非)와 근사(近似)

240 · 상갓집과 역전앞

243 · 서리와 쓰리

246 · 설레발치니 어수선하잖아

249 · 성폭력, 성폭행, 성추행, 성희롱 구분하기

251 · 소나기와 가랑비

254 · 수냉식과 수랭식

257 · 수소와 해님

260 · 수입산(輸入産)과 국내산(國內産)

263 · 스승, 선생, 교사

266 · 신문(訊問)과 심문(審問)

269 · 신삥이라 삐까번쩍해!

272 · 실랑이와 실갱이와 승강이

275 · 아삼륙과 삼팔따라지

278 · 아저씨, 아주머니 그리고 아줌마

281 · 안갚음과 앙갚음

284 · 애먼과 숙맥(菽麥)
287 · 어리둥절하다와 어리다
290 · 어제, 오늘 그리고 내일(하제)
293 · 언니 이야기
296 · 에누리와 덤
298 · 일본에게 사과를 요구하라(?)
301 · 연극가와 정치인
304 · 영부인(令夫人)과 어부인(御婦人, 御夫人)
307 · 오빠와 누나
310 · 오지랖과 마당발
313 · '옷이'와 '옷안'
316 · 와이로(わいろ)와 와이로(蛙利鷺)?
319 · '왠지'와 '웬지'
322 · 유모차는 유모가 타나?
325 · 육갑 떨고(?) 산통 깨고…
328 · 이상하다! 형도 동생(同生)인데
331 · 욕심쟁이와 미장이
334 · 전세방과 전셋집
337 · 주책바가지와 대포
340 · 지랄, 염병 그리고…
343 · 지칭과 호칭(교수 최태호와 최태호 교수)
346 · 찌질이와 샛서방
349 · 초마면과 짬뽕

352 · 토시(套袖)와 마초(macho)
355 · 페널티 킥과 승부차기
358 · 한나절은 몇 시간?
361 · 한량과 난봉꾼
364 · 함바식당(はんば)과 스키다시(つきだし)
367 · 후레자식과 화냥년

우리말 어원과 변천

갈매기살과 감자탕 이야기

우리 가족은 월급날이면 외식을 한다. 이것은 첫월급을 받았던 때부터 지금까지 월중행사로 진행해 오는 우리 집안의 좋은(?) 가풍이다. 행사를 치르기 위해서는 가장인 필자가 미리 어느 곳이 좋은가 물색하거나 평소에 지인들과 다녔던 곳 중에서 맛있었던 곳을 가려서 간다. 매월 하는 행사라 어지간한 곳은 거의 가 보았다고 해도 과언은 아니다. 기분 좋고 시간이 맞으면 외지로 나가기도 하고 장거리 여행도 불사할 때도 있다. 일반적으로는 살고 있는 도시에서 평소에는 비싸서 갈 수 없었던 곳이나, 평소에 가던 곳이라도 특별히 맛있는 곳이 있으면 함께 가기도 한다. 과거에는 주로 고기 종류로 먹었는데, 요즘은 건강식으로 방향이 바뀌고 있는 것이 다르다. 예를 들면 예전에는 쇠고기나 돼지고기 종류였다면 지금은 버섯이나 황태, 회 등으로 바뀌고 있다. 그런데, 식당에 들어가 보면 가끔 의미를 알 수 없는 음식들도 많다.

필자가 아주 좋아했던 음식 중에 '갈매기살'이라는 것이 있다. 아마 처음 접했던 것은 고등학교에 재학하던 시절이었던 것으로 기억한다. 성남에서 학교를 다녔기에 여수동 갈매기살을 먹으러 자주 다녔었다. 그 당시에는 갈매기살이 무엇인지도 모르고 그냥 맛있게 먹었던 기억밖에는 없다. 사람들에게 가끔 갈매기살이 무엇이냐고 물어 보면 바닷가에 날아다니는 갈매기고기인 줄 착각하는 경우가 많다. 사실은 돼지고기 중에서 횡격막(가로막)에 해당하는 부위를 일컫는다. 우리말로 '간막이살'이라고 했다. 간막이살이든 칸막이살이든 발음하기도 어렵고 많은 사람들의 귀에 갈매기가 익은 터라 갈매기살로 굳어버렸다.

양곱창이라는 것도 있다. 사람들은 양(羊)의 곱창인 줄 알고 있다. '양'이란 단어는 순우리말이다. 그것은 '위장'(밥통)이라는 뜻이다. 한자로 양(䏩)이라고도 쓰는데 이 글자는 우리나라에서 만든 한자어다. 중국인이나 일본인들은 이런 글자를 모른다. 마치 '돌(乭)'자처럼 한국인만이 알고 있는 한국한자어이다. 그러므로 '양곱창'이란 '소의 위장'을 말한다. 쫄깃쫄깃한 것이 식감이 아주 좋아 애주가들에게 사랑을 받는 음식이다. 가끔 사람들 중에는 밥을 먹고 나서 "나는 양이 적어서 많이 못 먹어."라고 하는 사람들이 많은데, 양이 적은 것이 아니라 양이 작아서 많이 못 먹는 것이 맞다. 즉 밥통이 작아서 많이 집어넣을 수 없다는 뜻이다. 양이 적다고 하는 말은 양(量)으로 잘못 알고 있기 때문에 일어나는 오류다. 그러므로 반드시 양이 작아서 많이 못 먹는다고 표현하는 것이 맞다.

감자탕도 마찬가지다. 감자탕은 감자로 만들었다고 생각하는 사람이 많다. 감자탕에는 감자가 없어도 된다. 원래는 감자가 아니라 '간자(間子)'라고 한다. '간자'는 등뼈에서 살을 발라내고 남아있는 살코기를 말한다. 뼈 사이에 붙어있는 살이라고 생각하면 된다. 뼈를 푹 고와 살과 분리하기 쉽도록 해서 먹는 음식이다. 원래는 '간자탕'이었는데, 이것이 우리가 흔히 아는 감자와 발음이 유사하여 감자탕이라고 일컫게 된 것이다.

제육볶음도 그렇다. 처음에 제육볶음을 먹었을 때는 갖은 고기를 넣어서 볶은 요리인 줄 알았다. 돼지고기 맛이 나길래 주인에게 물었더니 돼지고기가 맞다고 한다. 그렇다면 저육볶음이 되어야 하는데 왜 제육볶음이라고 했을까 궁금했다. 답은 간단하다. 돼지고기 저(猪=豬)자가 모두 제(諸)자와 비슷하게 생겼다. 그렇기 때문에 무식한 옛날 사람이 '저육'을 '제육'이라 발음한 것이고 이것이 굳어서 지금의 제육볶음으로 되었다. 이해하기 쉽게 저팔계를 생각하면 된다. 저팔계는 돼지 저(猪=豬)자를 쓰고 있음을 상기하면 간단하다.

성급한 일반화의 오류라고 하는 것이 맞겠다.

사람들은 자신이 알고 있는 것이 모두 진실인 양 말한다. 그러나 자세히 알고 보면 자신이 잘못 알고 있는 경우도 많다. 때로는 우리 민족 대부분이 잘못 알고 있는 것도 있을 수 있다. 서울에 사는 교양 있는 사람들이 두루 쓰는 말이 표준어라고 정해놓고 보니 때로는 엉뚱한 결과를 가져오는 경우도 많다. 아무리 표준어라 할지라도 정확한 의미를 알고 쓰는 것과 모르고 쓰는 것은 다르다. 의미를 바로 알고 사용하는 한국인이 되자.

어쩌다가 개를 낳았나요?

공자의 사상 중에 '정명주의(正名主義)'라는 것이 있다. 그 내용은 "군군신신부부자자(君君臣臣父父子子 : 임금은 임금답고 신하는 신하답고 아버지는 아버지답고 아들은 아들다워야 한다.)"이다. 참으로 중요한 말이 아닐 수 없다. 특히 요즘같이 위아래도 없고, 부부의 호칭도 자유로운 세상에서는 꼭 필요한 말이다. 임금이 임금답지 않으면 존경받을 수가 없고, 그렇게 되면 백성이 따르지 않는다. 지난 칼럼에 부부간의 호칭 중에 '오빠'라고 부르는 사람들이 많아서 불편하다고 한 적이 있다. 이름을 부르는 사람들도 보았는데, 호칭은 호칭으로 바르게 적용해야 아름다운 사회가 된다고 본다.

필자는 개를 참으로 좋아한다. 그래서 시골에 살던 시절에는 열네 마리까지 키운 적도 있다. 종류별로 많이 키워 봤는데, 개는 역시 진돗개가 제일 좋았다. 지금은 주로 아파트에 거주하기 때문에 개를 키우지 못하지만 언젠가는 시골에 들어가 강아지를 기르면서 살고 싶은 마음은 여전히 남아있다. 그래서 개와 관련된 TV 프로그램을 자주 보게 된다. 오늘도 개 관련 프로그램을 시청하고 있는데, 자꾸 귀에 거슬리는 용어들이 난무하여 화가 잔뜩 나 있다. 결론부터 이야기하자면 어쩌다가 사람이 '개를 낳고 사는 세상'이 되었는가 하는 것이다. 반려견의 잘못된 습관을 바로 잡는 프로그램이었는데, 나오는 사람마다 개를 보고 자신을 호칭할 때 '엄마'라고 한다. 개를 칭하면서 '주인공(主人公)'이라고 부르는 것도 못마땅한데, 왜 자꾸 개엄마가 되려고 하는지 모르겠다. 세월이 많이 흘러서 호칭의 변화가 온다고 해도 쌍수를 들고 반대할 참인데, 벌써 개가 주인공이 되고, 사람이 조연으로 '엄마', '아빠'의 역할을 맡게 되었는가? 주인공(主人公)이란 단어는 "1.연극, 영화, 소설 따위에서 사건의 중심이 되는 인물, 2.어떤 일에서 중심이 되거나 주도적인 역할을 하는 사람"이다. 위의 정의에서 보는 바와 같이 주인공이 되려면 '사람'이어야 한다. 그런데 왜 개를 보고 주인공이라 하여 '사람' 취급을 하는가 궁금하다. 그렇다고 '주견공(主犬公)'이라고 부르면 이상하려나? 그래도 주인공이라는 단어보다는 나은 것 같다. 개는 개일 뿐이지 사람이 아니다. 그러므로 주인공이라는 단어도 부적절하고 '주견공'이라는 말도 필자가 지어낸 것이니 사회화가 되려면 한참 지나야 한다. 중요한 것은 주인공이라는 단어는 '사람'에게만 적용할 수 있는 말인데 개에게 적용한다는 말이다. 혹자들은 필자의 사고방식이 지나치게 고루하다고 할 수도 있다. 반려견은 이미 가족과 같은 존재인데, 사람 취급을 해 주면 안 되겠는가 하고 반문할 수도 있다. 그러나 앞에서 공자가 말했듯이 이름이 바르지 못하면 사회가 어지러워지게 마련이다. 굳이 개에게 엄마라고 스스로 표현하는 사람도 많이 있지만 개의 주인이거나 보호자일 뿐이다. 개의 엄마는 절대로 아니다.(사실 이런 표현 방법을 놓고 필자도 자녀들과 갈등이 많다. "내가 개 할애비냐?"고 하면서 싸워도 그때뿐이다. 오호 통재라!)

　소설이나 시 속에서 작품을 위하여 개를 의인화하는 경우는 많다. 그것은 작품을 위해서 수사법의 하나로 활용하는 것일 따름이다. 우리의 옛 소설(가전체의인소설)을 보면 '돈'을 의인화하고, '술'을 의인화하고, '죽부인(대나무)'을 의인화하여 쓴 작품도 많다. 동물농장도 그런 부류의 작품이다. 그런 작품을 통해서 새로운 시각으로 세상을 바라보고, 세상의 부조리를 풍자하고자 하는 것이지 세상이 그렇게 된 것이라는 말은 아니다. 소설은 글자 그대로 '있을 법한 이야기를 작가의 사상과 감정에 의해 꾸며 낸 이야기'이다. 소설이 그렇다고 현실에서도 그대로 적용할 수는 없다. 소설적인 삶을 사는 것과 소설의 주인공이 되는 것은 다르다. 사람은 그 자체가 주인공으로서 반려동물들과 교감하면서 아름답게 살아가고자 하는 것이 목적이 되어야지 개를 키우면서 그 노예가 되어서는 안 된다. TV에서는 개를 잘 훈련시키는 이야기였는데, 보는 사람의 입장에서 지나치게 의인화하는 것이 너무나 안타까워서 외쳐보았다. 반려견으로 훈련시키는 것은 함께 잘 살아보자고 하는 것이지 개를 모시고 살자고 하는 것은 아니다.

개를 주인공으로 섬기기 전에 잘 훈련시켜서 함께 아름다운 이야기를 만들 수 있는 사회가 되었으면 좋겠다.

거시기와 똥짜바리

'거시기'라고 써 놓고 보니 모니터에 빨간 줄이 그어져 있다. 표준어가 아니라는 말인가? 사실 '거시기'라는 말은 표준어가 맞다. 대부분의 사람들이 전라도나 충청도 사투리쯤으로 알고 있는데, 틀림없는 표준어다. 어느 영화에선가 백제 사람들이 '거기시'라는 말을 마치 암호처럼 쓰고 있는 것을 보았다. 그만큼 이 말은 의미가 많다. 뭔가 특정하게 생각나지 않을 때 대용하는 말이다. 어린 시절에도 거시기라는 말을 참 많이 쓰고 많이 들으면서 자랐다. 어른들이 "거시기가 거시기 혀."라고 말해도 기가 막히게 알아듣곤 했다.

우선 '거시기'라는 말은 "1. 이름이 바로 생각나지 않거나 직접 말하기 곤란한 사람을 대신하여 가리키는 말. 2. 이름이 바로 생각나지 않거나 직접 말하기 곤란한 사물을 대신하여 가리키는 말. 3. 하려는 말이 얼른 생각나지 않거나 말하기 거북할 때 하는 말"이다. 그러므로 '대명사'라고 보아야 한다. 그럼에도 불구하고 '거시기하다'라는 말도 자주 사용한다. 사실 대명사에 '하다'라는 말을 붙여서 동사로 만들 수는 없다. 예를 들면 "그가 그하다."라고 쓸 수 없는 것과 같다. 대명사에 '하다'가 붙어서 동사가 된 경우는 거의 없다. 명사에 '하다'가 붙어서 동사가 되는 경우는 허다하다. 예를 들면 '공부'라는 명사에 '하다'를 붙여서 '공부하다'라고 쓰는 것과 같다. 이런 예는 수도 없이 많다. 외국 학생들이 아주 많이 틀리는 띄어쓰기의 하나이기도 하다. 외국인들은(한국학생들도 많이 틀리지만) "공부 하다"와 같이 띄어 쓰는 친구들이 많다. 왜냐하면 '공부'라는 명사와 '하다'라는 동사로 각각 하나의 단어로 보기 때문이다. 그러나 '공부하다'는 하나의 동사임을 알아야 한다. 이렇게 명사에 '하다'가 붙어서 동사가 되는 경우는 많지만 '대명사'에 하다가 붙어서 동사가 되는 경우는 없었다. 그러므로 사실상 '거시기하다'는 어법상 틀린 것이다. 그럼에도 불구하고 사전에 보면 "거시기하다 : 1. 적당한 말이 얼른 생각나지 않거나 바로 말하기 곤란한 상태나 속성을 언급하고자 할 때 사용하는 말. 2. 적당한 말이 얼른 생각나지 않거나 바로 말하기 곤란한 행위를 언급하고자 할 때 사용하는 말."이라고 나타나 있다. 근자에 와서 사전에 등재된 것이다. 비슷한 말로 '거식하다'라고 했던 것은 있다. "거식하다 : 1. 주로 구어체에서, 얼른 생각나지 않거나 바로 말하기 곤란한 상태나 속성을 언급하고자 할 때, 그 대신으로 쓰는 말. 2. 주로 구어체에서, 얼른 생각나지 않거나 바로 말하기 곤란한 행위를 언급하고자 할 때, 그 대신으로 쓰는 말."이었는데 '거시기하다'로 표기한 것이다.

다음으로 똥자바리라는 말도 있다. 원래는 우리 고유의 말인데, 언제부터인가 '똥구멍의 방언'으로 표기되기 시작했다. 답답한 현실이다. 똥짜바리의 원래의 뜻은 '똥구멍의 언저리'라는 말이었는데, '똥구멍'이라는 말이 '항문'에 밀려서 속어가 되어 '똥짜바리'까지 속어의 대열에 들게 되었다. 순우리말은 속어가 되고 한문이나 일본어는 격식 있는 단어인 것처럼 된 현실이 슬프기만 하다. '자바리'라는 말은 '구멍(혈(穴))'을 말한다. 그러니까 '똥구멍'이었는데, 변하여 '똥구멍의 언저리'로 쓰여 왔다. 콧사배기(콧구멍), 입사배기(입구멍), 똥짜바리(똥구멍) 등과 같이 다양하게 쓰이던 우리말인데 일본어와 한자어가 들어와 자리잡으면서 순수한 우리말은 속어로 전락하고, 한자어나 일본식 한자어를 사용해야 점잖은 표현으로 인식되었다. 문화적인 사대주의가 만연한 까닭이다. 필자가 자주 말하는 것 중에 노인과 늙은이, 계집과 여자 등등이 모두 여기에 해당하는 것들이다. 항문(肛門)은 점잖은 표현이고 '똥짜바리'는 속된 표현이라고 사전에 나와 있으니 뭐라 더 이상 할 말은 없지만 우리말의 자존심이 구겨진 것은 의심할 여지가 없다.

  문화적인 사대주의에서 벗어나야 하는데, 우리가 만든 사전에서 전부 이렇게 표현하였으니 어쩌면 좋을까?

  오호 애재라!

거지와 스님

 필자는 어디 가도 말을 잘 안 한다. 말을 많이 하지 않는다는 말이다. 학회에 가서도 그렇고 대학원 제자들과 있을 때도 주로 듣는다. 나이 많은 제자들이 많은 것도 이유일 수 있지만 필자가 말을 하면 다른 사람이 말할 기회를 잃게 되고, 필자의 말이 모범답안처럼 들릴 때가 많기 때문이다. 다른 사람이 말할 기회를 많이 주기 위함이다. 말을 듣다 보면 전혀 말이 안 되는데도 불구하고 많은 사람들이 고개를 끄덕일 때가 있다. 아주 틀린 것이면 수정해 주지만 크게 해가 되지 않는 것은 못들은 척하고 넘어간다.

 어제는 오랜만에 즐거운 하루를 보냈다. 석가탄신일이라 평소 존경하는 스님의 절에 가서 축사도 하고 공연도 관람했다. 김문숙 명창이 경기민요로 시원하게 귀를 뚫어주었고, 이어 모노드라마 품바 공연이 이어졌다. 연극의 참맛을 느낄 수 있어 좋았다. 짧은 시간에 맞춰 공연하다 보니 요점만 간단히 한 공연이지단 관객과 호흡을 맞춘 참 좋은 공연이었다. 각설이타령과 함께 각설이의 세상풍자가 시원하게 더위를 식혀준 하루였다.

 각설이의 공연 중에 각설이와 거지의 의미에 관한 내용이 있어서 인용해 본다. 각설이 왈 "각설이는 깨달을 覺에 말씀 說자로 깨달은 사람의 말씀"이라고 했다. 재미있는 말이지만 민간어원설이다. 스토리가 길어서 이에 관해서는 다음 번에 길게 논하기로 하고, 거지에 대한 그의 정의를 다시 한 번 들어 보기로 하자. "거지란 말야, 클 E자에 알

知자를 쓴단 말야. 그러니까 크게 아는 사람이라는 뜻이지."라고 하면서 거지가 학문적으로 도통한 사람이라는 쪽으로 유도하여 웃음을 자아내었다. 역시 연극은 풍자가 있어야 제맛이다. 그 누가 거지를 '깨달은 사람, 도통한 사람'이라고 한자로 그려낼 수 있을까? 모두 흐뭇해하면서 점심 식사 시간까지 그 대화가 이어갔다. 필자는 말을 할 수가 없었다. 왜냐하면 지난 해(2019) 5월 5일 [국민투데이]에 '건달, 깡패, 양아치'에 관한 글을 썼기 때문이다. 그 글에서 약간의 의미 분석을 했는데, 그 좌석에서 한국어 전공자가 아는 척을 하면 그 분위기는 썰렁하게 될 것이 뻔하기 때문이다. 이제 지면을 빌어 거지의 진정한 의미를 분석해 보고자 한다.

'거지'는 '거러치에서 유래한 말로 거와 지의 합성어'다. "거러치(걸인(乞人)는 '거러'와 '치'의 합성어로 '치'는 사람을 가리킨다." 우리가 흔히 이치, 저치할 때 말하는 '치'가 그것이다. 작년에 말한 '양아치'의 '치'도 여기에 해당한다. '치'가 사람을 뜻하는 것은 만주어에서 유래했다. '누루하치'의 '치'가 바로 그것이다. 동냥아치, 양아치, 장사치 등을 생각하면 금방 이해할 수 있다. '거러'는 '걸'에서 유래한 말이다. '걸뱅이'를 황해도에서는 '거러지'라고 한다. 이 모든 것이 걸인(乞人)이라는 우리말의 변형이다. '거러치> 걸치> 거지'로 변형되어 오늘날의 거지라는 단어가 형성된 것이다. '거지(巨知) = 크게 아는 사람'이라고 하는 것은 단순한 풍자요 해학일 따름이다. 결국 한자어 걸(乞)도 우리말과 어원이 동일한 것이라고 볼 수 있다. 거지의 사투리를 보면 '거러지, 거렁뱅이, 거러시, 거랭이, 걸바시, 걸뱅이, 걸버시, 걸빙이'등이 있다. <서정범, 새국어어원사전> 그러므로 그 어근이 '걸'이라는 것을 알 수 있다.

다음으로 동냥아치에 대한 것인데, 이미 작년 칼럼에서 기술했기에

요점만 쓴다. 스님 중에 탁발승이 있다. 탁발하는 승려를 말하고, 탁발은 승려가 마을을 다니면서 음식을 구걸하는 일을 말한다. 걸식(乞食)으로 번역하며 땡추중이라고도 했다. 중국에서는 송(宋)나라 때부터 탁발로 통했다. 탁발은 인도에서 일반화되어 있던 수행자의 풍습이 불교에 도입된 것인데, 중국·한국의 불교에서, 특히 선종에서는 수행의 일환으로도 간주된다. 본래의 취지는 수행자의 간소한 생활을 표방하는 동시에 아집(我執)과 아만(我慢)을 버리게 하며, 속인에게는 보시하는 공덕을 쌓게 하는 데 있다. 동냥은 원래 불교용어 동령(動鈴)에서 나온 말이다. 동령이란 '요령을 흔들고 다닌다'는 뜻이다. '요령'은 원래 금강령(金剛鈴)을 가리키는 말인데, 금강령이란 옛날 불교 의식에서 쓰던 도구로서 번뇌를 깨뜨리고 불심을 더욱 강하게 일으키기 위해서 흔들었다. 그러던 것이 조선시대의 스님들이 생계 유지를 위해 탁발에 나설 때 요령을 흔들고 다니게 되면서부터 동령을 '구걸'과 같은 뜻으로 쓰게 되었다. <다음백과> 이 동령이 동냥으로 변음되면서 오늘날 '동냥아치> 양아치', '동냥주머니' 등의 말이 생기게 되었다.

민간어원이 오래 되다 보면 진짜어원으로 둔갑하기도 한다. 옳고 그름을 따지기보다는 흥미와 학문의 중간에서 모두 간직하고 싶은 욕망이 인다. 연극인 각설이가 부럽다.

건달, 깡패, 양아치

예전에는 건달, 깡패도 많았다. 흔히 넝마주이라고 하던 양아치도 많이 보면서 학창생활을 보냈다. 사회에 나와서 보니 사람마다 동네 양아치, 건달, 깡패 등등의 의미가 다르게 사용되고 있었다. 지금도 양아치를 가장 저질스러운 삼류 건달 취급하기도 한다. 오늘은 그 의미를 명확하게 해 보고자 한다.

우선 건달의 의미를 보자. 신라 진평왕(재위 579~632) 때 융천사(融天師)가 지은 향가에 <혜성가>가 있다. 그 내용을 보면 다음과 같다. "옛날 동해 물가 **건달파**가 놀던 성을 바라보고, "왜군도 왔다!" 봉화(烽火)를 든 변방(邊方)이 있어라. 삼화(三花)의 산구경 오심을 듣고 달도 부지런히 등불을 켜는데 길 쓸 별 바라보고 "혜성이여!" 사뢴 사람이 있구나. 아아! 달은 저 아래로 떠 갔더라. 이 보아 무슨 혜성이 있을꼬"(<삼국유사> 진평왕, 융천사조)

이 글 속에 건달이라는 말이 처음 나온다. 우리는 흔히 건달이라고 하면 건들건들하면 좀 노는(?) 사람이라고 생각한다. 하지만 글의 내용을 보면 불교에서 좀 놀아 본(?) 인물이라는 것을 알 수 있다. 여기서 놀아 보았다는 말은 풍류(風流)를 안다는 말이다. 사전적 정의를 보면 '건달'은 불교 용어인 '건달파(乾達婆)'에서 유래한 말이다. 건달파는 범어(梵語) Gandharva의 음역이다. 그 의미는 '**변환막측**(變幻莫測)'이란 뜻이며, '향신(香神)'이나 '후향(嗅香, 향기를 맡다)' 등으로 번역된다. 건달파는 제석천(帝釋天)에서 **음악을 맡아 보는 신**으로, 술과 고기를 먹지 않고 **향(香)만 먹고 허공을 날아다닌다**고 한다. 이 말이 우리나라에 들어와서 악사나 배우 등을 지칭하는 용어가 되었다. 그러다가 조선시대에 불교를 천시하고, 노래를 부르는 예인(藝人)을 무시했던 풍습에 의해 건달파라는 말이 그저 할 일 없이 놀고먹는 사람을 가리키는 말로 바뀐 것이다. 과거 신라시대에 많은 인재를 배출했던 화랑이 조선시대에 와서 무당으로 격하된 것과 동일한 발상이다.

한편 깡패라는 단어는 모양부터가 독특하다. 한자도 아니고 한글은 더욱 아니며 영어 또한 아니다. 이미 살펴보았던 '다홍'색과 같은 맥락에서 해석해야 한다. 즉 '다홍(大紅)'색은 중국어 발음 '따훙'이 그대로 우리나라에 적용되어 '다홍'으로 정착한 것이다. 이런 뿌리 없는 언어가 우리나라에는 종종 나타난다. 깡패라고 할 때 어원은 영어의 'gang'에서 찾아야 한다. 흔히 'gang단(團)', 'gang패(牌)' 등에서 유추할 수 있다. 원래 '패(牌)'란 관청에서 함께 번을 서는 한 무리의 조를 일컫는 말이다. 대개 40~50명 정도로 이루어진다.(네이버 오픈사전) 그러니까 'gang(갱, 범죄조직)'이라는 단어와 '무리'를 칭하는 '패'가 어우러져 이루어진 1957년도의 신조어다.(<경향신문> 1957년 7월 11일, 조항범, 우리말 어원이야기) '갱' 자체가 '악한 무리'라는 의미가 있는데 여기에 '무리'라는 뜻의 '패'를 덧붙여 만든 것이다. 현대식으로 하자면 처갓집, 역전앞, 족발 등과 같이 동어를 반복해서 만든 단어다. 참고로 깡통의 '깡'은 영어 'can'에서 유래한 것으로 깡패와는 전혀 관계가 없다.

끝으로 양아치라는 단어는 출신이 조금 다르다. 원래는 '동냥아치'에서 나온 말이다. 동냥승은 구걸하며 도를 닦는 승려를 말한다. 어원은 '동령(動鈴)'에서 비롯되었다. 글자 그대로 방울을 흔들면서 탁발을 하는 행위를 동령이라고 하는데, 동령>동량>동냥으로 변했고, 나

중에는 '동냥중'이라고 하였다. 요령을 흔들며 탁발하는 승려를 뜻한다. 심봉사가 어미 없는 심청에게 동냥젖을 먹였다는 것을 기억하면 쉽게 이해가 간다. 이렇게 '동냥하러 다니는 사람'을 동냥아치라고 불렀는데, 여기서 '동'이 생략되어 '양아치'가 된 것이다. 불교를 배척하면서 천한 의미로 바뀐 것이다. 지금은 '품행이 바르지 못한 야비한 사람'이라는 뜻으로 사용하고 있다.

언어는 늘 변화하게 마련이다. 1957년도에 신조어였던 깡패가 이제는 사라져가는 언어가 되고 있다. 사라지기 전에 그 의미를 바로 잡는 것이 중요하다. 가능하면 무례하거나 속된 말보다는 아름다운 우리말을 살려 쓰는 문화인이 되었으면 하는 소망이 있다.

건배와 수작부리기

우리 민족은 술을 참 좋아한다. 러시아 사람들은 추워서 마시지만 한국인들은 즐기려고 마신다. 그래서 조지훈은 "술을 마시는 것이 아니라 정을 마시는 것이다."라고 하면서 주도를 펼치기도 하였다. 예로부터 국중대회(國中大會)면 항상 '음주가무 주야무휴(술을 마시고 노래하고 춤을 추며 밤낮으로 쉬지 않았다)'라는 단어가 늘 따라다녔다. 술을 잘 마시지 못하는 필자도 술자리는 즐기는 편이다. 대학에 다니던 시절에도 친구들이 모두 술에 취하면 하나씩 차에 태워 보내고, 마지막으로 인사불성 된 친구 집에 바래다주고 집에 가는 것이 취미(?) 생활이었다.

술을 마시면 언제부터인지 재미있는 건배사로 좌중을 즐겁게 하는 것이 새로운 문화로 형성되었다. 흔히 말하는 "개인과 나라의 발전을 위하여, 개나발!"을 외치고, 외국어를 사용한답시고 "드숑!, 마셩!"으로 흥을 돋우기도 한다. 이것도 이미 구세대의 유물이 되었고, 요즘은 "백두산(백 세까지 두 발로 산 타자), 마돈나(마시고, 돈 내고 나가자)" 등으로 진화하고 있다.

이렇게 건배사를 많이 하다 보면 하염없이 마시게 된다. 왜냐하면 건배(乾杯)는 '술잔의 술을 다 마셔서 말리다(비우다)'라는 뜻이기 때문이다. 요즘은 '술좌석에서 서로 잔을 들어 축하하거나 건강 또는 행운을 비는 일'이라고 정의하기도 한다. 술을 마시면서 건강을 비는 것도 조금 이상하기도 하다. 중국사람과 술을 마시면 "건배!" 하고 나면 자신의 빈 잔을 보여준다. 물론 우리나라에서 머리에 잔을 거꾸로 들고 확인하는 순서도 있기는 하지만 중국처럼 반드시 잔을 비워야 하는 것은 아닌 것으로 인식하고 있다. 그러나 사실상 의미를 정확하게 따진다면 "건배!" 하고 나면 잔을 비워야 하는 것이 맞다. 한자의 뜻이 그렇다는 말이다. 대학에 근무하던 초창기에는 MT만 가면 아이들의 성화에 몇 잔 마시고 항상 시체놀이(?)했던 기억이 있다. 지금은 아이들도 착해졌는지 술도 그리 많이 마시지 않고, 심하게 권하지도 않는다.

한국의 주도(酒道) 중에 중요한 것이 있는데, 그것은 "술을 마실 때 석 잔을 원칙으로 하되, 다섯 잔은 허용되며, 일곱 잔은 넘을 수 없다."는 규칙이다. 즉 술은 석 잔만 마시는 것이 가장 좋다는 말이다. 그래서 석 잔을 '품배(品杯)'라고 한다. 가장 품위 있는 술이라고나 할까? 넉 잔을 마시면 말이 많아진다. 그래서 '효배(囂杯, 왁자할 효)'라고 한다. 그러니 또 한 잔을 마셔서 다섯 잔을 채워야 한다. 눈치가 빠른 독자는 벌써 웃고 있을 것이다. 이 법칙에는 잔의 크기가 없다. 즉 많이 마시는 사람은 대포(大匏 – 큰 바가지)로 석 잔을 마시면 된다. (예전에 우리 어린 시절에는 대포집이 참 많았다. 필자는 집마다 발칸포가 하나 씩 있는 줄 알았다. 이제 보니 큰 바가지로 퍼준다는 뜻이었고, 더 큰 바가지로 떠 준다고 왕대포집이었던 것이다.) 참으로 융통성이 있는 법칙이다. 중요한 것은 홀수로 마셔야 한다는 것이니, 짝수는 음의 수이기 때문 내장을 상하게 하고, 홀수는 양의 수이기 때문에 건강에 좋다. 그래서 홀수로 마시는 것이다.

다음으로 술을 마시면 수작부리는 사람이 많다. 맨 정신으로는 하지

못하던 것을 술기운을 빙자하여 작업(?)을 한다. 그것이 바로 '수작(酬酌)'이다. 수작은 "①술잔을 서로 주고받음, ②서로 말을 주고받음"이라고 사전에 나타나 있지만 원래는 '자기가 마시던 잔을 상대에게 주면서 술을 권하는 행위'를 말한다. 즉 대 놓고 뽀뽀할 수는 없으니 술잔을 통해서 간접적으로라도 뽀뽀해 보자는 것이다. 그리고 보니 이 수작이라는 행위의 역사가 꽤 오래 된 것 같기도 하다.

술기운에 수작부리지 말고 백만 송이 장미를 들고 가서 구혼하는 것이 더 멋있지 않을까? 중요한 것을 술을 즐겨야지 술의 노예가 되면 안 된다. 흔히 '취(醉)했다'라는 표현을 하는데, '유(酉=술의 의미)+졸(卒=죽다, 졸하다)=취(醉)'라는 글자이므로 '취하다 = 술 마시고 죽을 가능성이 있다'로 해석할 수 있다. 취하도록 마시면 가족이 슬퍼하는 일이 생긴다. 애주가는 술을 즐기지 취하도록 마시지는 않는다.

오늘의 주제! 술을 오래 즐기려면 폭음하지 말고 석 잔만……

겻불과 곁불

 필자는 시골에서 태어났다. 그리고 초등학교 중학교 절반을 그곳에서 농사짓는 시늉을 해가면서 살았다. 어린 시절에 누에치기가 시들해지니 뽕나무 캐라고 하여 손이 시리도록 삽과 곡괭이질도 해 봤고, 소 먹일 여물 쑬 때면 잘 익은 콩을 쇠죽에서 꺼내 먹기도 했다. 지금 초등학교 3,4학년 아이들에게 이런 얘기를 하면 정말로 꼰대 소리 듣기 십상이다. 그 어린 시절의 기억 중에서 하나가 왕겨를 때던 일이다. 건넌방에 약한 불을 지피고 왕겨를 한 말 정도 들이 부어 놓고 풍로(風爐 풍구)를 돌린다. 살살 돌려야 하는데 성질 급한 필자는 지나치게 빨리 돌려서 짙은 연기가 나다가 결국은 그 연기가 '펑'하고 터져 버렸고, 그 소리에 놀라 정말로 뒤로 자빠졌다. 물론 얼굴에 옅은 화상도 입었으나 다행히 흉이 지지는 않았다. 그럴 때면 어른들이 나와서 왕겨를 태우는 법을 알려주고 은은한 그 불길을 즐기는 것을 보았다. 그때가 영동고속도로 공사를 하던 시절이니 참으로 오랜 기억 속에서 건져낸 이야기다.

 흔히 어른들은 "이눔아 양반은 얼어 죽어도 겻불은 안 쬐는 것이여."라고 했을 때, 그 의미가 무엇인지도 모르고 '남의 곁에서 불을 쬐면 안 되는가 보다.'라고만 생각했었다. 가끔 어른들의 말씀 중에 "오뉴월 겻불도 쬐다 나면 서운한겨."라고 하는 말이 뭔 소린지 몰라서 듣고 잊었던 적도 있다. '겻불'은 '겨를 태우는 불'이다. 주로 왕겨를 태운다. 불기운이 미미하여 더운 맛이 없다. 그런데 왜 양반은 얼어 죽어도 겻불은 안 쬔다고 했을까? 처음에는 남의 곁에서 불을 쬐지 않는다고 생각했지만 사실은 그것이 아니고, 왕겨를 태우는 불은 쬐지 않는다는 말이었다. 속담사전에 보면 "아무리 궁하거나 다급한 경우라도 체면을 깎는 짓은 하지 아니한다."고 나타나 있다. 양반의 체면을 중시하는 말이라고 하겠다. 그러나 그 뒤에는 양반의 숨은 미의식이 들어 있다. 겨를 태우는 불은 뜨겁지는 않지만 은은하게 오래 타는 성질이 있다. 그러므로 조선시대에 반상의 구별이 확실하던 시절 상민들이 주로 겻불을 쬐고 있었는데, 양반이 가면 자리를 비켜주고 그들은 멀리서 떨고 있을 수밖에 없다. 그러므로 양반은 그들을 위한 배려로 겻불을 쬐지 않았던 것이다. 세월이 흐르면서 양반들의 체면만 중시하는 모습으로 바뀌었지만 내면에는 백성들을 생각했던 멋스런 모습이 들어 있는 문장이다.

그렇다면 겻불과 곁불은 어느 것이 맞는 것일까? 위의 글을 죽 읽어 보면 틀림없이 겨를 태운 불이므로 겻불이 맞다. '겨+ㅅ+불 = 겻불'이 되었기 때문이다. 그런데 많은 사람들은 남이 불을 쬐는데 옆에서 불을 쬐는 것이기에 곁불이 아닌가 할 수도 있다. 그러나 그렇지 않다. 곁불은 전혀 다른 의미가 있다. '곁불'의 사전적 의미는 '직접 관계없이 가까이 있다가 받는 영향' <오픈사전>이라고 나타나 있다. 혹은 '얻어 쬐는 불', ' 가까이 보는 덕', ' 남이 켰거나 들고 있는 불'과 같이 나타나 있지만 이는 모두 원래의 의미와 조금 거리가 있다. 원래 곁불이라는 뜻은 '목표 근처 있다가 맞는 총알', '어떤 일에 직접 관여하지 않고 가까이 있다가 받는 재앙'이라고 되어 있다. 현대인들은 주로 "유탄 맞았다."는 표현을 쓴다. 예전에는 총을 쏠 때 화약에 불을 붙여서 사용했다. 그래서 옆에 있다가 총알을 맞기도 했다. 거기서 유래한 말이 '곁불 맞는다.'고 한다. 그리고 "무사는 곁불은 쬐지 않는다."는 말도 있다. 이때의 곁불은 "얻어 쬐는 불"이라는 의미다. 곁불에는 "이익을

추구하려고 권력 주변에서 머물다가 예상치 못한 재앙을 당한다."는 의미가 강하다.

 곁불이나 곁불은 모두 사용할 수 있는 단어다. 그러나 그 의미는 전혀 다르다. 하나는 체면을 중시하는 양반의 관념과 백성을 추위를 배려하는 미덕이 함께 들어 있는 단어이고, 곁불은 이익을 추구하다 뜻밖에 재앙을 당한다는 의미가 강하니 서로 적확(的確)하게 구별해서 활용해야 한다.

생활 속의 일본어(고도리와 나가리)

　지난 번에는 의복과 관련된 일본어를 알아보았다. 미싱이라는 말이 머신(sewing machine)에서 유래했다는 말이 재미있었던 모양이다. 많은 전화와 격려의 글을 받았다. 이번에도 생활 속에서 흔히 사용되고 있는 일본어를 살펴보기로 한다. 명절이 다가와서 설날과 관련된 단어를 찾으려고 했더니 나이 탓인가 화투판이 먼저 생각난다. 많은 사람들이 화투를 즐기고 있는데, 일본에서 유래한 것이 많다. 언젠가 모 대통령이 "통일은 대박"이라고 해서 유명해진 단어가 바로 '대박'인데 이것도 놀음판에서 유래한 말이다. 장땡이니, 땡땡구리니 하는 말이 모두 투전판의 용어임을 알아야 한다.(과거 <국민투데이>에 상재함)
　이번에는 오락 중에서 많이 사용하고 있는 일본어를 살펴보고 적당한 우리말을 찾아보기로 한다.

고도리(ごとり)五鳥 → 새 다섯 마리(새잡기)

　명절에 식사 후 가장 많이 하는 놀이 중의 하나가 '고도리(고스톱)'이 아닌가 한다. 과거에는 고도리라고 부르는 사람이 더 많았는데, 요즘에는 고스톱이라고 하는 사람들이 더 많아졌다. 점수가 3점이 되면 그만 둘 수(stop)도 있고, 더 큰 점수를 얻기 위해 더 할 수(go)도 있기 때문에 이름이 바뀌고 있는 단계에 있다고 본다. 이왕 이름을 바꿀 바에는 우리말로 '새잡기'놀이라고 하는 것이 어떨까 한다. 고도리(ごと

り)는 새 다섯 마리(五鳥)라는 뜻이다. 그래서 화투를 치다가 새 다섯 마리(흔히 이매조 열 끝 자리, 흑싸리 열 끝 자리, 팔 열 끝 자리에 있는 새를 모두 더하면 다섯 마리임)를 먼저 얻으면 승리할 수 있는 게임이다. 물론 그 외에도 청단, 홍단, 피박, 광박 등의 다양한 용어가 있지만 오늘은 주로 잘못 쓰이고 있는 용어들을 살펴보고자 한다. 필자도 신림고등학교에 근무하던 시절에는 퇴근 후 많이 즐겼던 놀음(?)이다. 이미 고인이 되신 분도 있고, 모두 퇴직해서 지금은 그냥 그 시절이 그립다.

반까이(ばんかい) → 만회(挽回)

지금은 퇴직한 국어과 후배가 늘 화투판에서 "반까이"를 외치곤 했다. 그때는 '반으로 나누자.'는 말인 줄 알았다. 실제로 그 친구가 이 단어를 사용할 때는 'go'를 외친 사람에게 바가지를 씌우고자 할 때였다. 그래서 수익금(?)을 반으로 나누자는 말로 착각을 했던 것도 사실이다. 지금 실생활에서 학생들 간에 '반까이' 하자는 말을 가끔 듣는데, 이때는 정말로 "반으로 나누자!"는 뜻으로 사용하고 있다. 사실 반까이(ばんかい)란 잃었던 것을 만회한다는 뜻이니, 지금 우리가 사용하고 있는 말이 전혀 다른 의미로 쓰고 있는 것이었다. 그냥 한자어를 사용해서 만회하자고 해도 좋은데, 굳이 반까이라고 하는 것은 아마도 이 판에 통용되는 용어들이 거의 일본에서 유래한 것이기 때문인 것 같다. 그 중 많이 쓰는 것 중의 하나가 다음의 나가리가 아닐까?

나가리(ながれ) → 유찰(流札)

화투판에서 나가리(ながれ)가 되면 판이 커진다. 다음 판은 '배 판'

이 되어 판돈이 배로 올라간다. 그래서 나가리가 되면 판만 커지고 벌금도 커진다.(고도리(고스톱)은 규칙을 정하기 나름이다) 원래는 유찰(流札)이라고 하는 것이 맞다. 일본식으로 발음해서 나가리라고 하지만 유찰된 것이니 실제로는 가격(투전?)이 반으로 줄어야 하는 것이 아닌가 모르겠다. 이 단어는 실생활에서도 많이 쓰이고 있다. 뭔 일을 하다가 잘 안 됐을 때 '나가리됐다.'고 하는 데 이 역시 바람직한 표현이 아니다. 이런 식의 용어는 많이 있다. 정리해 보면 '똔똔(とんとん)이다 → 본전이다(본전, 본살도 투전판의 용어임 : 득실이 없을 때 쓰는 표현임)', '고리(こうり) → 개평(원래는 이자를 의미하는 말인데, 투전판에서는 '개평'을 뜯는다고 한다.)' 노름판에서는 딴 사람은 없고, 모두 잃은 사람뿐이고, 번 사람은 개평 뜯은 사람밖에 없다는 말이 있다.

앞에서 살펴본 바와 같이 우리 실생활 속에서 투전판의 용어를 많이 사용하고 있는데, 그 속에는 일본에서 유래한 것도 엄청나게 많다. 그저 웃고 즐기기에는 지나치게 우리말을 오염시키고 있는 것이 사실이다. 모두 우리말로 바꾸고 싶지만 언어의 사회성이라는 것이 있어서 그리 쉽지는 않다. 언중들이 빨리 일본어의 잔재를 떨어버리고 우리말을 찾았으면 좋겠다. 필자의 집안은 온통 교사(선친, 중부(仲父), 계부(季父), 형님 내외, 필자 부부와 두 자녀 등 합하면 200년이 넘는다) 뿐이다. 명절이 되어도 노름하자는 사람은 사업하는 막내뿐이고, 다른 형제들은 수다나 떨고 있는데, 꼭 교무회의하는 것 같다. 참 재미(?) 없는 집안이다.

'고맙습니다'와 '감사합니다'

필자는 자주 한자어와 한글의 사이에서 문제를 제기하였다. 예를 들면 노인(老人)과 '늙은이'의 의미라든가, 여자(女子)와 '계집'의 문제를 논한 적이 있다. 사실 의미를 따지고 본다면 '노인(老人)'과 '늙은이'는 한 치의 오차도 없는 같은 말이다. '늙을 노(老)' 자(字)에 '사람 인(人)' 자를 쓴 것이니 결국 '늙은이'라는 말이 아닌가? 우리말에서 사람을 말할 때 '이'라는 접사를 쓴다. 예컨대 '젊은이', '어린이' 등과 같은 단어에서 '이'는 사람을 나타내는 말이니 '인(人)' 자(字)와 같은 의미임을 알 수 있다. 그럼에도 불구하고 한자로 하면 공손하게 들리지만 한글로 하면 불경하게 들리는 것은 무슨 까닭인가? 지나가는 어른을 보고 "노인장 어디에 가십니까?"라고 물으면 웃으며 대답해 줄 것이나, "늙은이 어디에 가십니까?"라고 물으면 기분 좋은 어른이 없을 것이다. 필자는 이런 것을 일컬어 '문화적 사대주의'라고 하였다. 한자를 쓰면 고급스럽게 들린다는 말이다. 예부터 한자문화권에서 생활해 왔기 때문에 양반은 한자를 사용하고, 평민들은 한글을 사용하는 것으로 오해하고 있었던 것이 지금까지 깊은 뿌리를 내리고 남아 있는 것이다. 그래서 공식적인 언어는 한문으로 쓴 것이 오래 되었고, 스님들도 공식적인 문서는 한문으로 한 것이 오래 되었다. 지금은 <반야심경>도 한글로 하는 시대가 되었다. 참으로 다행스런 일이다. 필자는 한문으로 들어도 거의 알아들을 수 있지만 일반인들은 그 뜻을 헤아리기 정말 어려울 것 같았다. 번역문으로 읽으면 그래도 쉽게 이해할 수 있으니 대중들을 위해서는 고무적인 일이 아닐 수 없다.

　서론이 조금 길었는데, 오늘은 이러한 한자어와 한글과의 사이에서 방황하는 '고맙습니다'와 '감사합니다'의 의미를 살펴보고자 한다. 우선 '고맙다'는 말은 그 유래가 오래 되었다. '고마'라는 어근에 'ㅂ다'가 붙어서 이루어진 말이다. 옛 문헌을 보면 다음과 같다.

　'고마 경(敬)'<신증류합(新增類合) 下 1>
　"서로 고마워하여 들어와 설법 하시니 <석보상절(釋譜詳節) 6 : 12>

　위에서 보는 바와 같이 원래의 '고마'의 의미는 '공경과 존경'의 뜻을 담고 있었다. 그리고 명사임을 알 수 있다. "고마운 바를 보고 공경하여(見所尊者)<소학언해(小學諺解) 3 : 11>"에서 볼 수 있는 것과 같이 '존귀'와 '공경'의 의미를 담고 있다가 후대로 가면서 '감사하다'의 의미로 바뀌게 된다. <한중록(閑中錄)>에 보면 "고마워 하시도록 말을 음흉히 하니"라는 문장이 있는데, 이 속에 나타난 의미가 '감사하다'의 뜻을 지니고 있다. 그러니까 원래는 존경이나 공경의 의미가 강했는데, <한중록(閑中錄), 순조시대에 간행함>을 거치면서 '감사하다'의 뜻으로 전의되었음을 알 수 있다.

　일설에는 '곰'에서 유래한 것이고 '감'이 신(神)의 뜻을 지닌 말이라고 하였다. 무당들이 신을 '가망'이라고 부르는 것도 그렇고, '가물'이라고 부르는 곳도 있는데 이것도 신을 뜻한다고 한다. 일본어에서는 신을 'kami'라고 한다. 우리가 흔히 아는 가미가제(神風)가 '신의 바람'이라는 말이니 전혀 근거가 없는 말은 아니다. 그러므로 '고마(恭敬)'의 '곰'도 '감(신(神))'과 같은 어원을 갖고 있다고 볼 수 있다. (서정범,

<새국어어원사전>) 고맙다는 말은 신에게 감사한다는 말에서 서로 연관된 단어라고 할 수 있다.

한편 '감사합니다'는 한자어임을 누구나 알 수 있다. 한자로는 '감사(感謝)'라고 쓴다. 베트남어의 "깜언(感恩)"도 한자어에서 유래한 것이고, 중국어의 謝謝(세세)와 비슷한 유래에서 비롯되었다. 우리말로 풀이하자면 '고마움을 느낀다'라고 해야 할 것인가? <조선왕조실록>에도 감사라는 단어가 많이 나온다. 태조 4년 7월 10일 辛丑일에 처음으로 '감사(感謝多矣)'라는 단어가 나온다. 그러니까 '고맙다'와 '감사하다'는 처음 시작할 때는 다른 의미로 출발하였으나 조선 후기로 오면서 같은 의미로 쓰이고 있음을 알았다. 어원을 통해서 본다면 약간의 차이가 있으나 세월이 흐르면서 같아진 말이다. 그러므로 '동일한 의미'로 보아도 무방하다. 다만 하나는 한글이라 약간 낮은 말로 느낀다면 '문화적 사대주의'에 젖어 있는 것이니 차별 없이 사용했으면 좋겠다.

고문(顧問)과 자문(諮問)

오래 전의 일이다. 학회가 끝나고 한국어학과 교수들끼리 저녁을 먹고 있는 중이었다. 그날은 토론이 지나치게 길고 진지해서 모두 지쳐 있는 상태였다. 아마도 '신라면'의 발음에 관한 토론이었던 것으로 기억한다. '신라면'의 발음이 '실라면'이냐, '신나면'이냐를 놓고 엄청나게 논쟁을 벌였다. 3시간 정도 끝없는 논쟁을 하고 저녁 식사를 하니 모두 지쳐 있었는데, 마침 옆에 있는 학교의 젊은 교수가 드디어 짜증을 부렸다. '신라면'의 발음 얘기 끝에서 '고문'과 '자문'의 뜻을 몰라서 주변에 있는 교수들을 보고 소리를 쳤다. " A - C, 도대체 고문은 뭐고 자문은 뭐야?"라고 하는데 주변에 있는 교수들이 대답을 못하고 있었다. 다행히 필자는 대학에서 한문교육학을 전공하고 대학원에서 한국어를 전공한 터라 명확하게 그 뜻을 알고 있었다. "응, 고문(顧問)은 '윗사람에게 묻는 것이고, 자문(諮問)은 아랫사람에게 묻는 것'이에요." 하고 대답을 해 줬더니 갑자기 분위기가 필자의 해박함(?)에 놀라는 표정이었다. "그래서 한국어를 잘 하려면 한문을 해야 해요." 하고 한 마디 더 하고 마무리 한 기억이 있다. 그렇다. 한국어 명사의 대부분은 한자로 이루어져 있기 때문에 한자어 공부가 어휘 학습에 큰 도움을 준다. 대학에서 강의하다 보면 학생회에서 가끔 축제용 글을 써 달라고 한다. 그 때 학생들이 하는 말이 "교수님! 자문을 구하려고 왔어요." 하고 말을 시작하는 아이들이 많다. 그러면 필자는 기분이 썩 좋지 않은 표정으로 그들의 어휘를 수정해 준다. "'교수님!'이라는 말은 호칭이 아니고 직책명이다. 그러므로 나를 부를 때는 "선생님" 하고 불러라. 고등학교 교사를 "교사님!" 하고 부르지 않는 것과 같은 이유다. 다음으로 '자문'은 '아랫사람에게 묻는다'는 뜻이니 그냥 '여쭤볼 것이 있어서 왔어요.' 라고 하렴." 하고 처음부터 자세하게 알려준다. 그러면 학생들은 머리를 벅벅 긁으면서 알 것 같기도 하고 모를 것 같기도 한 이상한 표정을 짓는다.

위에서 밝힌 바와 같이 '고문(顧問)은 ①의견을 들음, ②전문적인 지식과 학식 또는 경험이 풍부한 사람으로서 국가나 회사 단체 등에서 의논의 대상이 되어 조언을 하는 직책, 또는 그 직책에 있는 사람이라고 나와 있고, 자문(諮問)은 ①일을 바르게 처리하려고 전문가 또는 그런 사람들로 된 기관이나 단체에 의견을 물음, 또는 그 묻는 일 ②관청 공서 같은 기관이나 단체 또는 그 책임자가 집무상 필요한 사항에 관하여 **하급관청, 공서(公署) 또는 공무원의 의견을 들음**, 또는 그 묻는 일'(교육도서, 국어대사전)이라고 사전에 나타나 있다. 여기서 보는 바와 같이 전문가에게 묻는 일이라는 의미는 동일하지만 고문은 주로 조언 목적이 강하고, 자문은 전문적인 일을 **하급기관(하급자)에게 묻는 일**의 의미가 강하다. 대통령은 가장 높은 직책이기 때문에 '대통령 자문위원회'를 두는 것인데, 이것이 두루 퍼져서 여기저기서 자문위원회를 두는 것이 유행이다. 문제는 다른 곳에서 발생한다. 필자는 대학에 근무하기 위해 서울에서 지방으로 이사를 왔다. 학교에 부임한 지 얼마 되지 않아 금산군에서 우리 학교 총장에게 '군정자문위원'을 맡아달라는 공문을 보내 왔다. 당시는 자방자치제 시행 초기이고 금산군수의 직급이 서기관하고 부이사관 중간쯤이었던 것으로 기억한다. 총장은 거의 장·차관에 준하는 직급인데 군수가 총장에게 자문을 구한다는 것이 무척이나 보기에 좋지 않았다. 그래서 담당 공무원에게 자문위원의 의미를 알려주었고 다시는 그런 일이 일어나지 않았다.

그리고 몇 년이 흘렀다. 필자는 한국어를 전공한 관계로 각 기관에서 한국어 또는 문학 관련 일에 많이 관여(關與)하였다. 그러다 보니 여기저기서 자문위원을 맡아 달라는 부탁이 들어왔다. 금산군 국악협회 자문위원, 금산 문인협회 자문위원, 대통령 자문위원 등등 총 자문위원만 30 여 개가 넘었다. 오호 애재라! 필자가 금산에서 가장 낮은 사람이었다. 누구나 자문을 구한다고 하니 낮아질 수밖에 없었다. 거절하지 못하는 성품이라 모두 수락한 것이 결국 가장 낮은 곳에 임하게 되었다. 사람들은 그냥 예우 차원에서 자문위원으로 삼은 것 같은데 필자가 볼 때는 그래도 가장 낮은 사람이었다. 그렇게 겸손하게 살라는 뜻인가 보다 하고 여전이 많은 자문위원 직책을 지니고 있다.

환갑이 넘었으니 이제는 고문(고문 拷問?)(顧問) 당하며 살아도 괜찮은데……

고바우 영감 다짱 먹다

　예전 신문에 4단 만화로 유명한 인물이 고바우 영감이다. 현실을 풍자하고 비판하기도 하면서 어떻게 그렇게 잘 희화했는지 모를 정도로 독자층이 많았던 작품이다. 작가는 이미 고인이 된 것으로 알고 있다. 필자가 어린 시절부터 보아온 것이니 그 유래가 꽤 오래 됐다고 해도 과언이 아니다. 고바우 영감 덕인지 모르겠지만 언제부터인가 꽤 높은 바위나 언덕이 있으면 그것을 일컬어 고바우라고 하였다. "앞에 고바우가 나타났어."라고 하면서 큰 바위나 높은 바위를 의미하는 경우가 많았다. 그래서 '高바위'가 변해서 '고바우'로 된 줄 알았다. 지금도 거의 그렇게 생각하는 사람들이 많을 것이다. 그러다 보니 높은 언덕도 고바우라고 불렀던 기억이 난다.

　사실 고바이라는 말은 일본어이다. 언덕을 일본말로 '고바이(こうばい)'라고 한다. 본래의 발음이 고바이인데, 우리가 고바위로 잘못 알고 있었던 것이다. 그래서 고바위가 단모음화되어 고바우로 바뀐 것으로 알고 그렇게 써 왔다. 결국 일본어 こうばい(고바이)였는데, 우리말과 헷갈렸던 것이다. 앞으로는 고바우가 나타났다고 하는 말보다는 언덕이 있다고 표현하는 것이 바람직하다.

　이와 비슷한 예로 다짱(다쿠앙)이라는 것이 있었다. 우리가 어린 시절에 많이 먹던 것이다. 지금은 단무지라고 해서 이름이 완전히 바뀌었지만 어린 시절에는 다짱이라는 표현을 더 많이 사용해 왔다. 필자는 세대는 어린 시절에 다 그렇게 말해 왔다. '양파'보다는 '다마네기'를 더 많이 써 왔고, 뚱뚱한 여자 아이들의 별명은 거의 '다마네기'였다. 단무지는 소금과 설탕과 식초를 적절히 섞어서 절인 음식이다. 시큼하면서 짭짤해서 요즘 젊은 친구들이 좋아하는 단짠단짠(?) 반찬의 대표적인 것이다. 사실 이 다쿠앙이라는 말은 스님의 이름에서 비롯된 것이다. 한자로 택암(澤庵)이라고 쓰는데, 이를 일본식으로 읽으면 '다쿠앙'이 된다. 이 스님이 바로 그 음식을 만든 장본인이다. 일본의 <고승대덕전>에 의하면 단무지를 처음 만든 택암 스님은 고구려에서 일본으로 건너간 우리나라 스님이라고 한다.(이재운 외, 알아두면 잘난 척하기 딱 좋은 우리말 잡학사전>) 일본에는 전쟁이 많아서 급하게 먹어야 하고 오래 보관하기 용이하도록 절인 음식이 필요했는데, 우리나라에서 넘어간 택암 스님이 이런 반찬을 개발해 낸 것이다. 그렇다고 해서 우리나라의 짠지와 같은 것은 아니다. 엄연히 일본의 음식이다. 그래서 '다쿠앙'이라는 용어도 '단무지'로 바꾼 것이다. 젊은 층에서 우리말을 선호하는 것은 참으로 반가운 일이다. 국어순화운동이라고 해서 한자어나 일본어를 우리말로 바꾼 적이 있는데, 그 이후로 단무지라는 말이 주로 사용되었다. 김치는 절임배추 저(菹)라고 해서 오래 전부터 우리나라에서 먹어왔던 음식이다. 고추는 임진왜란 이후에 전래하여 고춧가루가 들어간 김치는 그 후의 것으로 보아야 한다. 우리 고유의 음식에 '지'자가 들어간 음식이 많다. 이런 것들은 보통 '절인 음식'임을 알 수 있다. '장아찌', '오이지', '단무지', '짠지' 등과 같은 것들이 주로 절인 음식임을 볼 때 다쿠앙 스님이 한국적인 음식인 짠지나 오이지 종류의 것을 본떠서 일본식 절임무로 반찬을 만든 것이라 하겠다.

우리말에는 알게 모르게 일본어가 많이 섞여 있다. 사실 모르고 쓰는 경우도 많다. '삐까번쩍'한다고 하여 일본어와 우리말을 섞어서 쓰는 경우도 있고, "좀 나래비 서 봐라."라고 하면서 '나란히'와 구분하지 않고 일본어를 문장에서 쓰는 경우도 많다. 운전하는 사람들 중에 많은 사람들이 "고바이가 나타났어.", "데꾸보꾸가 심해." 등과 같은 표현을 많이 쓴다. 일본어인 줄 알고 쓰면 그나마 다행이지만 그것이 우리말인 줄 알고 쓴다면 참으로 가석한 일이다.

  이제는 주변에서 함부로 쓰고 있는 국적 없는 용어들을 우리말로 바로잡을 때가 되었다. 아무 생각 없이 쓰는 일본말에 우리말이 길을 잃는다.

곤두박질

 6월 6일 현충일이 막 지났다. 사람들은 현충일이 무슨 날인가 관심이 없어 보인다. 조기(弔旗)를 단 집도 별로 없다. 6·25가 남침인지 북침인지 모르는 학생들이 대부분이다. 어쩌다가 이런 현실에 이르렀을까 답답하기만 하다. 한자어 교육이 잘못된 까닭이 첫 번째요, 역사교육이 바르지 못함이 두 번째다. 북에서 남쪽으로 침범한 것이 남침(南侵)이다. 학생들 중에는 북에서 침략한 것이니까 북침이라고 하는 아이도 있었다. 남쪽에서 북쪽을 침범하였으면 그리 쉽게 부산까지 쫓겨갈 수가 있었는지 상식적으로 생각해 봐도 알 일인데, 남침을 미화하는 학자까지 나오고 있으니 참으로 한심한 노릇이다.
 그래서 오늘은 한문(한자)공부하자는 의미에서 우리말 중에 한자에서 유래한 것을 찾아보기로 한다. 흔히 우리말인 줄 알고 있었는데, 한자인 것이 의외로 많다. 그 중에서 가장 많이 헷갈리는 것이 곤두박질이다. 곤두박질은 원래 '근두박질'이었는데 바뀐 것이다. 발뒤꿈치 跟字를 쓴다. '跟頭撲跌'이란 '발뒤꿈치와 머리가 뒤집히고, 엎어지고 넘어진다.'는 뜻이다. 이것이 세월이 흐르면서 곤두박질로 바뀌고, 순우리말인 것처럼 되었다.(김언종, <한자의 뿌리>) 이 말을 사전에서 찾아보면 "몸이 뒤집혀 갑자기 거꾸로 내리박히는 일, 혹은 좋지 못한 상태로 급히 떨어짐을 비유적으로 이르는 말"이라고 나타나 있다. 한자어 그대로 하면 '머리와 발뒤꿈치가 바뀌고 엎어지고 넘어지는 것'인데 우리말로 되면서 동사로 '곤두박질치다', '곤두박질하다'와 같은 말까지 나오게 되었다. 예문을 몇 개 본다면 "며칠째 주가가 곤두박질을 거듭하고 있다.", "비탈이 급해서 자칫하면 곤두박질을 하기 십상이니 조심하여라.", "그는 얼음판에서 뒤넘어 가 곤두박질을 쳤다.", "경기가 곤두박질하면서 실업률이 증가하기 시작했다."(이상 <표준국어대사전>에서 인용함)와 같다. 결국은 갑자기 좋지 않은 상태로 떨어지는 것을 비유할 때 많이 쓰는 단어임을 알 수 있다.

이렇게 우리말에는 한자에서 유래한 말이 참으로 많다. 얼핏 보기에는 우리말인 것 같으나 한자어에서 유래한 것이 자못 많으니 그 몇 가지를 살펴보기로 하자. 예를 들면 배추는 백채(白菜 : 흰 야채?)에서 유래했고, 김치는 그 유래가 조금 길다. 김치는 '沈菜(침채)'라는 한자어에서 유래했다. 침채(沈菜)는 절여서 담근 야채라는 말이었는데, 그 말이 '딤채'를 거쳐 '김치'로 정착한 것이다. 고추는 매워서 고통스럽다는 의미에서 괴로울 苦자에 후추 椒자를 썼던 것이 고추로 변한 것이고, 가게(假家가가 > 가게 : 대충 지어서 상품을 팔던 곳, 과거의 소설 속에는 엇가가라는 말이 많이 나오는데 이것이 가게라는 말의 시작이다), 서랍(舌盒 설합 > 서랍 : 혀를 뾰족 내민 것 같은 모양), 성냥(석류황石硫黃 > 성냥), 숭늉(熟冷 숙냉 > 숙냉 > 숭늉) 끓여서 식힌 것), 싱싱하다(新新하다), 시시하다(細細하다) 등 셀 수 없이 많다.

이밖에도 '아양'이라는 말도 있다. 흔히 '아양떤다'고 표현할 때가 더 많다. "귀염을 받으려고 알랑거리는 말, 또는 그런 짓"을 일컫는 말이다. 이 말은 젊은 여식이 실제로는 별로 귀엽지 않은데 귀여운 척하거나 남에게 귀염을 받기 위하여 애교를 부리는 것을 의미하였다. 그 말은 원래 '액엄(額掩)'이라는 한자어에서 유래했다. 액엄은 "겨울에 부녀자들이 나들이할 때 춥지 않도록 하기 위해 머리에 쓰는 쓰개, 혹은 그 앞에 달린 장식"을 말한다. 이것이 변하여 '아얌'으로 되었다가 '아양'으로 바뀐 것이다. 귀여운 척하려고 재롱을 부리면 액엄이 떨리게 되어 있다. 그래서 '액엄 떨다 > 아얌 떨다 > 아양 떨다'로 변하여 현재에 이르게 되었다. 실제로 "액엄을 떤다."고 하면 말의 재미도 없을뿐더러 알아듣지도 못한다. 이미 한글화되었기 때문에 "아양을 떨다."고 해야 누구나 쉽게 인지할 수 있다. 귀여운 행동이나 말로 시선을 끄는 행위가 바로 그것이다.

　이와 같이 우리말인 것 같지만 그 어원이 한자에 있는 것이 많으니 한자를 함께 공부하면 우리말의 어휘를 쉽게 알 수 있다. 장난이라고 흔히 말하지만 작란(作亂)에서 나왔다는 것은 알기 어렵다. 어지럽게 하는 것이 장난치는 것이다.

　우리말은 한자어와 뗄 수 없는 관계에 있음을 알았으면 좋겠다.

관계해도 괜찮아?

　세월이 흐르면서 우리말의 의미도 많이 변했다. 그러다 보니 원래의 뜻이 현대에 와서 이상해진 것들도 많다. 오늘의 제목이 바로 그것이다. 중국 사람들이 가장 중요시하는 덕목 중의 하나가 '관계'인데, 우리나라에서는 그 속뜻이 '남녀 간에 관계하다(성행위를 하다)'의 의미로 쓰이는 경우가 많다. 대관령을 기준으로 관서지방과 관동지방을 나누기도 하고 한다. 그러나 원래 관동지방이란 명칭은 고려 때부터 강원도 지방을 일컫던 말이다. 그 당시 지금의 철령에 '철령관'이라는 관문을 세우고 서울을 지키는 한편 변방을 단속하였다. 이곳을 중심으로 동쪽을 관동, 서쪽을 관서, 북쪽을 관북이라고 하였으니, 지금의 관동은 강원도, 관서는 평안도, 관북은 함경도를 가리키는 지명이다.(이재운 외, <알아두면 잘난 척하기 딱 좋은 우리말 잡학사전>) 그래서 큰 빗장의 역할을 하는 고개라 하여 '대관령(大關嶺)'이라는 명칭이 생겼다.
　여기서 '관(關)'은 빗장이라는 뜻인데, 요즘의 자물쇠 역할을 하는 것이다. 전통 한옥의 대문에서 '양쪽 문을 가로질러 잠그는 막대기'를 말한다. 중국에서는 이 빗장의 역할이 대단히 중요했다. 요새를 연결해주는 관문을 이르기 때문이다. 유명한 관문으로는 '함곡관(函谷關 : 중국의 하남성 서북부에 있는 관문으로 동쪽의 중원으로부터 서쪽의 관중으로 통하는 관문, 노자가 도덕경을 남긴 곳으로 유명하다.)', '산해관(山海關 : 중국 하북성 동북쪽 끝, 발해만 연안에 있는 진황도시에 속한 관문, 만리장성의 동쪽 끝에 있는 관문으로 군사의 요충지임)' 등이 있다. 그러니까 원래 관문(關門)이라는 뜻이 가장 기본적인 것으로 군사의 요충지를 이르는 말이었다. 그러던 것이 후대로 오면서 요새라는 개념이 강하게 부각되었고, 관과 관을 연결하여 성을 쌓아서 북방의 외적을 막는 역할을 하게 되었다. 이렇게 관(關)과 관(關)을 연결한 것을 한자로 관계(關係)라고 한다. 그러니까 관계라는 말은 빗장처럼 관문과 관문을 연결하여 외적의 침입을 막는 국방의 의미로 쓰이던 것인데, 점차 변하여 사람과 사람의 사이를 연결시키는 연결고리를 뜻하는 것으로 바뀌었다. 국어사전에 나타난 '관계'의 의미를 보자 "1. 둘 이상의 사람, 사물, 현상 따위가 서로 관련을 맺거나 관련이 있음, 2. 어떤 방면이나 영역에 관련을 맺고 있음. 또는 그 방면이나 영역. 3. 남녀 간에 성교(性交)를 맺음을 완곡하게 이르는 말"이라고 나타나 있다. 아마도 요즘은 '남녀 간의 성교'를 이르는 말로 가장 많이 쓰이고 있지 않나 싶다. 처음에는 국방의 뜻으로 관문을 연결하여 요새를 만들었던 것에서 시작하여 남녀 간의 성적인 관계로 발전(?)하였으니 엄청나게 변한 것이 사실이다.

한편 우리말에서 '괜찮다'는 말이 있다. 지금은 "1. 별로 나쁘지 않고 보통 이상이다. 2. 탈이나 문제, 걱정이 되거나 꺼릴 것이 없다." 등의 뜻으로 쓰고 있다. 예문으로는 "그 사람은 간판이 괜찮아.", 혹은 "김치가 얼큰해도 맛은 괜찮다."(<표준국어대사전>에서 인용함) 등과 같이 쓴다. 그러나 이 '괜찮다'는 말의 어원은 "관계하지 아니한다."에서 유래한 것이다. 즉 상대방의 말이나 행동이 자신이 하고 있는 일과 별다른 관계가 없다는 말이다. 그러니까 자신의 일이나 마음에 별다른 영향을 끼치지 않았다는 뜻으로 상대방을 안심시킬 때 쓴다. 그 의미는 "미안해 하지 말라." 혹은 "걱정하지 말라"는 뜻으로 쓰이고 있다. (이재운 외 <앞의 책 pp.72~73.) 그랬던 것이 요즘에는 오히려 "생각보다 좋다."는 의미로 많이 쓰이고 있다. 예를 들면 "그 녀석 초보자치

고는 괜찮은데!"라고 하면 칭찬의 의미가 들어 있음을 알 수 있다. 참으로 재미있는 일이다. 국방의 개념에서 시작한 단어가 인간 관계로 바뀌고, 남녀 간의 성행위를 일컫는 말로 변했는가 하면, '관계 없다'라는 말에서 비롯된 '괜찮다'는 칭찬의 의미까지 지니고 있으니 어디까지 변할지 궁금하다.

 이런 것을 언어의 역사성이라고 한다. 언중들이 그렇게 인식하고 있으면 그것이 표준어가 되는 것이다.

귀먹으셨어요?

예전에 장모님을 모시고 살았다. 치매로 5년 정도 고생하시다가 돌아가셨는데, 늘 귀가 어두워서 가끔 아내와 다투는 것을 보았다. 아내는 목소리가 작아서 잘 안 들린다. 그러면 장모님은 늘 알아듣지 못하고 딴짓만 하셨다. 그러면 소리가 커지기 시작하고 결론은 항상 "나 귀 안 먹었다니까!"라고 소리치신다. 사실 가는 귀먹은 것은 맞는데 아주 심한 편은 아니었다. "엄마 귀먹었다니까.", "아냐 나 귀 안 먹었어."라며 몇 번을 소리치다 보면 결국 사위가 나서야 한다. "어머니 귀 안 먹으셨어요."라고 하면 좋아하셨다.

모임에 가면 사회를 보아야 할 때가 있다. 막간을 이용해서 시간 때우기로 제일 좋은 것이 우리말의 뜻을 맞추는 게임을 하는 것이다. 만원 짜리 한 장 꺼내 들고 "귀가 먹다."의 높임말이 뭔지 아시는 분 손들고 답해 보라고 하면 거의 99%가 "귀가 잡수셨어요."라고 대답한다. '먹다'의 높임말이니까 당연히 '잡수시다'라고 한 것이다. 사실은 '귀가 먹다'는 '귀가 막히다'에서 유래한 것이다. 그러므로 '귀먹으셨어요.'라고 해야 맞는 말이다. 아무리 생각해도 사람들은 "먹으셨어요"라고 하면 어색한 모양이다.

우리 민요 가운데,

"귀먹어서 삼년이요, 눈 어두워서 삼년이오, 말 못해서 삼년이오."

"석 삼년을 살고 나니 배꽃같은 요내 얼굴 호박꽃이 다 되었네."
(박갑수, <우리말의 허상과 실상>에서 재인용)

라는 글이 있다. 여기서 '귀먹어서 삼년'이라는 말이 '귀를 막고 삼년'이라는 것은 누구나 알 수 있다. 우리는 '코가 막힌 것'도 한자로 '비색(鼻塞)'이라고 한다. '코 먹은 사람'이라고 하면 콧물을 먹은 사람처럼 들리지만 사실은 '코가 막힌 사람'이라는 뜻이다. '눈이 안 보이는 것'도 "눈이 멀다."라고 표현한다. 그렇다고 해서 '멀다'가 "거리가 멀다의 원(遠)"이 아님은 쉽게 알 수 있다. '어둡다 명(冥)'의 의미로 보아야 한다. 그래서 "시력이나 청력 따위를 잃다"의 뜻으로 '멀다'를 쓰고 있다.

우리말에서는 이와 같이 어원과 전혀 관계없이 다른 말로 변한 것이 많다. '막히다(색(塞))'가 어느 새 '먹다(식(食))'으로 바뀌어 버린 것이다. 아마 초기 칼럼에 썼던 것으로 기억하는데, 갈매기살 <= 간(칸)막이살(횡격막), 감자탕 <= 간자탕(뼈 사이에 있는 살코기를 간자(間子)라고 한다)과 같이 발음하기 쉬운 것이나 귀에 익은 것으로 발음하고 그것이 표준어로 굳어버리는 경우도 많다.

흔히 하는 실수 중에 "말씀이 계시겠습니다."라고 하는 것도 마찬가지다. '말하다'가 기본형인데 상대방을 높이다 보니 말씀이 계신다고 표현하고 있다. 이런 경우는 하도 많이 봐서 언제라고 할 필요도 없다. '있다'의 높임말이 '계시다'니까 그렇게 표현하고 있지만 '계시다'라는 말은 유정물(사람)에게만 쓸 수 있는 단어다. 그러므로 "말씀하시겠습니다."라고 해도 충분한데 굳이 사람이 아닌 것까지 높일 필요가 있을까 싶다.

우리 학생들이 자주 틀리는 경어법 중에 "**선생님이 너 오시래.**"라고 하는 것이다. 정확하게 표현하면 "**선생님께서 너 오라고 하셔.**"라고 해야 정확한 표현인데, 급하게 '시(존칭선어말어미)'만 넣으면 되는 줄 알고 이런 표현을 한다. 외국인의 경우는 더 심하다. '시'를 어디에 넣어야 좋을지 몰라 아무 데나 넣는 경우를 많이 본다. 외국인들에게는 너무나 어려운 것이 경어법이다. 그렇다고 한국인들은 다 알고 있을까? 그렇지 않다.

항상 상대방의 입장에서 표현하면 그리 어려운 것도 아니다. 그리고 '귀먹다'와 같은 것은 특별한 경우니 지식을 많이 갖추는 것도 좋은 방법이다.

금수저와 갑질

살아가면서 언어는 항상 새로운 것이 나타나게 되어 있다. 시대의 흐름에 맞춰 유행하는 단어가 있고 필요에 따라 생산되기도 하며 발명으로 인해 신생단어가 만들어지기도 한다. 언제부터인가 우리는 금수저와 흙수저라는 말과 갑질과 을질이라는 단어가 새롭게 대두되었음을 본다. 세상에 살면서 갑질 한두 번 안 당해 본 사람도 없을 것이고, 금수저 물고 태어나지 않은 이상 흙수저의 설움을 겪어 본 사람도 많을 드물 것이다. 필자의 세대는 한국전쟁이 끝나고 얼마 되지 않은 상태에서 '베이비 붐'이라는 용어를 달고 태어났기 때문에 생존의 본능이 더 강해서 갑질이고 금수저고 하는 단어를 따질 정신도 없었다. 언제부터인가 조금 잘 살게 되니 이제 인간의 존엄성을 추구하게 되었고, 그 속에서 자신의 존재를 찾는 작업 중에 이러한 단어가 나타난 것으로 볼 수 있다.

우리나라는 유난히 재산의 대물림을 자식에게 하는 경향이 있다. 어렵게 자랐기 때문에 자식들에게는 배고픈 과거를 겪지 않게 하려고 무던히 애를 썼다. 그러다 보니 회사도 상속하고, 교회도 세습하고, 학교도 자식에게 물려주는 경향이 있다. 사회에 환원하는 것은 극히 드물다. 그래서 <수저계급론>이라는 말이 생겨났다. 즉 '부모의 사회·경제적 지위가 개인의 사회·경제적 지위를 결정한다고 주장하는 이론'이다. 집안 형편이나 부유한 정도를 수저의 재질에 비유하여 금수저, 은수저, 동수저, 흙수저 따위로 계급을 나눈다. '**수저 계급론**'이 회자될

만큼 한국의 상속형 부자 비율이 미국, 중국, 일본 등 4개국에서 가장 높았다.≪부산일보 2017년 1월≫ 그러다 보니 금수저를 물고 태어난 사람은 고생을 잘 모른다. 아버지의 대형교회를 물려받고, 아버지의 학교를 물려받아 이사장이며 총장까지 후손들이 싹쓸이하기도 한다. 우선 금수저의 사전적 의미를 보기로 하자.(이 단어는 이미 표준어대 사전에 실려 있을 정도로 대중화되었다.) '금수저'는 "「001」금으로 만든 숟가락과 젓가락을 아울러 이르는 말.「003」부유하거나 부모의 사회적 지위가 높은 가정에서 태어나 경제적 여유 따위의 좋은 환경을 누리는 사람을 비유적으로 이르는 말"이라고 나타나 있다. 우리가 흔히 쓰는 용어는 주로 「003」의 경우를 말한다. 반면에 '흙수저'는 「001」 "집안 형편이 넉넉하지 않아 부모로부터 경제적인 도움을 받지 못하는 사람을 비유적으로 이르는 말"이다. 아마도 대부분의 독자들은 자신이 흙수저라고 생각하고 있을 것이다. 왜냐하면 태어날 때를 말하는 것이니 50대를 넘어선 사람들은 거의 흙수저 출신이 아닌가 생각한다.

금수저 출신이 세대교체로 사회의 전반에 자리 잡으면서 갑질도 심해지고 있다. 요즘은 갑질을 신고하는 곳도 생겨났지만, 갑질을 당했다고 신고하는 사람이 몇이나 될까? 더러운 세상이라고 한탄하면서 쓴 소주잔 기울이고 마는 것이 현실이다. 우선 갑질과 을질의 사전적 의미를 알아보면 다음과 같다. '갑질'은 "상대적으로 우위에 있는 자가 상대방에게 오만무례하게 행동하거나 이래라저래라 하며 제멋대로 구는 짓"을 말한다. 다음으로 '을질'은 "정도, 지위, 수준 따위가 상대보다 아래에 있는 자가 상대를 호령하거나 자신의 방침에 따르게 하는 짓"이라고 나타나 있다. '을질'에 대한 풀이는 요즘 널리 알려진 것과는 조금 차이가 있다. 요즘에는 "갑질 당하면 바로 신고하는 것과 '병'에게 갑질하는 것까지 통틀어 을질"이라고 한다. 자신은 지금까지 을로 살았다고 하지만 인간이 사는 사회는 언제든지 갑과 을의 관계가 존재한다. 갑이라고 해서 항상 그 자리에 있을 수는 없다. 그도 언젠가는 을이 될 수 있음을 명심해야 한다. '병' 또한 언제나 '병'일 수만은 없다는 사실을 인지하고 희망을 가져야 한다.

필자의 세대는 이제 저물어 가는 태양이다. 숱한 갑질도 당해 봤고, 지겹도록 을 노릇도 해 보았다. 갑질하지 않으려 했지만 누군가는 필자에게 갑질을 당했다고 하는 사람도 있을 것이다. 이제 서산에 지는 해를 바라보면서 반성해 본다. 세상에는 불평등하게 태어났지만 살아가는 데는 모두가 인격을 존중했으면 좋겠다.

생활 속의 일본어(기스와 노가다)

지난 번에는 의복과 관련된 일본어를 알아보았다. 미싱이라는 말이 머신(sewing machine)에서 유래했다는 말이 재미있었던 모양이다. 이번에도 생활 속에서 흔히 사용되고 있는 일본어를 살펴보기로 한다. 일본식 한자어도 많이 있는데 이에 대해서는 차후로 미루고 이번에는 일본어 자체로 남아 마치 한국어처럼 쓰이는 것을 살펴보고자 한다.

기스(きず)(傷) → 흠집, 상처

한때 대학생들에게 조사한 것이 있다. 가장 많이 사용하는 일본어 중 우리말로 알고 있는 것이 바로 '기스(기쓰)'였다. 보통 어디 상처가 나거나, 자동차가 찌그러져도 모두 "기스났다."고 표현했다. 그리고 그것이 한국어인 줄 알고 사용했다고 한다. 젊은이들이 즐겨 찾는 블로그에 들어가 보아도 "이거 기스난 것 같지만 기스 안 났어요."라고 당당하게 표현하고 있는 것을 볼 수 있다. 다른 블로그에 들어가 보아도 "깊은 기스는 없고요~~~켜 보니 잘 보입니다."라고 화면에 나타난다. 어떤 사람은 "'스크래치'가 맞는 말인데 '기스'라고 한다."고 표현한 것도 있다. 그러니까 많은 사람들이 그냥 한국어인 줄 알고 무덤덤하게 쓰고 있는 표현이 아닌가 한다. '스크래치[scratch]'는 '크레파스나 유화 물감 따위를 색칠한 위에 다른 색을 덧칠한 다음 송곳이나 칼 같은 것으로 긁어서 처음에 칠한 색이 나타나게 하는 기법'을 말한다. 자동차에 물감을 칠하고 다시 긁는 것도 아닌데, 여기에 스크래치라고 표현하는 것도 바람직하지는 않다고 본다. 우리말로 '흠집'이 났다고 하면 되는 것을 굳이 스크래치니 기스와 같은 단어를 사용하는 것은 바람직하지 않다.

네지(ねじ, 螺子) → 나사(螺絲)

공사장에서는 아직도 일본식 용어를 많이 사용한다. 필자가 근무하는 금산에는 농공단지가 있어 여기에 외국인 노동자들이 많이 근무하고 있다. 산업연수생으로 들어와 한국어 연수과정을 거치고 현장에 배정되는데, 연수받을 때 배운 단어와 현장에서 쓰는 단어가 달라서 매우 힘들어 하는 것을 보았다. 연수받을 때는 '롱 노우즈 플라이어'라고 하지만 현장에서는 '마루뻰치'라고 한다. '나사(螺絲)' '네지(ねじ)'라고 부르고 '드라이버'를 '네지마시'라고 한다. 실제 현장에서 사용하는 단어와 한국어 연수 때 배우는 단어가 달라서 고생하는 것을 많이 보았다. 그 중 가장 심한 곳이 공사현장이었다. '소라'처럼 생겨서 일본어로는 '네지'라고 하지만 우리말로는 '소라처럼 생긴 가는 못'이란 뜻으로 '나사'라고 했다. 그러므로 한자어지만 우리말인 '나사(나사못)'라고 가르치는 것이 옳다. 그런데, 드라이버는 또 '네지마시'라고 하니 외국인 노동자들은 헷갈릴 수밖에 없다. 아니면 '도라이바'라고 한다. 발음도 엉망이지만 전혀 나사와 의미도 통하지 않는다. '드라이버 [driver] : 나사못을 돌려서 박거나 빼는 연장'은 적당한 한국어가 아직 없다. 그래서 외래어를 그대로 사용하는 것이다. 마치 텔레비전, 오디오, 비디오 등과 같이 원어를 그대로 사용한다. '네지마시'는 외래어도 아니니 드라이버라고 부르는 것이 옳다.

노가다(どかた, 土方) → 막노동, 막일

아직도 일본어를 그대로 쓰는 것 중의 하나가 '노가다(どかた)'일 것이다. 필자가 사는 금산에도 인삼농사를 짓던 사람들이 대전의 공사장이나 아파트 짓는 현장으로 가서 일을 하고 돌아온다. 그들은 스스로를 '노가다'라고 부른다. 지난 주에는 그들과 저녁을 함께 했는데, 그들이 사용하는 언어 중 대부분이 일본어의 잔재였다. 무데뽀, 잔업, 니꾸샤꾸, 겐세이 등등 거의 일본어를 내뱉었다. 물론 뜻이야 다 알아듣지만 우리말로 표현해도 충분한데, 굳이 일본어로 표현하는 이유를 모르겠다. 나이가 있어서 필자를 보고 '성님(형님)'이라고 부르는데, 일본어를 사용하는 것이 마치 자신의 유식함을 보이는 것 같은 느낌을 받았다. 요즘은 직업 귀천이 없는 만큼 굳이 노가다라고 하지 않아도 충분히 이해하고 존경받을 수 있는 사회가 되었다. 앞으로는 막노동을 하더라도 부끄러운 것이 아니니 "공사장에서 막일(막노동)해요."라고 해도 좋을 것이다.

위에서 살펴본 바와 같이 아직도 우리 실생활 속에서 일본어의 잔재를 많이 사용하고 있는데, 이제는 자제하면서 우리말로 바로 잡아야할 때가 되었다. 말로만 적폐니 친일이니 하지 말고 실제 생활언어부터 우리말을 사랑하는 사회가 되었으면 한다.

긴가민가 아리까리하네

　필자가 충청도에 와서 산 것이 22년 정도 되어 간다. 처음에 와서 가장 헷갈린 것이 "알슈"와 "그류"의 차이를 몰라서 헤맸다. "알슈"는 '알았다'는 뜻이고, "그류"는 '그렇다'는 뜻이다. 알았다고 해서 반드시 그렇게 하겠다는 것은 아니다. 예를 들면 "내일 6시에 만나자."라고 했을 때 "그류"하면 내일 만나는 것이지만, "알슈"하면 알았다는 말이지 내일 나오겠다는 뜻은 아니다. 안 나타날 확률이 높다. 나타나지 않아도 하나도 미안해 하지 않는다. 왜냐하면 '알았다'고 했지 '그렇게 하겠다'고 대답한 것이 아니기 때문이다. 우리가 흔히 하는 농담 중에 "개혀?(보신탕 먹을 줄 알아?)", "혀.(먹을 줄 알아.)" 등과 같이 축약된 언어 습관이 충청도의 어투다. 충청도 사람들이 느리다고 하지만 결코 느린 것이 아니다. 언어를 축약해서 짧은 시간에 말을 하기 때문이다. 또 하나 이해하기 힘들었던 힘든 것이 "기야?"라는 표현이다. "그래?"의 의미로 보면 되는데 처음 듣는 사람은 어색하기 그지없다. '그러니까'를 줄여서 '그니까> 긴까'로 줄여서 발음하기도 한다. "개갈 안 난다.(신통치 않아서 혹은 어이없다, 답답하다, 말이 안 통하다를 의미하는 충청도 사투리)"는 표현도 자주 하고, "긴가민가" 하는 표현도 자주 한다. "기야?, 긴겨?" 등으로 말을 하다 보니 축약된 형태로 표현하는 것이 이곳의 특징이 아닌가 생각했다. 앞에서 서술한 것을 봐도 거의 축약형의 표현이 많다. 그래서 오늘은 '긴가민가'에 대해서 먼저 살펴 보기로 한다.

'긴가민가'는 흔히 쓰는 말이면서 어디서 유래했는지 알기는 쉽지 않은 말이다. 사람에 따라 "깅가밍가?"로 알고 있는 사람도 많다. 이 말은 원래 '其然가 未然가'에서 유래했다. 한자를 그대로 풀어보면 '그런가 그렇지 아니한가'라고 해야 한다. 그것이 줄어서 '기연- 미연-'으로 쓰다가 다시 '기연>긴, 미연>민'으로 줄어 '긴가민가'가 되었다. 무엇인가 불분명할 때 '그런가 그렇지 아니한가' 잘 모르겠다는 표현을 할 때 쓰는 말이다. 결국 '기연가 미연가'가 줄어서 된 말이다. 아무튼 무언가 분명하지 않아서 알쏭달쏭할 때 쓰는 말이다. 한자가 변해서 우리말로 변한 대표적인 예라고 할 수 있다.

　알쏭달쏭이란 국어사전에 의하면 '생각이 요것조것 뒤섞여 알 듯 하면서도 얼른 분간이 안 되는 상태'를 말한다. 뭔가 헷갈리고 잘 모를 때 우리는 '알쏭달쏭하다'고 표현한다. 그러나 50대에 이른 사람도 대부분의 언중들은 '아리까리하다'는 표현을 더 많이 사용한다. 북한에서는 문화어(김일성 교시에 의한 북한식 표준어)에 들어가 있지만 우리 남한에서는 아직 비표준어다. 자장면과 짜장면을 동시에 표준어로 삼았듯이 이제는 '아리까리하다'는 표현도 표준어로 삼을 때가 되었다고 본다. 사람에 따라서는 경박스럽게 생각할 수도 있지만 언중들이 이미 표준어처럼 사용하고 있기에 문제될 것이 없다고 본다. 표준어의 규정에 의하면 '서울에 사는 교양 있는 사람들이 두루 쓰는 말'이라고 되어 있다. 서울에 사는 교양 있는 사람들이 두루 '아리까리하다'는 표현을 쓰고 있다. 오히려 요즘의 젊은이들은 '아리송하다'나 '알쏭달쏭하다'는 표현보다는 '아리까리하다'는 표현을 더 많이 쓴다. 50대 이상도 두루 쓰는 말이다. 그럼에도 불구하고 표준어법상 아직은 이리송하다로 쓰는 것이 옳다. 같은 듯 다른 말이 남북한에 많이 존재한다. 남·북한 공동국어사전을 빨리 만들어야 하는 이유다. 정권에 따라 남북한 공동 사전편찬사업의 예산이 하늘과 땅 차이로 왔다갔다 하고 있다. 민족을 아우르는 것은 언어임을 명심하고 사전편찬사업을 꾸준히 진행했으면 좋겠다.

겨레말큰사전을 남북한의 언어통일을 목적으로 2004년 4월 양측이 사전편찬의향서를 체결하고 2005년 2월 겨레말큰사전 편찬위원회를 결성하면서 사업이 본격적으로 시작되었으며, 2019년 발간을 목표로 작업을 진행하고 있다. 이것은 남·북한 국어학자들이 공동으로 만드는 최초의 국어대사전이다. 이런 것을 계기로 남북한의 언어를 먼저 통일한다면 평화통일이 한결 수월하지 않을까 생각한다. 언어는 한민족의 동질을 밝혀주는 뿌리다.

까치설과 황금돼지해

민족의 명절 설날이 다가오고 있다. 중국의 춘절과 함께 한자문화권의 큰 명절이다. 민족의 대이동으로 고속도로가 주차장이 되는 날이기도 하다. 금년은 황금돼지해라고 하는 이야기를 많이 듣는다. 지난 2007년(정해(丁亥)년)도 황금돼지해라고 난리법석을 떨더니 금년에도 황금돼지해라고 난리다. 2007년처럼 아이들 많이 낳는 긍정적인 해가 되었으면 좋겠다.

해마다 귀가 아프도록 듣는 노래 중의 하나가 "까치설날은 어저께고요, 우리 우리 설날은 오늘이래요." 하는 노래다. 예전에 까치설에 대한 글을 쓴 적이 있지만 지인의 권유로 다시 한 번 써 본다. 섣달그믐을 까치설이라고 한다. 그 유래는 어떻게 되었을까? 오늘은 그 의문을 풀어 보기로 한다.

앞에서 필자는 감자탕의 유래에 대해 설명한 바가 있다. 그러면서 성급한 일반화의 오류라는 말로 마무리하였다. '간자(間子)'를 발음이 비슷한 '감자'로, '간막이살'을 '갈매기살'로 발음하면서 그것을 일반화하고 표준어로 굳어버렸다는 말이다. 그렇다면 까치설의 유래는 어떻게 된 것일까? 이 또한 간자탕(감자탕)과 비슷한 과정을 거쳤다. 까치설은 원래 '아찬설'이다. '아찬'의 의미는 순 우리말로 '이르다(早; 이르다, 아직 때가 오지 아니하다)'의 뜻이다. 즉 아직 설날이 오진 않은 날이라는 말이다. 설이 오기 하루 전이기 때문에 '아찬설'이라고 했는데, 세월이 흐르면서 '아찬'이 '까치'로 바뀌었고, 그것이 굳어서 오늘날에 이르게 된 것이다. '아직 오지 않은 설', 혹은 '이른 설'이란 의미로 보면 된다.

    2019년을 '황금돼지'해라고도 이야기하고 있다. 2007년과 무슨 차이가 있는 것일까 먼저 생각해 보자. 먼저 2007년은 황금돼지해가 아니다. 붉은 돼지해인데, 상술에 능한 사람들이 붉은 색을 황금색으로 둔갑시켜 그렇게 부르게 되었다. 황금돼지(黃猪)는 동양인에게는 상징적인 의미를 지니고 있다. 일단 한자의 오행(五行)과 색깔을 구분해 보면 다음과 같다. 우선 돼지해는 [을해(乙亥), 정해(丁亥), 기해(己亥), 신해(辛亥), 계해(癸亥)의 다섯 가지가 있다. 이를 색으로 분류하면 ①을해(乙亥)년은 乙이 木이고 靑色이니 푸른 돼지라고 할 수 있고, ②정해(丁亥)년은 丁이 불(火)이고 붉은색(赤色)이니 붉은 돼지라고 할 수 있다. 다음으로 ③기해(己亥)년은 己가 흙(土)이고 노란색(黃色)이니 노란 돼지이며, ④신해(辛亥)년은 辛이 쇠(金)이고 흰색(白色)이니 흰 돼지, 끝으로 ⑤계해(癸亥)년은 癸가 물(水)이고 검은색(黑色)이니 검은 돼지라고 할 수 있다. (이하에 주장하는 내용은 필자의 의견이니 판단은 독자들이 알아서 판단하리라 믿고 서술한다.) 그러므로 굳이 돼지를 색깔별로 나눈다면 을해생은 푸른 돼지, 정해생은 붉은 돼지, 기해생은 황색돼지, 신해생은 백돼지, 계해생은 흑돼지다. 굳이 황금색 돼지를 말하라고 하면 그중 기해년이 가장 근접해 있다고 하겠다. 정해년은 붉은 돼지이므로 황금돼지와는 거리가 멀다.

    그렇다면 돼지띠는 언제부터일까? 2019년이 지난 지 한 달을 넘어가고 있는데, 언제부터 태어난 아이가 돼지띠인가? 우리나라는 나이가 네 가지 종류가 있다고 한다. 집나이, 호적나이, 집만나이, 호적만나이 등이다. 유아사망이 많았던 베이비 붐 세대는 거의 실제 나이와 호적 나이가 다르다. 2년 정도 살아야 입적하는 경우가 많았다. 그래서 한국의 나이는 고무줄 나이라는 말도 있다. 그렇다면 언제부터 돼지띠가 시작되는 것일까? 우선 학자적 입장에서 본다면 갑자년, 갑자월, 갑자일, 갑자시는 동지에 비롯되었다. 그러므로 동지부터 띠가 시작된다고 보는 것이 학문적으로는 맞다. 그러나 현대에 와서 태양력, 태음력, 태음태양력 등으로 여러 가지 달력이 있다 보니 어느 것이 한 해의 시작인지 정신이 없다. 혹자는 음력 설날을 한 해의 시작으로 보기도 하고, 어떤 이는 입춘을 한 해의 시작으로 보기도 하며, 동지를 기점으로 쓰는 사람도 있다. 그러나 대부분의 사람들은 태양력의 1월 1일을 한 해의 시작으로 본다. 필자는 분명히 12간지의 시작은 동지임을 밝혔지만, 현대 사회에서 동지가 한 해의 시작이라고 말하기는 어렵다.

황금돼지해띠가 언제부터 시작인지는 독자의 견해에 맡긴다.

땟물과 맨드리와 하제

오늘은 언어의 사회성에 대해서 이야기해 보고자 한다. 예전에 김동인의 <감자>라는 소설을 극화해서 KBS에서 단막극으로 보여준 적이 있다. 예전에는 주말이면 <주말의 명화>보다 더 재미있게 보았던 기억이 있다. 거기서는 주로 근대 소설을 영화로 만들어 방영했었다. 기억에 남는 것이 <물레방아>, <뽕>, <메밀꽃 필 무렵> 등이다. 아마 <B사감과 러브레터>도 거기서 보았던 기억이 있다. 그리고 대학에 와서 작품을 VTR로 보여주고 토론을 하였다. 소설과 영화의 차이를 논하기도 했고, 시대상을 거론하며 문학의 시대 반영에 관해 토론하기도 했다. 문학은 항상 그 시대를 반영하고 그 시대의 언어로 기록하기 때문에 언어학적인 면에서도 의미가 있다. 한번은 <감자>를 보여주고 거기서 배우들이 이야기한 것을 두고 토론을 한 적이 있다. 그 중에 나오는 말인데, 무능한 복녀의 남편이 젊은 아내를 데리고 온 것에 대해 칠성문 밖 빈민굴에서 어느 여인이 한 말이다. "저 때는 땟국에서도 향내가 난다고 하던데……"라고 하면서 혀를 차는 장면이 있다. 학생들은 '땟국'이 무엇인지 몰라서 설왕설래하였다. 우선 '땟국'은 "1. 꾀죄죄하게 묻은 때, 2. 때가 섞인 더러운 물"을 말한다. 그러니까 목욕을 하지 않은 복녀의 더러운 모습이지만 젊은 여인이라는 것을 강조하기 위해서 드라마 작가가 첨언한 말이다. 그로 인해서 변했는지는 몰라도 '땟물'이라는 말이 언제부터인가 우리 몸에서 피부가 오래되어 각질처럼 일어나는 것(1. 몸이나 물건에 묻은 기름, 먼지 따위로 된 더러운 것

2. 때가 섞인 더러운 물)으로 인식하여 "더러운 물"로 인식하는 경향이 심해졌다.

　원래 땟물이라는 용어는 "겉으로 드러나는 자태나 맵시"를 의미하던 말이다. 그러니까 "아이고, 최 교수님 땟물이 훤하십니다.(때깔이 좋습니다)"라고 표현하면 상당히 좋은 의미로 쓴 것이다. 일반인들에게 그 말을 했을 때 기분 좋게 느끼는 사람이 몇 명이나 될까 궁금하다. 아마도 몸에서 땟국이 흘러 지저분한 사람이라고 한다고 오히려 기분이 나빠할 사람이 더 많을 것 같다. 언중들이 하도 땟물을 '때가 섞인 더러운 물'로 인식하게 되니까, 그 의미도 자연스럽게 '땟국'의 유래를 등에 업고 더러운 의미로 변질되고 말았다. 순수한 우리말인 '땟물'이 언중들에 의해 바람직하지 않은 의미로 바뀌고 있다. 비슷한 말로 '맨드리'라는 단어다. 당시 제자들에게 '맨드리'의 의미를 물어보았더니, 대부분이 무슨 뜻인지 알지 못하고, 그냥 어감상 좋지 않다고 하였다. '뺀질이'와 동일시하는 사람도 있다. "1. 물건이 이루어진 모양새 2. 옷을 입은 맵시나 모양새"를 맨드리라고 한다. 그러므로 예문으로는

　그는 인물보다 맨드리가 쓰레기꾼 축에 섞이기는 아까웠다.
　같은 옷감도 마름질, 바느질, 그 밖에 다른 솜씨에 따라 맨드리가 다르다.

(<다음 한국어사전>에서 인용)

와 같이 쓸 수 있다. 그러니까 '옷을 입고 매만진 맵시'나 '땟물'이 비슷한 말이다.(손진호의 <지금 우리말글>) "선생님은 참 맨드리가 곱군요."라고 하면 누가 알아들을 수 있을지 궁금하고, "선생님 땟물이 훤

하십니다."라고 했을 때 화를 내지 않으면 다행이다. 혼자 생각해 보면 참으로 세월이라는 놈이 야속하다. 과거에는 평범하게 쓰던 말인데, 세월이 가면서 우리말이 엄청나게 사라지고 있음을 실감한다. 물론 한자어 공부도 해야 하지만 아름다운 우리말도 새겨둘 필요가 있다. 사람들은 한자어를 버리자고 하는 말은 쉽게 하면서도 우리말의 아름다움을 지키자고 하는 것은 말만 그렇지 실제로 실천하기는 어려운가 보다.

　내일의 순우리말이 '하제'라고 하는 것이 있는데, 한자로 된 내일(來日)만 알고 있다. 말로만 한글전용을 부르짖으면서 실제로는 행동에 옮기지 못하고 있다. 한자어를 공부하는 것과 우리말을 살려서 바르게 사용하자는 것은 별개의 문제다. 우리말은 한자어로 된 것도 익히고, 순우리말도 살리는 것이 바람직하다. 아름다운 우리말을 살려서 후대에 전할 수 있는 혜안이 필요하다. 이제부터는 '그제, 어제, 오늘, 하제' 등으로 쓰면 어떨까?

꼬마와 작은마누라

　오늘의 제목을 보면 뭔 소린가 하는 독자도 많을 것이다. 전혀 관계가 없을 것 같은데 제목으로 올려놓은 것을 보면 같은 부류인 것 같기도 하고 이리송하리라 생각한다. 어원을 따져보면 결국 같은 의미로 통하기 때문에 오늘의 제목으로 삼았다. 우리의 할아버지 세대까지만 해도 보통 양반이라고 하면 일처일첩은 기본으로 생각하고 살았다. 동녀(童女 : 어린 여자 아이)를 첩으로 둔 것이 마치 자랑이나 되는 것처럼 여기던 시절도 있었다. 이렇게 첩(妾)을 뜻하는 중세국어가 '고마'였다. 이 '고마'라는 말은 사실 우리말은 아니고 중세 몽골어에서 차용된 것이다.(조항범, 우리말 어원이야기) 아마도 원나라 사람들이 우리나라에 침범하여 젊은 여자를 끌고가 첩으로 삼아서 그런 말이 전래한 것이 아닌가 한다. 첩은 본처보다 나이가 어리다. 몽고인들은 원나라 궁실로 고려인을 끌고 갈 때도 상당히 까다롭게 선별했던 것으로 유명하다. 몸에 점이 있거나 신체적으로 문제가 있는 경우는 모두 제외했고, 결혼한 여인 또한 제외하였다. 그래서 우리나라에서 조혼이 유행했다는 말도 있다.

　'고마'는 원래 나이 어린 첩(작은마누라)을 일컫던 것인데, 이것이 작고 어린 것에 대한 통칭으로 바뀌게 되었고, 요즘에 와서는 "①'어린아이'를 귀엽게 이르는 말, ②크기가 작은 것, ③키나 몸집이 작은 사람을 놀림조로 이르는 말"로 바뀌었다. 그러다 보니 꼬마신랑이라는 영화까지 등장하여 인기를 끌었던 적이 있다. 그래서 작고 귀여운 것에 꼬마라는 명칭을 붙이기도 한다. 꼬마인형, 꼬마전구, 꼬마물떼새, 꼬마쌍살벌 등과 같이 작은 것에 대한 애칭으로 쓰이기도 하였다. 고마가 꼬마가 되는 과정은 언중들의 표현법에 따른 것이다. 예전에는 '곶'이라고 했던 것이 요즘은 '꽃'이 되었고, 지난 번에 서술한 것과 같이 '지질이'가 '찌질이'로 발음되듯이 된소리로 굳어지게 되었다. 보통 임진왜란을 겪으면서 된소리가 생활화되었다고 본다. 왜란을 겪으면서 사람들의 표현이 격해진 현상이라고 하겠다. 요즘은 강조하는 의미로 된소리로 발음하는 경향이 있다.

또한 꼬마의 '꼬'는 일본어와도 상통하는 것이 많다. 일본어의 'ko'는 '작다'는 의미가 있다. 작은 틈이라는 의미로 일본어로는 'koma(소간, 小間)'라고 한다.(이원희, 일본열도의 백제어) 일본어의 '子(꼬)'도 이러한 의미가 들어 있다고 본다. 필자와 비슷한 연배의 여자들은 이름에 '자'를 많이 썼다. 영자, 말자, 숙자, 순자 등과 같이 자를 많이 넣어서 이름을 지었는데 일본의 '꼬'와 같은 맥락에서 지은 것이다. 일본어의 'koma는 망아지란 뜻도 있다. 우리말로 '아지'는 '작고 귀여운 것'에 붙인다. 강아지, 망아지, 송아지 등과 같이 '아지'는 어린 것에 붙인다. 망아지를 '고마(구(駒))'라고 하는 것은 '작다(小)'는 고마가 변형되어 망아지를 일컫는 말로 바뀐 것이라고 볼 수 있다. 아울러 일본어로 팽이도 '고마'라고 한다. 팽이는 필자 세대가 어렸을 때 많이 가지고 놀던 장난감이다. 둥근 나무 따위를 한쪽은 평평하고 다른 한쪽 끝은 뾰족하게 원뿔 모양으로 깎고 중앙에 쇠로 심을 박아 만든 것으로 팽이채로 열심히 때리면 넘어지지 않고 잘 돌아간다. 땅에 딱 붙어서 돌아가기 때문에 일본어로 '고마'라고 한 것이다. 우리말이 일본으로 넘어가서 정착한 예라고 볼 수 있다.

이와 같이 '고마'는 첩이라는 의미에서 변형되어 '나이가 어리고 키가 작고 몸이 작은 아이'를 지칭하는 것으로 바뀌었고, 이것이 일본까지 가서 '작은 것'에 대한 일반적인 지칭으로 바뀌었다고 본다. 일본 사람들은 '고마'가 한국에 와서 '꼬마'가 되었다고 말하고 있지만 사실을 따져 보면 우리말 고마(첩)가 일본으로 넘어가서 일본의 고어를 형성한 것이 논리적으로 맞다. 사전에 의하면 '꼬마'는 '꼬마동이(키가 작은 사람의 별명)'의 준말(조선어사전, 1938)이라고 되어있다. 이것이 의미확장의 과정을 거쳐서 지금의 '어리고 작은 아이(꼬마, 땅꼬마)', '크기가 작은 것(꼬마인형, 꼬마전구)', '놀림조로 이르는 말' 등으로 정착한 것이다.

요즘 일본에 대해 반일이라는 표현을 많이 쓰는 데, 이제는 극일(克日)이라고 해야 한다. 일본을 이기려면 일본에 대해 많이 알아야 한다. 언어를 제대로 알면 일본이 우리의 속국이었음을 알 수 있다.

나쁜 놈과 꼰대와 틀딱충

　한국인이 가장 잘 하는 것이 한국어임에도 불구하고 실제로 순 한국어로 강의하면 못 알아듣는 경우도 많다. 때로는 한국어가 아닌 것을 한국어로 인식하는 경우도 있다. 엊그제가 청년 시절이었는데 어느 순간에 예순을 넘어선 오래 된 사람(?) 대열에 접어들었다. 연구실을 제 집 드나들 듯하던 아이들도 어느 순간부터 잘 안 들어오고 어려워하기 시작하였다. 30~40대의 젊은 강사들과는 친한데, 60대 교수는 어려운가 보다. 아무리 큰아버지처럼 대해 주어도 거리감을 느끼는 것은 어쩔 수가 없다. 오히려 유학 온 아이들이 자주 연구실에 들어온다. 물론 비자나 아르바이트 등의 문제로 들어오는 경우가 많지만 내국인보다 외국인이 더 많이 들어오는 것도 사실이다.

　우리는 흔히 '나쁜 놈'이라는 표현을 자주 한다. <계림유사>라는 책을 보면 "高曰 那奔(높다는 말은 한글로 '나쁜'이다.)"이라 했다. '나쁜 놈'은 관직이 높은 사람을 말한다. 즉 벼슬이 높아서 가까이 할 수 없는 사람이라는 뜻이다. 그런데 왜 근자에 와서는 '악한 사람'의 의미로 바뀌었을까? 벼슬이 높은 사람들은 일반인들에게 좋지 않은 행실을 많이 했다. 세금을 지나치게 걷고, 악한 행실로 백성을 힘들게 했다. 그러므로 벼슬이 높은 사람이라는 뜻의 '나쁜 놈'이 현대에 와서는 '악한 사람'으로 의미가 전성된 것이다. 우리가 흔히 아는 '꼰대'라는 말이 있다. 필자가 학교에 다닐 때 친구들이 담임 교사를 '꼰대'라고 많이 불렀다.(필자는 선친이 교사라 그렇게 부를 수가 없었다.) 당시에는 '나를 괴롭히는 사람' 정도로 알고 사용했는데, 사실 그 뜻은 '백작'(conde)이라는 스페인 말이다. 스페인에서도 높은 분들이 얼마나 백성들을 힘들게 했으면 우리나라에서 '나쁜 놈'과 같은 뜻으로 쓰였을까? 아마 세계적으로 비슷한 경향이 아닌가 한다. 관직에 있는 사람들은 백성을 힘들게 하고, 그러다 보니 원래는 좋은 뜻이었던 '나쁜 놈'과 '꼰데'가 현대에 와서 '악한 사람'이나 '나를 괴롭히는 사람'으로 의미가 바뀌게 되었다.

반면에 요즘 젊은 사람들이 자주 쓰는 말로 '틀딱충'이라는 말이 있다. '틀니를 딱딱 거리는 늙은이(벌레)'라는 뜻으로 노인을 아주 비하하는 말이다. 세대 차이를 떠나 노인들을 우습게 아는 것이 요즘 젊은이들의 언어 행태다. 잔소리가 많다고 하여 '할매미'라 부르고, 연금만 축낸다고 하여 '연금충'이라고도 한다. 언어를 통해 볼 때 세대 간의 격차가 어느 정도 심한지 알 수 있다. 슬픈 현실이다. 부모는 부모라는 이름만으로도 존경받아야 한다. 어른이라고 부르지는 못할망정 '충'이라는 글자를 보태 비하하는 것은 옳지 못하다. 언어생활은 그 사람의 행실을 대변한다. 눈은 마음의 거울이고 언어는 생각의 그림이다. 본인이 생각하는 바를 언어를 통해 표출한다. 그러므로 언어생활에 좀 더 주의해야 할 필요가 있다. 우리가 뜻을 모르고 사용하는 것과 뜻을 알면서 사용하는 것은 다르다. 요즘의 젊은이들은 '나쁜 놈'과 '꼰데'의 뜻을 잘 모르면서 과거의 언어로만 느끼며 생활하고 있다. 반면에 '틀딱충'이나 '한남충(한국 남자를 비하하는 말)' 등은 이미 잘 알고 있으면서 사용하는 어휘들이다.

낭만에 대하여

　우리말에는 아직도 일본의 흔적이 남아 있는 단어가 많다. 오늘은 흔히 알고 있는 것 중에서 고쳐야 할 것을 골라 보았다. 사실 필자가 어린 시절에는 생활용어 중 명사는 거의 일본어를 사용했던 기억이 있다. 일제강점기하에서 교육을 받은 선친의 영향으로 의복에 관한 것도 거의 일본어를 그대로 사용했고, 신체에 관한 것도 그냥 의미 없이 사용해 왔다. 그것이 일본어인 줄도 모르고 써 왔던 것이다. 필자의 친구들은 지금도 '도시락'이라는 말보다는 '벤또'라는 말을 많이 썼음을 부인할 수 없을 것이다. 그 속에 들어 있는 '다꾸앙'도 꽤 오래도록 사용했던 것이나 지금은 '단무지'라는 말로 바뀌었으니 참으로 다행이다. 지금은 달라졌지만 '우와기', '에리', '소대나시', '가다마이' 등의 말들은 지난 세월 우리말처럼 쓰던 것들이다. 한복만 입다가 '가다마이'를 처음 입었으니, 그 주변 용어들은 다 일본어일 수밖에 없었다.
　낭만이라는 말도 그렇다. 뭐라 설명하기도 참으로 힘든 단어가 바로 낭만이라는 말이다. 영어도 아닌 것이 불어도 아닌 것이, 그렇다고 딱히 일본어도 아닌 일본화된 우리말이라고 해야 할 것인가? '낭만에 대하여'라는 노래는 필자도 노래방에 가면 자주 부르는 곡이다. 로망을 일본으로 발음할 때 浪漫(낭만)이라고 썼을 뿐인데, 우리나라에 와서 그대로 굳어진 것을 사용하고 있는 것이다. 그러므로 로망을 '낭만'이라고 쓰고 발음하는 것은 아무 근거도 없고 의미도 없다. 우리나라 사람들은 '로맨틱(romantic)하다.'는 표현도 자주 하는데, 이 또한 콩글

리시다. 외국에서는 이런 말을 쓰지 않는다. '로맨티스틱(romantistic
－로맨티스트(romantist) 같은)'이라고 해야 한다. 그럼에도 불구하고
일본을 걸쳐온 이상한 '낭만'이라는 글자가 우리말화 했으니 참으로
어처구니가 없다. 사전에는 "1. 현실에 매이지 않고 감상적이고 이상
적으로 사물을 대하는 태도나 심리. 또는 그런 분위기. 2. 감미롭고 감
상적인 분위기"라고 하였다. 그러므로 낭만이라는 일본식 표기는 차
라리 '감상적'이라고 하든지 '로망'이라는 표현을 그대로 사용하는 것
이 바람직하다고 본다. 이렇게 일본을 거쳐 와서 우리말로 안착(?)하
기는 했는데, 아무리 생각해도 낭만적이라는 말은 국적이 없는 단어임
이 확실하다.

노견(路肩) － 길섶, 갓길

한때는 노견이라는 말을 많이 사용했다. 방송에서도 '노견주차'라는
말을 수시로 들을 수 있었으니 우리말이라고 생각한 사람들도 많을 것
이다. 실제로 한자로 '길어깨'라는 뜻이니 얼핏 들으면 길가(갓길)를
말하는 것 같기도 한다. 우리말 중에는 일본에서 유래한 한자어들이
참으로 많다. 노견이 바로 그 대표적인 예이다. 우리가 어려서 많이 쓰
던 말 중에는 '길섶'이라는 단어가 있다. 길섶은 '길의 가장자리. 흔히
풀이 나 있는 곳'을 말한다. 지금이야 도로가 다 포장되어 있으니 길섶
이라면 어색하지만 그래도 '길가'라는 단어와 함께 정겹게 사용하던
말이 아닌가? 지금 사용하기에는 조금 어색하지만 자꾸 사용하다 보
면 정이 들 것이다. 그래서 '갓길'이라는 표현을 사용하고 있다. 고속
도로나 자동차 전용 도로 따위에서 자동차가 달리는 도로 폭 밖의 가
장자리 길을 '갓길'이라고 정의한다. 위급한 차량이 지나가거나 고장
난 차량을 임시로 세워놓기 위한 길이다.(<표준국어대사전> 참조) 참

고로 '고속 도로'도 우리가 흔히 사용하는 말이지만 실제로는 '고속국도'가 맞는 표현이라고 한다. 그래서 고속국도법(고속 국도를 정비하고 자동차 교통망을 원활하게 할 목적으로 제정한 법률)이 생겼다.

아무튼 지금은 노견이라는 말을 잘 사용하지는 않아서 다행이다. 갓길이나 길섶과 같은 정겨운 우리말을 사용하자!

먼저 가실게요(?)

요즘 필자의 칼럼이 대중의 인기(?)에 힘입어 여기저기서 의뢰 들어오는 것도 많아서 기분은 좋다. 오늘의 주제는 대구대학교의 김 교수님의 건의로 시작한다. 왜 한국인들은 논리적이지 않은 표현을 하는 것일까? 뻔히 틀린 문장인 줄 알면서 장난삼아 하는 말이 굳어서 일반인들이 두루 쓰는 말이 되곤 한다. 오늘은 이러한 언어습관에 관해 논해 보고자 한다. 이를 일컬어 화용론(話用論)이라고 한다. 사실은 연속해서 써야 하는 것이지만 아직은 어원을 중심으로 쓰고 있는 중이라 오늘은 간단하게 잘못 활용하는 언어구사 문제를 살펴보기로 하자.

우리말은 논리를 벗어난 것이 많다. 말하는 것과 쓰는 것이 다르기도 하고, 논리적으로 맞지 않는 표현도 많이 한다. 구어(말하는 것)와 문어(쓰는 것)에 차이가 많아 '외국어로서의 한국어'를 가르칠 때 힘든 점이 많다.

지난 글에 "나 똥 싸고 올게."라고 말은 "나 똥 누고 올게."라고 해야 옳고 하였다. '자신의 의지에 의해 배변 활동을 하는 것을 똥을 누다'라고 표현하기 때문이다. 한편 시장이나 헬스장 등에 가면 많은 사람들이 "~~하실게요."라는 표현을 많이 한다. 거의 대부분의 도우미들이 이렇게 말하고 있다. 처음에는 상당히 귀에 거슬려서 몇 번은 수정해 주었지만 이제는 수정하기에 너무 힘들고 늦은 감이 있다. 젊은 판매원들은 거의 "계산하실게요."라고 하고 있다. 골프장에 가면 "앞에 가실게요," 혹은 "5번 아이언으로 치실게요." 등과 같이 말하고 있다.

젊은이들은 흔히 청유형(함께 ~~하다)과 명령형(~~하라)을 구분하지 않고 사용한다. 예순이 넘은 사람들은 세배할 때도 "새해 복 많이 받으시길 기원합니다."라고 하였다. "새해 복 많이 받으세요."라고 하면 명령형이기 때문에 기원형으로 써야 한다고 배운 까닭이다. 그러나 요즘은 "새해 복 많이 받으세요."도 보편화 돼서 그냥 쓰는 것이다. 반면 청유형은 함께 해야 한다. "계산하실게요."라고 하면 돈을 함께 지불해야 하는 것이다. "계산하시겠습니까?"라고 하는 것이 맞다. 마찬가지로 "앞에 가실게요."라고 하는 것이 아니라 "앞에 가시겠습니까?"라고 해야 한다. 상대가 해야 할 것을 왜 함께 하자고 하는지 모르겠다.

앞에서 말한 바와 같이 한국어는 말하는 것과 쓰는 것이 다를 때가 많다. 외국인을 가르칠 때 가장 어려운 부분이다. 예를 들면, 사람들은 거의 다 "야! 일루 와."라고 말하면서 쓸 때는 "야! 이리 와."라고 쓴다. '점심'도 대부분의 사람들은 '즘심'이라고 발음한다. 서울, 경기, 충청 지역까지 'ㅓ'을 'ㅡ'에 가깝게 발음한다. 반면에 경상도 사람들은 'ㅡ'를 'ㅓ'에 가깝게 발음하고 있다. '먹으세요'를 거의 '먹어세요'처럼 발음한다. 실제로 그렇게 발음하다 보니 쓸 때도 습관적으로 그렇게 쓰는 사람도 많다.

다음으로 많은 사람들이 헷갈리는 것 중의 하나가 연결어미의 활용이다. 한국사람은 누구나 "문 닫고 들어와."라고 해도 문 열고 들어 와서 문을 닫는다. 외국인들은 "문 닫고 어떻게 들어가요?"라고 바로 반문한다. 놀라운 한국인이다. 마술사 데이비드 카퍼필드나 가능한 일을 한국인들은 누구나 하고 있다. 문 닫고 들어가는 일. 이런 문장은 많다. "꼼짝 말고 손 들어!"라고 하면 한국인인 모두 '손들고 꼼짝 안 한다.' 외국인들은 "Hands up!"한 후에 "Don't move." 한다. 이런 문장은 이미 한국인이 모두 사용하는 것이기 때문에 틀렸다고 할 수는 없다. 다만 논리적으로 문제가 있다는 말이다. 화용론에서만 가능한 말이다.

이런 걸 가르치는 한국어 교사들은 참으로 대단한 능력자다. 한국인들은 말할 때 논리보다는 필요한 행동을 먼저 지시하는 경향이 있다.

　필자만 보면 한국어어문규정을 왜 만들었냐고 강하게 투정부리는 후배가 있다. 등굣길, 장맛비 등의 표현이 바른 표현임에도 불구하고 이런 것 쓰지 말자고 호통을 친다.(등교길 => 등굣길, 장마비 => 장맛비, 효과, 치과, 문과 등과 같이 표기와 발음의 구체적인 문제는 차후에 다시 논하기로 한다. 상당히 긴 설명이 필요하다.)

　언어규정은 모든 사람들이 이해할 수 있도록 하기 위해서 만들어 놓은 공동의 규칙이다. 잘못된 줄 알면서 고치지 않는 것은 문제가 있다. 보편적이지 않은 표현을 마치 낯설게 하기의 한 기법으로 사람들을 즐겁게 해주는 것이라고 생각하면 오산이다. 어법에 맞는 표현이 가장 아름다운 한국어임을 기억하자.

떼놈, 되놈, 놈놈놈

"아무 데나 침 뱉고 오줌 갈기는 것을 보면 그놈이 떼놈인 것을 알수 있어."라고 하는 말을 들었다. 미국에서도 아무 데나 침 뱉는다는 이유로 중국인들을 멸시하는 것을 본 적이 있다. 우리는 흔히 중국인을 일컬어 '떼놈'이라는 표현을 쓴다. 필자가 어린 시절에 1·4후퇴 얘기를 참 많이 듣고 자랐다. "떼놈들이 어찌나 몰려오는지? 인해전술이라고 들어나 봤어?" 하시는 어른들을 말을 귀에 못이 박히도록 들었다. 그래서 "중국인들은 떼로 몰려다니니까 떼놈이라고 하는구나"라고 생각했었다.

한편 어떤 책을 보았더니 "'되'는 만주지방에 살던 여진족을 낮잡아 이르는 말로 월인석보에 의하면 조선초기 이전부터 그렇게 불러왔다."(장진한, <신문 속의 언어지식>)고 했다. 그래서 그는 '되+사람'으로 여진족만을 일컫는 말이 청나라 사람으로 바뀌고, 그것이 다시 중국사람으로 바뀐 것이라는 주장을 펼치고 있다. 그 책에서 미아리고개를 '되넘이고개'라고 하는데, "되놈(청나라놈)이 쳐들어온 고개"라는 뜻이라고 했다. 말은 맞는 말인데, 여기서는 '되'의 풀이가 지나치게 편협하게 되었음을 알 수 있다.

우리말에서 북쪽을 가리키는 단어가 바로 '되'임을 알아야 한다. 순우리말로 동서남북을 말할 때 동쪽은 '새'라고 한다. '샛별'이 그 예다. 서쪽은 '갈'이다. '갈바람=서풍(=하늬바람)'을 보면 알 수 있다. 남쪽은 '마'라고 한다. '마파람=남풍(=앞바람 : 주로 따뜻한 남쪽을 바라보고 있기 때문에 앞에서 부는 바람을 칭하기도 한다)'이 그 예이며, 북쪽을 '되'라고 하였다. '된바람=북풍'에서 알 수 있다. 그러므로 북쪽에서 온 사람을 되놈이라고 한다. 이런 표현을 하던 당시만 해도 '놈'은 낮춤말이 아니었다. 훈민정음 <어제(御製)서문(序文)>에 나타난 '놈'의 용례를 보자.

나랏말씀이 중국과 달라서 문자가 서로 통하지 않는구나. 그러므로 어리석은 백성들이 자기의 뜻을 펼치고자 하여도 마침내 그 뜻을 제대로 펴지 못하는 '놈'이 많구나.

여기에서 '놈'은 사람(백성)이라는 일반적인 용어임을 알 수 있다. 그러나 세월이 지나면서 한자가 일반화되고, 한자를 쓰는 것이 조금 높아 보이는 문화적 사대주의에 빠져 '놈'이라는 순우리말이 낮춤말로 변하게 되었다. 지금은 '놈'이라고 하면 욕처럼 느끼고 있다. 그러나 '되놈'이라는 말은 북쪽에서 온 사람이라는 일반적인 용어였음을 기억해야 한다.

평상시에는 '놈'이라는 표현을 잘 사용하지 않지만 상대방을 낮게 표현할 때는 주로 사용하는 것을 본다. 흔히 "쓸개 빠진 놈, 간덩이가 부은 놈"과 같이 사용한다. 그 용례를 통해 보더라도 현대 사회에서는 이 단어가 그리 좋아 보이지는 않는다.

몇 년 전에 장모님께서 몸이 아파 CT를 찍어 보았더니 쓸개와 총담관에 돌이 많이 들어 있어서 수술해 드린 적이 있다. 쓸개를 제거했더니 노인께서 농담으로 "이젠 쓸개 빠진 x이 됐네."하면서 웃으셨다. 생각해 보니 쓸개는 한의학에서 용기와 관련이 있는 말이었다. 담(膽)이 크다고 할 때는 '용기가 있다'는 뜻이고, 쓸개가 빠졌다는 말은 '용기가 없어 줏대가 없고 비겁한 사람'을 일컬을 때 쓰는 말이다. 가끔 '간이 부은 놈'이라는 표현도 자주 듣는다. 간은 아마도 한의학에서 '배짱'과 관계가 있는 단어인 듯 하다. 그래서 간이 부었다는 말은 '추진력이나 결단력이 지나쳐서 무모하기까지 하다'는 의미로 풀 수 있다. 그러니까 '간이 크다'는 말은 그만큼 '추진력이 있다든가 결단력이 있다'는 말로 이해하면 될 것이다. 요즘은 "간이 (부어서) 배 밖으로 나왔다."는 표현으로 바뀌고 있다. 실제로 간이 부으면 문제가 심각하겠지만 언어 표현상에서 간이 부은 것은 자제하면 될 일이다.

  우리는 흔히 어려서부터 듣던 말이 모두 진실인 줄 아는 경우가 많다. 떼놈이 아니고 되놈이며, 그것은 중국인을 말하는 일반적인 용어였음을 알아야 한다. 또한 '쓸개 빠진 놈, 간이 부은 놈'과 같은데 사용한 '놈'은 낮추어 표현하는 말이지만 원래는 일반적인 사람을 지칭하는 말이었음을 기억하면 언어생활에 도움이 되리라 생각하다. '쓸개나 간'이 용기나 배짱'과 관련이 있는 것은 **문화문법**으로 접근해서 해석해야 할 일이다.

놈팡이와 빨치산

지난 주에 이어 어원을 통해 우리말의 의미를 고찰하는 글을 쓰기로 했다. 우리말로 알고 있지만 외국어에서 유래한 단어들이 많다. 미싱이나 마징가 제트가 영어인데 일본을 거쳐 오면서 잘못된 것이라고 얘기한 적이 있다. 오늘도 외국어의 발음이 한글화되면서 이상하게 변질된 것을 살펴보고자 한다. 특히 필자 세대가 많이 쓰던 단어 중에 '놈팡이(놈팽이)'라는 말과 '빨치산'이라는 단어가 있는데, 학교 때 알고 있던 것과 그 의미가 많이 다르다. 그래서 그 의미를 원어를 중심으로 살펴보고자 한다.

우선 과거에 남자들에게 많이 사용하던 단어가 바로 '놈팡이'라는 말이다. 일제 강점기하에는 '룸펜'이라는 말로 많이 쓰였는데, 이것이 두음법칙의 적용을 받아 '눔'으로 발음 되다가 다시 '놈(者)'과 비슷한 의미로 쓰임에 따라 '놈'으로 발음되었다. 그러니까 '룸펜'에서 '놈팬'으로 바뀌고, 다시 '놈팡이(놈팽이 : ㅣ모음 역행동화)'로 발음된 것이다. 그렇다면 원어인 'lumpen'은 무슨 말일까? 우선 놈팡이부터 보자. "1. '사내'를 얕잡아 이르는 말, 2.직업이 없이 노는 남자를 얕잡아 이르는 말"이라고 <표준국어사전>에 나타나 있다. 영어로 "1. a person without regular occupation, 2. a bum, 3. a loafer"라고 한다. 원래는 독일어였는데, 영어로 인식되고 있다. 영어사전에는 "1. 사회적 지위를 잃은 사람의, 2. 룸펜의, 3. 부평초 신세의"라고 되어 있으며, 영영사전에는 "mentally sluggish"라고 나타나 있다. 이렇게 일반적으로 남자에 대한 비칭으로 쓰이거나 직업이 없이 건들거리는 사람을 칭할 때 '룸펜'이라고 했는데, 현대어로 오면서 각종 음운현상이 겹쳐서 '놈팡이'가 되었다고 본다. 충북대학교의 조항범 교수는 우리말 '놈'과 '팡이'라는 접사의 결합이라고 말하고 있다. 그럼에도 불구하고 필자는 일제강점기하의 문학에서 '룸펜'이라는 용어가 자주 나타나는 것으로 보아 독일어에서 유래했음에 방점을 찍고 있다. 참고로 조항범 선생의 글도 일리 있는 부분이 있어서 일부 인용한다면, 접사 '팡이(팽이)는 우리말에서도 자주 보인다고 하였다. 좀팡이(쫌팽이), 잡팡이(잡팽이) 등과 같은 단어에 보이는 팡이가 그것이라는 말이다.(선택과 판단은 독자의 몫)

다음으로 많이 혼동하고 있는 단어가 바로 '빨치산'이다. 어린 시절에는 이것이 순 우리말인 줄 알았다. 부친께서도 자주 말씀하셨고, 친구 부친께서는 지리산 빨치산 토벌 얘기를 만날 때마다 무용담으로 들려주시곤 했다. 우리가 흔히 빨간 무리들이라고 하듯이 '빨갱이'라는 단어에서 유래한 것으로 착각했었는데, 그에 대해서 바르게 일러주는 어른은 한 분도 없었다. 그냥 '빨치산 = 빨갱이'라는 등식으로 뇌리에 각인되어 있을 뿐이다. 그래서 그 어원을 통한 의미를 다시 한 번 분석해 보는 것이 후세를 위해 필요할 것 같아서 설명하기로 한다.

우선 『표준국어사전』에는 "적의 배후에서 통신·교통 시설을 파괴하거나 무기나 물자를 탈취하고 인명을 살상하는 비정규군. 특히 우리나라에서는 6·25전쟁 전후에 각지에서 활동했던 게릴라를 이른다."라고 되어 있다. 다른 사전을 조금 더 보자. <다음사전>에는 "1. a partizan, 2. a guerrilla", "1. 자기편, 2. 유격병, 3. 당파심이 강한, 4. 유격병인, 5. 동지"라고 되어 있으며 원어로는 'partizan'이다. 그러니까 정규군이 아닌 민간인으로 조직된 유격대라고 해야 원어에 가까운 번역이 될 것이다. 러시아어라고 하지만 더 나아가면 프랑스어 'parti'에서 유래한 것이라고 보아야 한다. 그러므로 '파르티잔'이라는 말은 '당원, 도당'이라는 뜻이었는데, 전쟁을 거치면서 유격대원으로 바뀌었다고 보는 것이 좋다. 위의 사전적 정의를 보면 '빨치산'과 '게릴라'를 동의어로 취급하고 있지만 실제로는 게릴라는 '비정규전·유격전 등의 전투행위'를 가리키는 명사인데 비해, 'partizan'은 '비정규전을 행하는 구성원 '(장진환, <신문 속 언어지식>)'을 말한다. 그러므로 게릴라와는 의미가 조금 다르다고 보아야 한다.

  외국에서 들어와 우리말이 된 것 중에는 의미를 찾기 어려운 단어들이 많다. 그것들을 바르게 전수할 수 있도록 하는 것도 우리 세대의 중요한 일이다.

누적(累積)과 축적(蓄積), 장해(障害)와 장애(障礙)

언젠가 글에서 "세월은 흐르는 것이 아니라 쌓이는 것이다."라고 했더니 많은 사람들의 공감을 받았던 기억이 있다. 우리말은 어떻게 표현하느냐에 따라서 의미가 달라지는 것이 많다. 예전에도 한 번 말한 적이 있는데, '피로회복제'는 "피로하게 해주는 약?"인가, '설사약'은 "설사를 멈추게 하는 약인가, 설사를 하게 하는 약인가?", '농약'은 "살리는 약인가, 죽이는 약인가?" 등을 말한 적이 있었는데, 그때도 호응이 좋았다. 정말로 우리는 '피로회복제'라고 쓰면서 의미는 '기력회복제'로 활용하고 있는 것과 같은 종류의 말들이 많다.

그런가 하면 위의 제목과 같이 비슷한 듯하면서 다른 의미를 지닌 말도 은근히 많다. 우리는 흔히 말할 대 "그는 피로가 축적되어 쓰러졌다."는 표현을 한다. 실제로도 이런 표현을 많이 들었다. 어려서부터 한자 공부를 하지 않아서 생긴 불상사다. 축적(蓄積)을 사전에서 찾아보면 '지식, 경험, 자금 따위를 모아서 쌓음. 또는 모아서 쌓은 것'이라고 나타나 있다. 그러니까 '축적'이라는 단어는 자신의 의지를 갖고 모으는 것을 말한다. 세상에 피로를 자신의 의지를 갖고 모으는 사람도 있을까 궁금하다. 그러므로 위의 글은 "피로가 누적되어 쓰러졌다."라고 표현하는 것이 좋다. 왜냐하면 누적(累積)이라는 말은 '시간이 지남에 따라 자연히 쌓이는 것'을 말하기 때문이다. 피로는 시간이 지남에 따라 자연스럽게 쌓이는 것이지 의지를 갖고 모으는 것이 아님이 분명하다. 그러므로 피로는 누적되는 것이다. 누적을 사전에서 찾아보면 "포개어 여러 번 쌓음, 또는 포개어 여러 번 쌓임"이라고 나타나 있다. 여기서 중요한 것은 의도적으로 쌓은 것이냐 자연스럽게 쌓인 것이냐 하는 문제일 것이다. 지식 축적, 피로 누적이라고 확실하게 구분해 주면 이해하기 쉬울 것이다.

이와 비슷하게 많이 틀리는 것 중의 하나가 '장애(障礙)'와 '장해(障害)'일 것이다. 어렸을 때에 장애인을 '장해인'이라고 썼던 기억이 있다. 장해(障害)는 "하고자 하는 일을 막아서 방해함. 또는 그런 것"을 말한다. 예를 들면 "우리 둘 사이에 장해가 될 것은 아무 것도 없으니까……", "그 산을 오르는 길에 장해물이 한두 가지가 아니야." 등과 같다. 이에 비해 장애(障礙)는 "①어떤 사물의 진행을 가로막아 거치적거리게 하거나 충분한 기능을 하지 못하게 함, 또는 그런 일"을 말하고, "②신체기관이 본래의 제 기능을 하지 못하거나 정신 능력에 결함이 있는 상태", "③유선 통신이나 무선 통신에서 유효 신호의 전송을 방해하는 잡음이나 혼신 따위의 물리적 방해를 받는 것"이라고 되어 있다. 예를 들면 "방송 중에 송신 시설의 이상으로 여러 차례 장애가 발생하였다.", "협심증의 발작이 오래 지속되는 경우는 호흡 장애가 진행 중이므로 환자 자신이 증세를 설명할 수도 없었다."(<표준국어대사전> 재인용) 등과 같은 것이 있다.

과거에 칼럼에서 장애우라고 표현했더니 장애인단체에서 다른 의견을 제시한 적이 있다. 필자는 장애인에 대한 긍정적인 시각에서 보자는 의미에서 장애우라고 표현하였지만 그들의 입장에서는 공식적인 용어가 장애인이라는 것이었다. 장애인이란 "신체의 일부에 장애가 있거나 정신 능력이 원활하지 못해 일상 생활이나 사회생활에서 어려움이 있는 사람"을 말한다. 친근한 의미에서 장애우라고 쓴 것은 이해하지만 공식적인 용어가 아닌 만큼 장애인으로 고쳐서 써 달라는 것이 그들의 주문이었다. 실제로 사전에 '장애우'라는 용어는 등재되어 있지 않다. 그러나 '비장애우'라는 용어는 있다. "비장애인을 달리 이르는 말"이다. 장애인에 대해서 완곡하게 표현하고자 장애우라고 하지만 공식적인 용어가 아니기 때문에 글을 쓸 때는 장애인이라는 표준어를 쓰는 것이 합당하다. 이른바 **완곡어법**이 일반화되고 있지만 사전에 등재된 것을 사용하는 것이 옳다고 본다.

우리말은 비슷하면서도 의미가 다른 단어들이 많다. 그러므로 각 단어의 의미를 바르게 인식하고 바르게 사용하는 습관이 중요하다.

능지처참(陵遲處斬)과 오형(五刑)

　필자는 잘난 척 하느라 사극을 잘 보지 않는다. 그 속에 나오는 인물들의 면면을 보면 리얼리티(당대의 현실성)가 떨어지는 경우가 많기 때문이다. 예를 들면 주몽과 소서노와의 관계를 봐도 그렇다. 그들이 가약을 맺을 때 주몽은 18세였고, 소서노는 32세의 과부(아들이 둘이나 있는)였다. 주몽은 장인(연타발)의 경제력과 사회적 배경(군사력)이 필요했고, 소서노는 주몽의 능력이 필요했다. 즉 정략적으로 둘이 맞아 떨어졌기 때문에 결혼했다. 그러나 극중에서는 주몽이 훨씬 나이 들어 보였다. 우리나라의 역사상 나라를 둘이나 건국한 여성이 바로 소서노임을 생각한다면 그녀는 야심가였음을 금방 알 수 있다. 두 아들이 있었지만 주몽의 적자(유리왕)가 나타나니까 고구려를 포기하고 내려와 친자로 하여금 백제를 건국한 여인이다. 참으로 대담하고 결단력 있는 여인이다.

　이런 사극은 '역사적 사실'보다는 '흥미' 위주로 전개하는 것이 많다. <선덕여왕>이라는 사극도 그렇다. 미실에 관한 이야기는 <화랑세기> 속에서 두 줄도 채 안 되는 글이다. 그것을 장황하게 늘이다 보니 각종 설화를 접목하여 시청자의 입맛에 맞추어 재미있게 만들었다. 다른 사극도 마찬가지다. 이렇게 사극을 보다 보면 자주 보는 광경이 있는데, "저 죄인을 당장 '능지처참'하여라."라는 대사가 그것이다. 그러면 극중에서는 바로 죄인의 목을 자른다.

'능지처참(陵遲處斬)'은 능지처사(陵遲處死)라고도 한다. 즉 바로 죽이는 것이 아니라 천천히 고통을 최대한으로 느낄 수 있도록 하고 한 달(?) 쯤 지나 숨이 넘어갈 때 목을 베는 아주 잔인한 형벌이다. '능지처참'을 사전적으로 보면 "예전에, 대역죄를 지은 죄인을 머리, 몸뚱이, 팔, 다리를 토막 쳐서 죽이는 극형을 이르던 말", 혹은 "죽여서 사지를 절단하여 곳곳에 뿌리는 형벌"이라고 나타나 있다. 그러나 '능지처참'의 본래의 뜻은 '陵遲處死(능지처사 : 천천히 죽음에 이르게 한다)'라고 한다. 반역죄, 패륜죄, 흉악범죄 등 중죄인에게 되도록 오래 고통을 주어 사형시키는 방법으로, 살아있는 상태에서 살을 저며내고 사지를 자르는 방식으로 집행한다. 중국에서부터 전해진 형벌이며, 이에 관한 우리나라의 기록은 고려 공민왕 때부터이다. 그 뒤 조선 초기에도 시행되었으며, 특히 연산군 때 많았다. 우리나라에서는 1894년(고종 31) 완전히 폐지되었고, 중국에서는 1905년 공식적으로 폐지되었다.(인터넷에서 재인용함) 즉 죄인을 살아있는 상태에서 칼질을 5~6천 번 해서 고통을 최대한 많이 주는 것이다. 죄인의 입장에서는 가장 잔혹하지 않을 수 없다. 그러니 <국어사전>에 나온 것보다 훨씬 잔혹한 형벌임이 확실하다. 능지처참하라고 해서 바로 형장에서 목을 자르면 죽는 사람의 입장에서는 오히려 행복할 것이다. 쉽게 죽이지도 않고 서서히 죽어가도록 고통을 주니 죽고 싶어도 죽을 수 없는 심정이야 오죽하겠는가?

흔히 중국에서는 오형(五刑)이라고 하였다. 오형은 『서경』「순전(舜典)」의 유유오형(流宥五刑)에서 비롯되었다. 주나라 형서(刑書)인 『여형(呂刑)』에 묵(墨 : 刺字, 얼굴에 죄인 문신하기)·의(劓 : 코 베기)·궁(宮 : 거세)·비(剕 : 발뒤꿈치 베기, 아킬레스건 자르기)·살(殺 : 사형)의 다섯 가지 형벌이 소개되는데, 이는 신체를 훼손하는 체형이다.(다음 사전 재인용) <효경(孝經)>에도 보면 "오형의 무리가 삼천이로되 불효가 가장 큰 죄다.(五刑之屬三千 不孝莫大焉)"이라 하였다. 서민이 짓는 가장 큰 죄는 불효가 맞다. 그러나 위정자의 죄 중에서 가장 큰 죄는 반역이나 매국일 것이다. 그들을 '능지처참'에 처할 것인지는 역사가 알 것이다.(과연 지금 이런 형벌이 가능할까?)

사형의 방법도 여러 가지가 있는데, 그나마 나은 죄인은 바로 죽이고, 아주 악독한 사람은 사약을 먹고 한 달 후에 죽게 하였다고 한다. 그 중 가장 악랄한 사형의 방법이 바로 '능지처참'이라는 말이다. 많은 사람들이 쉽게 사용하고 있지만 이 형벌을 당한 사람 중에는 죄 없이 죽어야만 했던 사람들도 많다. 서태후의 질투에 의해 그렇게 죽어간 여인도 있고, 임금의 시기에 의해 그렇게 당한 사람도 있다.

역사는 항상 승리자가 기록한다. 그러니 이긴 자의 입장에서 기록할 수밖에 없다.(억울하면 승리해야 한다) 그러니 능지처참을 당한 사람도 죄를 만들어서 붙인 경우도 많았을 것이다. 그럼에도 불구하고 요즘은 능지처참을 당해야 하는 사람도 많은가 보다. 뜻을 알고 보면 함부로 쓰기에는 무서운 단어인데, 매일 이런 단어를 보아야 하는 현실이 안타깝다.

<님의 침묵>이 맞아요?

한용운 선생의 시로 유명한 <님의 침묵>이라는 시가 있다. 사실상 이 표현법은 옳지 않은 것이다. 우리 말에서 '님'이라는 단어는 어두에 올 수가 없다. '두음법칙'이라는 것이 있어서 '어두'에 'ㄴ'이 오는 것을 꺼린다. 그래서 '녀자'라고 하지 않고 '여자'라고 쓴다. 그 외에 몇 가지 예를 더 들어 보면 '락원'을 '낙원'이라고 하고, '로인'을 '노인'이라고 한다. 일반으로 단모음이 올 때는 'ㄹ'이 'ㄴ'으로 바뀌지만 'ㅑ'나 'ㅣ'를 포함한 복모음'과 연결될 때는 'ㄴ'이 'ㅇ'으로 바뀐다. 그래서 '리발소'라고 하지 않고 '이발소'라고 하며, '님'이라고 하지 않고, '임'이라고 써야 한다. 그러므로 <님의 침묵>은 현대식으로 표기하자면 <임의 침묵>이라고 해야 한다.

문제는 요즘은 우리나라 사람들이 'ㄹ'이 어두에 있어도 발음을 잘 한다는 것이다. 과거 우리 아버지 세대는 '라면'을 '나면'이라고 했지만 우리는 '라면'이라고 발음할 수 있다. 서구적인 발음이 많이 들어오면서 두음법칙이 유명무실해지기 시작했다. '라디오', '라디에이터' 등을 발음하는데 전혀 지장이 없다. 그래서 앞으로는 두음법칙이 사라질 수도 있다. 북한에서는 문화어라고 해서 김일성 시대부터 두음법칙을 없애버렸다. 그래서 그쪽에서는 '로동신문', '녀자', '로인' 등과 같이 쓰고, 그렇게 발음한다.

이제 '님'과 '임'의 차이를 살펴보기로 한다. 우리말에서 '님'이라는 단어가 처음 나온 것은 신라시대부터였다. 처음에는 '닏>닐>닐임>니임>님'의 변화과정을 거쳤다. <훈몽자회>라는 책에 보면 '님 주(主)'라고 하여 '임금'을 의미하였다. 그래서 신라의 '尼叱今(잇금), 尼師今(이사금)'에서 '尼叱(닛, 닏)'의 표기가 '님'의 어원이다. 이것은 일본으로 넘어가서 'nusi(主)'의 어근인 'nus>nut'의 어근이 되었다. 일본어 'nusi'는 우리말의 '닛(닏)'이 넘어가서 된 것임이 확실하다.

문제는 요즘 들어 젊은이들 간에 '님'이라는 표현이 지나치게 만연하고 있다는 말이다. "님께서 먼저 하셈.", "님이나 하세욤."과 같은 표현은 하루에 열두 번도 더 본다. 오호 통재라! 이럴 때 쓰는 '님'은 확실하게 어법을 어긴 것이다. '선생님', '어머님', '아버님'과 같은 경우에 쓰는 '님'은 접미사이다. 사람이 아닌 경우에도 '님'을 접미사로 쓸 수 있다. 예를 들면 '해님, 달님'등과 같은 경우에 인격화하여 쓰는 것이다. '사랑하는 사람을 뜻하는 임'과는 질적으로 다르다. '그리운 임'을 부를 때는 앞에서 보는 바와 같이 '임'이라고 써야 한다.(한용운 선사의 '님'이 '임'의 잘못으로 볼 수도 있다.) 접미사 '님'과 '그리운 임'은 근본적으로 다르다. 때로는 의존명사로서 '님'을 쓸 때도 있다. 이것은 앞 말을 높이는 기능을 한다. '성이나 이름 다음에 써서 그 사람을 높여 부르는 역할'을 하는 의존명사로 쓰일 때가 있다. 예를 들면 '최태호 님'이나 '길동 님' 등에서 쓰인 것은 의존명사로서 '씨'보다는 높임을 나타내는 말이다.

말에는 엄연한 규칙이 있다. 그냥 생각나는 대로 쓰는 것은 교양인의 할 바가 아니다. 가능하면 바른 표현을 하는 것이 좋다. 언어는 그 사람의 인격이기 때문이다.

다대기와 다진 양념

식당에 가면 자주 찾는 것이 다대기다. 어디 가나 "다대기 주세요." 하는 소리를 자주 듣는다. 필자도 여전히 그런 소리를 한다. 특히 매운 것을 좋아하기 때문에 다대기를 자주 찾는다. 설렁탕에도 넣어 먹을 정도로 얼큰하게 만든 다진 양념을 좋아한다. 어디를 가면 '다진 양념'이라고도 하고 어느 곳에서는 '다지기'라고도 한다. 도대체 어느 말이 맞는 것인지 모르겠다. 사전을 찾아보면 "끓인 간장이나 소금물에 마늘이나 생강 따위를 다져 넣고 고춧가루를 넣어 만든 양념"이라고 되어 있고, 일본어 'tataki'의 한국식 발음이라고 나타나 있다. 그렇다면 다대기가 정말 일본어인가 하는 것부터 찾아보아야 한다. 왜냐하면 우리말이 일본으로 건너가 일본어가 된 것도 많기 때문이다. 과거에 한 번 쓴 적이 있는데 우리말 곰이 일본으로 넘어가면 '구마'가 되고, 섬이 일본으로 건너가서 '시마'가 된다. 또한 떡이 건너가면 '스데키'가 된다. 스데키가 되는 것은 조금 긴 설명이 필요하다. 과거에는 우리말의 'ㄸ'을 'ㅅㄷ'라고 썼다. 그러므로 일본으로 가면서 'ㅅ', 'ㄷ', 'ㄱ'이 다 분리되어 '스더그'가 되었다가 현재의 발음으로 굳어진 것이다. 일본어 속의 우리말은 지금 열거한 것을 빼고 얼마든지 찾을 수 있다. <일본열도의 한국어>라는 책이 나올 정도로 일본의 고어는 대부분 우리말이었다.

서론부터 지나치게 길게 말을 한 이유는 다대기의 어원을 제대로 찾아보자는 의미에서 그런 것이다. 일단 일본어로는 'たたき(tataki)'라

고 쓴다. 그래서 대부분은 일본어의 뜻을 그대로 풀어서 '두들김', '때림'이란 뜻으로 이해하고 있다. 그래서 요리에서 '다지거나 다진 재료를 섞어서 만든 양념(요리)'을 가리킬 때 사용하는 단어가 되었다. 학계에서는 보통 '다진 양념'이나 '다지기'로 순화해서 쓰자고 하고 있다.

오래 전에 설명한 바와 같이 우리말에는 이미 대중화된 일본어가 많이 있다. 그 중에 가장 널리 알려진 것이 짬뽕이다. 어느 중식당을 가도 모두 짬뽕이라고 적혀 있고, 모든 사람들이 그렇게 부르고 있지만 표준어사전에는 등재되어 있지 않은 단어다. 초마면으로 부르기를 권장하고 있지만 글자 그대로 권장사항에 그치고 있을 뿐이다. 일본어에서 유래한 중국음식이라는 말이다. 이제는 짬뽕도 사전에 등재할 때가 되었다. 마찬가지로 다대기가 일본에서 유래한 말이라고 해서 '다진양념'이나 '다지기'로 순화해서 부르기를 권장하고 있지만, 아직도 식당에서는 주로 '다대기'라는 말을 사용하고 있다. 다대기를 컴퓨터로 입력하면 밑에 붉은 줄이 나오는 이유도 표준어가 아니기 때문이라는 뜻이다.(짬뽕에는 붉은 줄이 나타나지 않는다.)

다대기가 한국어에서 유래했다는 주장이 있어 옮겨 보기로 한다. "다대기의 어원이 한국어 동사 "다지다"에 명사를 만드는 접미사 "－기"를 붙여 "만들기"와 같은 형태로 만든 것이라는 주장이 있으며, "다지다"의 동북 방언 "다디다"도 어원으로 거론된다. 1995년 ≪우리말큰사전≫은 "다대기"를 고유어로 풀이하며, ≪한국민족문화대백과사전≫에도 "지경닺는소리(터 다질 때 하는 소리)"를 전남 강진 지방에서 "다대기소리"라 불렀으며, "함흥냉면에 고춧가루 양념이 애용되어 '다대기'라는 말이 이곳에서 나왔을 정도이다."라는 풀이가 나온다."
<위기백과>

위의 글을 보면 상당히 설득력이 있다. 필자가 위에서 굳이 길게 일본어 속의 한국어를 말한 것은 바로 이러한 이유에서 비롯되었다. 일본어 '다다키(たたき)'는 우리말이 넘어가서 형성되었다고 볼 수 있기 때문이다. 우리말 '다디다'에 명사를 만드는 접미사 '-기'가 붙어서 이루어진 단어라는 설명이 충분히 가능하다. 그런 것이 일본으로 넘어가서 일본어를 형성하였고, 다시 한국으로 넘어온 단어라고 보면 그리 어려운 해석이 아니다. 세상은 좁아지고 있다. 한국어(?) '파이팅(fighting)'이 세계어가 되고 있음을 상기해 볼 필요가 있다.(미국어에서는 'fighting'라는 단어는 형용사형으로만 쓴다.) 콩글리시가 세계어가 되는데, 우리말 다대기를 일본어라고 굳이 주장할 필요가 없다고 본다.

다르다와 틀리다

젊은이들하고 이야기를 하다 보면 '다르다'와 '틀리다'를 구분하지 않고 있음을 본다. '다른 것'은 다양 것의 한 부분으로 틀린 것이 아니다. '틀린 것'은 옳은 것의 상대어로 잘못된 것을 말한다. 나와 의견이 다르다고 해서 상대방의 의견이 틀렸다고 말하는 것은 옳지 않다.

'1+1=3'이라고 하면 틀린 것이다. 그러나 '살색'은 인종마다 다르다. 어떤 이는 황색이고, 어떤 이는 검은 색에 가깝고, 또 어떤 이는 흰색에 가깝다. 그러므로 과거에 '살색'이라고 하던 것이 지금은 사라지고 없다. 보통 사람들은 "난 생각이 틀려."라고 말을 한다. 자기 생각이 틀렸으면 말을 하지 말아야 한다. 그가 하고자 하는 말은 "난 너와 생각이 달라."라고 해야 함에도 불구하고 '생각이 틀려'라고 하면서 자기 주장을 펼친다. TV에 출연하는 사람들을 보면 많은 사람들이 '다르다'와 '틀리다'를 구분하지 않고 쓰고 있다. 필자가 즐겨보는 '자연인'이라는 프로그램에 등장하는 일반인들도 거의 그렇게 사용하는 것을 본다. "어때 맛이 틀리지?"라고 하면서 자신의 음식 솜씨를 자랑한다. '맛이 틀리'면 잘못된 것인데 어찌 자랑할 만하다고 하는지 모르겠다.

세상 사람들은 나와 행동이 다르면 '틀린 것'으로 낙인찍어 버린다. 필자가 어렸을 때 가래떡을 간장에 찍어 먹었더니 서울에서 온 4촌이 이상한 눈으로 보았다. 조청이나 설탕을 찍어먹는 그들과 내가 달라보였던 것이다. 복숭아를 소금에 찍어 먹는 베트남 여성이 우리에게는 이상하게 보일 수 있지만 그렇다고 그들의 문화가 틀린 것은 아니다.

(필자는 지금도 아내에게 핀잔을 들으면서까지 가래떡을 간장에 찍어 먹는다.)

빨리빨리와 만만디

대한민국이 오늘날 잘 살게 된 것은 지도자의 역할도 중요했지만 우리 민족이 급하게 일을 처리하는 경향이 있음도 무시할 수 없다. 물론 이런 '빨리빨리 사고방식'으로 삼풍백화점이 무너지고, 성수대교가 무너지는 참사를 만들어내기도 했지만 나름대로 고속성장을 하는데 도움이 된 것은 부인할 수 없다. 요즘에 인도네시아와 베트남 사람들을 자주 만난다. 이들 모두 예외 없이 같은 면이 있다면 '느리다'는 것이다. 정말 느리다. 말할 수 없이 느리다. 우리나라 사람들 같았으면 벌써 끝났을 일을 1년이 다 되도록 지지부진하게 끌고 있다. 때로는 답답하고 울화가 치밀기도 한다. 누가 아쉬운 것인지도 모른다. 필자는 50년이 훨씬 넘도록 쉼표 없이 인생을 살아왔으니 '천천히(만만디)' 돌아가는 그들과 합하기가 쉬울 수는 없다. 인도네시아 아체와 시도했던 대학 설립과 병원 설립, 말레이시아와 체결하고 있는 한국어 교육기관 및 한국어 교사 양성 계획 등 무수한 일들이 한 번 메일을 보내면 한 참 걸려야 답신이 오고, 채근하면 채근한다고 투덜거린다. 중국 공상대학과 한국어 교수 채결을 위한 상호이해각서를 체결했던 것이 1년이 넘도록 한국어학부를 만들었다는 보고를 받지 못했다. 필자의 경우는 다문화가정의 여성들과 오랜(?) 세월 함께 생활하면서 이국적인 문화에 어느 정도 적응이 되어 있음에도 불구하고 답답하기는 마찬가지다. 그러니 외국인들과 교류하지 않은 일반 시민들이야 외국인들을 느려터짐에 얼마나 견디기 힘들까 이해가 간다. 그러니 문화가 다른 것이 아니라 틀린 것이라고 쉽게 말해 버리는 것이다.

'다른 것'과 '틀린 것'을 구별하고 나의 문화만 옳은 것이 아니고 타인의 문화도 수용해 주어야 한다. 나만 옳고 다른 사람의 문화를 인정하지 않는 것은 오만함이다 '빨리빨리' 익숙한 우리에게 외국인들은 놀랄 수밖에 없다. 천천히 해도 되는데 왜 그렇게 서두르냐고 한다. 그들이 봤을 때는 우리를 보고 '틀렸다'고 할 수도 있다.

어린 시절부터 다양함을 존중할 줄 아는 사고체계를 구축해야 한다. 차별성을 인정하는 것이 '다른 것'이고 옳고 그름을 판단해서 잘못된 것이 '틀린 것'이다. 무심코 하는 말이 나를 틀린 사람으로 만들 수 있음을 잊어서는 안 된다.

다홍치마는 무슨 색일까요?

예전에 고등학교에 재학하던 시절에 정훈(1911~1992)의 '동백'이라는 시를 배웠다. "백설이 눈부신 / 하늘 한 모서리 / 다홍으로 불이 붙는다. / 차가울사록 / 사모치는 정화 / 그 뉘를 사모하기에 / 이 깊은 겨울에 애태워 피는가?"(<자유문학 1939. 3>)라는 작품이다. 동백이 피는 광경이 얼마나 아름다웠으면 '하늘 한 모서리 다홍으로 불이 붙는다'라고 표현했을까 하면서 작가의 놀라운 발상에 감탄하였다. 그런데 문제는 '다홍'색이 무슨 색일까 하는 것이었다. 틀림없이 동백의 붉은 색을 의미하는 것일 텐데, 그 색깔이 짙붉은 색이 아닐까 상상할 뿐이었다. 사전에는 '빨강에 노랑이 약간 섞인 산뜻하게 짙은 붉은 빛'이라고 되어 있다. 사전을 보면 더 어려워지는 것 같다. 영어로는 'deep red'란다. 짙붉은색이라고나 할까? 한글을 공부하면서 다홍색을 찾아보니 '다홍 = 大紅(중국어 따훙)'은 중국어가 그대로 우리말에 반영된 것이었다. 원래는 '대홍'인데 중국사람들이 '따훙'이라고 발음하니까 그대로 우리말에 적용되어 '다홍'이 된 것이다. 그렇다면 '진한 붉은 색'이 맞을 것이다. 동백꽃의 색깔이니 '大紅'색이라면 가할 것이라 생각했던 모양이다.

우리말에도 보면 '이왕이면 다홍치마'라는 말이 있다. 여기에도 다홍색이 나온다. 다홍치마를 입은 여인은 누구를 지칭하는 것일까? 짙붉은 치마를 입고 거리를 활보하는 여인이라! 한자로는 '同價紅裳'이라 하여 같은 값이면 다홍치마라고 알려져 있다. 아름다운 색이 많이 있을 터인데 왜 하필이면 짙붉은 치마만 고집할까? '여러 가지 중에 가능하면 좋은 것을 선택한다.'라고 알려져 있지만 그 내면에는 음흉한 남정네들의 속셈이 드러나 있다. 여기서 붉은 치마를 입은 여성은 처녀를 지칭한다. 아마도 처녀들이 즐겨 입던 옷이 붉은 치마가 아닌가 한다. 그렇다면 푸른 치마는 누가 입었을까? 우리는 흔히 청상과부(靑孀寡婦)라는 말을 한다. 꽃다운 나이에 과부가 된 여인을 말한다. 이 말을 청상(靑裳)과 함께 생각하여 기생의 의미와 혼용하기도 한다. 앞에 쓴 청상(靑孀)은 '홀어미'(과부)라는 말이고 뒤에 쓴 청상(靑裳)은 '푸른 옷을 입은 여인이라는 말로 기생'을 뜻한다. 과부나 기생은 선비들이 함께 놀기에는 부담스러웠는지, 아니면 결혼 안 한 처녀가 함께 놀기에 좋다는 말인지는 모르겠으나, 필자의 소견으로는 '같은 값이면 다홍치마'라고 했을 때는 '이왕이면 처녀와 노는 것이 좋다.'는 의미로 보아야 한다. 우리 옛 속담에 '늙은 말이 해콩 좋아한다.', '늙은 말이 콩 마다하랴.'와 같이 음흉한 의미를 내포하고 있다. 그러므로 '동가홍상(同價紅裳)'이라는 말은 흔히 알려진 것과는 다른 남성들의 성적인 욕심이 드러난 글이다.

글자(문자, 단어)를 만든 사람이 남성들임을 감안한다면 글자의 의미를 파악하는데 도움이 된다. 여성에 관한 글자는 별로 좋은 것이 없다. 한자에도 녀(女)자가 붙은 글자는 '호(好)'자 빼고 좋은 의미의 글자가 별로 없다. 간(奸 : 범하다, 간통하다), 간(姦 : 간사하다, 옳지 않다), 요(妖 : 요사스럽다, 괴이하다) 등의 글자를 보면 알 수 있다. 여성에 대한 표현도 마찬가지다. 미망인(未亡人 : 남편이 죽으면 따라 죽어야 하는데 죽지 않은 사람), 과부(寡婦 : 덕이 적어서 남편을 먼저 보낸 부인), 며느리(아들에게 기생하는 사람), 며느리발톱(새끼발가락의 바깥쪽에 덧나 있는-기생하는-작은 발톱) 등과 같이 여성과 관련된 단어는 비하하는 내용이 많다.

 말을 하는 사람은 항상 자기 중심으로 하게 되어 있다. 대화할 때도 남의 말을 듣기보다는 나의 말을 어떻게 전할까에 몰두하고 있다. 이제는 상대방을 배려하는 입장에서 말을 하면 좋을 것 같다. 생각을 바꾸면 세상이 바뀐다. 성경을 보면 "사람이 혼자 사는 것은 좋지 못하니 내가 그를 위하여 돕는 배필을 지으리라 하시니라."(창 2 : 18)라는 문장이 있다. 사람들은 아담이 하와(이브)보다 뛰어나다고 생각하지만 사실 이 문장을 자세히 보면 하와가 더 뛰어남을 알 수 있다. '돕는 배필'이라는 단어가 그것이다. 강자만이 약자를 도울 수 있다. 6·25 때 미국이 우리나라를 돕지 않았던가?

 약한 자여 그대 이름은 남자이니라!

단군, 단골, 당골 그리고 화랑

'칭키즈칸'이라는 영화를 보았다. 갖은 고초를 겪은 테무진이 사람 모형의 큰 바위 사이에 들어가서 울부짖으며 누군가를 부른다. '텡그리 신이여!!'라고 계속 외치면서 신탁을 기다리는 모습이 가슴을 울렸다. 그가 그렇게 만나고 싶어 했던 '텡그리'신은 과연 어떤 신이었을까?

우리말을 비롯해서 알타이어권에 있는 단어 중에 '칸'이나 '한'은 뛰어난 위정자를 일컬을 때 사용하는 단어다. 말한, 마립간, 각간, 태대각간 등에 들어 있는 '간(한)'이 칭키즈칸에 있는 '칸'과 동일한 의미를 지닌다. 위대한 인물이 되기 위해서는 갖은 고초를 겪어야 하고 영적으로 타계에 다녀오기도 해야 한다. 그리고 나면 그 시대의 지도자로 우뚝 서 후세의 추앙을 받는다.

'칭기츠칸'이 그렇게 애타게 부르던 '텡그리'신은 멀리 수메르어까지 올라간다. 물론 알타이어권 전역에 퍼져 있는 단어이기도 하다. 그 영화에서 텡그리는 '하늘신'을 의미하는 것으로 나타나 있다. 그러나 좀더 구체적으로 분석하면 'Tengri'는 "튀르크·몽골·퉁구스계 주민들이 하늘 또는 신(神)을 지칭하는 용어이다. 북아시아에 사는 여러 민족들이 공통적으로 사용하는 단어로서 주로 신격화된 하늘, 즉 샤머니즘에서 최고신을 나타낸다. 북아시아 주민들은 원래 하늘을 지칭할 때 신격화된 하늘, 즉 신과 자연 상태의 하늘을 나타낼 때에는 다른 단어로 구분하여 사용하였다.(정재훈, 역사용어사전) 즉 우리와 동일한 언어계에 속하는 터키어에서도 텡그리라는 단어를 하늘신의 의미로 사용하고 있었던 것이다. 이 텡그리가 당고르로 변하면서 우리나라에 와서는 당골, 단골, 단군으로 음차되어 사용되었다. 우리의 옛문헌을 보아도 단군을 *檀君*과 *壇君*으로 표기하고 있음을 볼 때 단군이 우리 고유어가 아님을 알 수 있다. 사용한 글자가 두 종류임은 그것이 가차문자임을 나타낸다.

결국 당고르는 당골(귀신을 섬겨 길흉을 점치고 굿을 하는 것을 업으로 하는 사람)로 바뀌었고, 다시 당골은 단골(늘 정해 놓고 거래를 하는 곳, 늘 정해 놓고 거래를 하는 손님)으로 변하였다. 당골님은 집에 자주 오는 귀한 손님이었기 때문이다. 아이를 낳거나, 병이 났을 때, 초상을 치를 때, 결혼을 할 때 등등 길흉화복의 많은 행사에 자주 오는 귀한 분이었다. 이러한 당골을 글자로 표기해야 하는데 국자(한글)가 없던 시절인지라 한자를 차용하여 표기하다 보니 학자에 따라서 혹자는 *檀君*이라 쓰고 혹자는 *壇君*이라고 썼다. 터키, 몽골 등 퉁구스어 계통의 언어가 우리나라에 들어오면서 하늘의 위대한 자손이 **'하늘과 인간을 이어주는 위대한 인물(무당(巫堂))'**로 바뀌었다. 고대로 올라갈수록 제사장의 권위는 위정자와 일치한다. 제정일치의 시대였기에 제사장이 곧 위정자가 된다. 그래서 단군이 고조선을 세워서 초대 임금이 되었다. 단군은 실제로 제사장을 뜻하는 보통명사였다. 흔히 단군이라고 하면 수염이 긴 우리의 조상할아버지를 연상하게 되는데 실상은 제사장(무당(巫堂))이라는 단순한 명사였던 것이다.

동일한 발상으로 '화랑'이라는 단어를 생각해 보자. 유신시대 군사문화의 유산으로 우리는 화랑이라고 하면 젊은 군인집단을 생각한다. 교과서에 실려있는 화랑을 보면 '화랑관창', '화랑 원술랑', '화랑 사다함', '화랑 김유신' 등 전쟁에 공훈을 세운 인물로 가득 차 있다. 그러나 실제로 신라에서 생불로 추앙받았던 화랑은 남랑, 술랑, 안상, 영랑 등

의 사선이다. 이들이 놀다 가면 '사선대'라 칭하고, 영랑이 놀다 가면 '영랑호, 영랑재' 등으로 이름을 붙였다. 오늘날 을지로, 퇴계로, 율곡로 등과 같이 길에 성현의 이름을 붙여 그들을 기리는 것과 같이 신라시대에는 이 네 분의 화랑을 신선으로 섬겨 그 이름을 마을 이름에 붙였다. 이들은 살아있는 신선이었다. 신라에서는 미모의 남자를 취하여 화장을 하고 화랑이라 하여 그들을 받들었다. 이들은 주로 영적인 지도자(무당(巫堂))였던 것이다. 도의를 닦고, 풍류를 즐기고 산수를 두루 다니며 놀아 이르지 않은 곳이 없을 정도로 유람을 하면서 영육간의 수양을 닦았던 인재들이다. <화랑세기>에 의하면 신라의 유명인들은 거의 이 무리에서 나왔다고 한다.

김동리의 소설에 <화랑의 후예>가 있다. 무당의 자녀 이야기다. 우리 할머니들이 흔히 하던 욕 중에 "이 화랭이 새끼야!(이 화랑의 자식아! → 이 무당 새끼야!)"라는 욕이 있다. 이렇게 보면 화랑 또한 무당이다.

언어는 늘 변한다. 많은 독자들이 단군을 무당(제사장)이라고 하니 혼란스러워할 것으로 안다. 그럼에도 불구하고 우리말을 바로 알아야 하겠기에 이 글을 쓴다. 우리말은 소중하기 때문이다.

단말마와 달마

요즘은 계속해서 객지에 나와서 고생하는 외국어를 다루고 있다. 영어 중에는 콩글리시로 잘못 사용되고 있는 것이 무지하게 많고, 일본을 거쳐 오면서 발음이 엉망으로 변해 버린 것도 많다. 공사판의 용어가 대부분 일본어인데 원어와 차이가 많아서 외국인 근로자들이 현장에서 다시 배워야 하는 번거로움이 있다. 필자는 내년 쯤에 <비지니스 한국어>를 만들 계획이 있다. 산업연수생으로 들어와서 연수원에서 배우는 것과 현장에서 배우는 것이 너무나 차이가 많아서 현장 중심의 용어로 책을 만들어 보려고 한다.

이와 같이 우리말에는 외국어가 들어오면서 오역되거나 엉뚱하게 해석되는 것이 의외로 만다. 하나의 예문을 보기로 하자.

35년 전의 누런 신문 조각을 찾기 위해 서고를 뒤진 까닭은 다름이 아니다. 패전을 앞두고 단말마처럼 광분한 일제로부터 겁탈당한 이 겨레의 '과거사 바로 세우기'가 엉뚱한 방향으로 빠져들고 있다는 우려 때문이다. (장진한 <신문 속 언어지식>)

위의 인용문을 읽다 보면 뭔가 이해가 가지 않는 부분이 있다. '단말마'가 그것이다. 여기서 단말마는 '뭔가에 광분한 동물' 혹은 '미쳐 날뛰는 말'로 이해할 수 있다. "패전을 앞둔 단말마처럼"이라는 말을 보면 틀림없이 우리가 타고 다니는 말을 생각할 수밖에 없다. 참으로 무지의 소치가 심한 어휘선택이 아닐 수 없다. 한 마디로 무식하면 용감하다는 말이다. '단말마'라는 말을 사전에 찾아보면 '임종을 달리 이르는 말' 혹은 '숨이 끊어질 때의 모진 고통'이라고 되어 있다. 여기서 보는 사전적 뜻풀이도 원래의 의미와는 조금 차이가 있다. '숨이 끊어질 때의 모양'을 이르는 말은 아니기 때문이다. 우선 한자로는 '단말마(斷末魔)'라고 쓴다. 그렇다면 그 의미는 무엇일까? 이 말은 두 개의 형태소로 이루어져 있다. 하나는 '말마'라는 단어이고, 앞에 있는 '단(斷)'이 큰 뜻을 지니고 있다. 하나 씩 분석해 보기로 한다. 우선 '말마(末魔)'라는 단어는 범어(梵語)로 'marman'이라고 한다. 그 뜻은 '급소'를 뜻한다. 고대 인도의 의학에서는 몸속의 '말마', 즉 육체의 치명적인 부분이 있는데 이것을 건드리면 죽거나 발광한다고 믿었다.(장진한 <신문 속의 언어지식>) 그러므로 단말마란 급소를 끊는다는 뜻이다. 즉 죽음에 이르게 한다는 말이다. 짐승을 죽일 때도 급소를 찔러 고통을 덜 느끼게 하는 것이 중요하다. 짐승을 죽일 때도 지나치게 고통을 주는 것은 도리에 어긋난다. 그러므로 '말마'를 끊어서 고통 없이 죽게 하는 것이 중요하다. 여기에서 유래하여 '단말마'라는 단어가 나왔는데, 마치 말(馬)로 착각하여, 천리마, 경주마, 백마 등과 같은 동물인 것처럼 글을 쓰고 있으니 참으로 우스꽝스러운 문장이 되고 말았다.

다음으로 필자가 좋아하는 그림이 있는데 바로 달마도이다. 약간은 험상궂은 모습인데 기가 세서 집에 걸어 놓으면 좋다고 하는 그림이다. 각종 전설을 품고 있는 그림이기도 하지만 기이한 행적으로도 유명한 스님이다. 이 달마라는 단어도 역시 범어(梵語)에서 유래하였다. 즉 'dharma'(법(法))'의 음역인데 한자로는 달마(達磨)라고 쓴다. 그러니 한자의 뜻과는 아무 관계가 없는 말이다. 그는 인도에서 중국으로 건너가 소림사에서 면벽(面壁) 수양(修養, 坐禪) 9년하고 깨달음을 얻어 중국 선종(禪宗)의 시조가 되었다. 요즘은 소림사라고 하면 무술하는 승려들만 있는 것으로 알고 있는데, 원래는 좌선이나 참선을 중시하는 종파였다. 건강증진과 정신수양의 방법으로 고안한 것이 소림권법인데 주객이 전도되어 선종보다는 권법(무술)으로 더 유명해졌다. 아무튼 달마는 한자어와는 전혀 관계가 없는 범어인데 요즘은 達磨라는 한자로만 알려져 있다.

단풍 유감

　지난 주 뉴스에서 설악산 단풍이 10월 18일에 절정이라고 했다. 그래서 오랜만에 아내와 단풍놀이를 가기로 하고 설악산으로 향했다. 과거 대학 4학년 재학시절 친구가 실연의 아픔을 겪고 있기에 순위고사(지금은 임용고시라고 한다.) 공부를 잠시 접고 10월 1일부터 3일까지 백담사를 넘어 외설악으로 간 적이 있다. 그때 사진을 보면 '사진을 들고 비틀어 짜면 붉은 물이 줄줄 흐를 정도'로 단풍이 곱게 들어 있다. 그런데 지금은 그보다 18일이나 지났는데 절정은커녕 실망만 안고 돌아왔다. 외설악으로 올라갈 요량으로 신원사를 넘어가고 있었는데 너무 실망스러워서 아내와 뒤돌아 오고 말았다. 대포항으로 방향을 틀어 불쌍한 우럭만 먹어주고 왔다. 지구 온난화를 실감하는 순간이었다. 날씨가 포근해서 단풍이 아직 거기까지 이르지 않은 모양이었다. 희한한 것은 무주에 있는 페이스 북 친구가 보내준 사진에는 붉은 물이 잔뜩 들어 있었다. 분명 설악산이 무주보다 위에 있는데 이상하다. 동갑내기 여동생이 "편안한 곳으로만 다니니까 단풍을 보지 못한다."고 핀잔을 준다. 그 말이 맞는 것 같기도 하지만 무주도 큰길가에 있는 나무들이었다.

　단풍(丹楓)을 사전에서 찾아보자. "1. 늦가을에 식물의 잎이 적색, 황색, 갈색으로 변하는 현상, 2. 단풍나뭇과에 속한 낙엽 활엽 교목, 3. 화투에서, 단풍잎이나 노루가 그려져 있는 패"라고 나타나 있다. 3번이

제일 우습다. 화투에서 10을 나타내는 별로 쓸모 없는 패도 사전에 나와 있다. 청단으로 쓰기도 하지만 노루는 별로 쓰는 곳이 없다. 그건 그렇고 우리가 흔히 단풍을 말할 때는 1번의 '적색, 황색, 갈색'으로 변하는 현상을 일컫는 것일 게다. 현충사의 은행나무에 단풍이 들 때면 입을 다물지 못할 정도로 아름답다. 은행잎이 황색으로 변하는 현상 때문이다. 그런데 한자를 조금 공부한 사람이라면 노란 단풍이라는 말에 의문을 갖지 않을 수가 없다. 왜냐하면 단(丹)이라는 글자가 '붉은 색'을 의미하기 때문이다. 우리가 흔히 일편단심(一片丹心)이라고 하는 말도 '철판에 새겨진 붉은 글씨'처럼 임금에 대한 충심이 변하지 않는다는 의미를 담고 있다. 황제에게 충성하는 의미로 철판에 '충(忠)' 자를 써 넣고 붉은 색(단(丹))으로 칠을 해서 변하지 않도록 조치를 했다. 그래서 '한 조각의 붉은 마음'이란 것은 충심을 표현하는 말이고, 정몽주의 시조(이몸이 죽고 죽어 일 백 번 고쳐 죽어/ 백골이 진토되어 넋이라도 있고 없고 / 임 향한 일편단심이야 가실 줄이 있으랴?)로 세상에 많이 알려져 있다. 여기서도 '단심'은 '붉은 글씨'로 '충심'을 나타내고 있다. 이와 같이 단색(丹色)은 원래 붉은 색이다. 그런데 노란 색도 단풍이고, 갈색도 단풍이라고 한다. 한국어를 전공한 필자도 아리송할 수밖에 없다. 아무리 색에 대한 관념이 희박하다고 해도 붉은 색과 노란 색은 구별할 수 있을 텐데 왜 단풍이라고 표기했을까 생각해 본다.

　필자가 초등학교(예전에는 국민학교라고 했다.)에 다니던 시절에는 오색무지개라고 했다. 이 글을 읽는 60 대의 친구들은 기억할 것이다. 오색무지개가 어느 기간을 지나면서 일곱 빛깔 무지개로 바뀌었다. 길을 건널 때도 푸른 신호등이었다. 그러더니 어느 날 녹색신호등이라고 바뀌었다. 과거에는 하늘도 파란 색, 바다도 파란 색, 산도 파란 색이었다. 그만큼 색깔에 대한 관념이 두루뭉수리 표현했던 것이다. 지금은 하나하나 구별해서 이야기하지만 예전엔 묶어서 표현하던 시절이 있었다.

이는 아마도 제유법의 하나가 아닌가 한다. 무슨 뜻인고 하면 "인간은 빵만으로 살 수는 없다."고 할 때, 여기서 '빵'은 '음식' 전부를 가리키는 말이다. 빵만 먹고 사는 것은 아니지만 대표적인 음식인 빵을 들어 전부를 나타내는 표현방식을 제유법이라고 한다. 가을에는 다양한 색깔의 잎이 등장하는데, 가장 두드러진 것이 붉은 색이라 '단풍'이라고 표현한 것으로 보인다. 단풍은 노란 색, 갈색 등으로 품고 있으니 제유법을 사용한 것이 확실하다고 본다.

'은행나무에 단풍(丹楓)이 들다'을 풀어 보면 '은행나무 잎이 붉은 색으로 되었다.'인데 왜 그것이 당연하게 느껴질까?

닭실과 닥실과 저곡리(楮谷里)

요즘 돈 안 되는 일만 하고 있다. 어느 면의 면지를 집필하고 있는데 인연이 깊어서 맡기는 했지만 연구원들 혹사시키는 일이지 돈은 별로 안 되는 일이다. 면지를 집필하면서 많은 것을 느낀다. 고향생각도 자주 하고 우리말의 유래와 전수에 대해서 더욱 깊이 생각하는 계기가 되었다.

필자는 경기도 여주군 능현리에서 태어났다. 어려서는 그곳을 성녑이라고 불렀다. 아랫성녑이 있고, 뒷골이 있었다. 다시 마을에서는 상목이라는 곳도 있었고, 웃거리, 통우물가 등등 기억이 새롭다. 지금은 명성황후 생가터를 넓히느라 마을 전체가 사라져 버려서 안타까울 따름이다. 최태호가 명성황후보다 더 유명해 지면 어쩌려고 본인의 생가터를 없애버렸는지 모르겠다. 사실 한국어 교수로 세계에는 꽤 알려져 있는 편인데 무척 아쉽다. (터키나 우즈베키스탄 등에 가면 지금은 명성황후보다는 한국어학과 최태호를 아는 사람이 더 많을 것이다. 왜냐하면 근자에 인삼의 역사와 효능, 한국어 등으로 방송을 탄 적이 있기 때문이다.)

마을 이름을 정리하다 보니 일제강점기하에 억지로 바꾼 것이 너무나 많아서 안타까웠다. 마을이름으로 마을의 특징을 나타내는 것이 보통인데 지나치게 어울리지도 않는 한자로 옮긴 것이 많았다. 보통은 한글이름에 바탕을 두고 그에 어울리게 한자화하는데 그렇지 못한 곳도 많았다. 또한 임진왜란의 전적지나 공훈을 세운 의병들의 비석은 땅에 묻어버린 것도 있고, 성채를 통째로 날려버린 곳도 있다.

우리가 어렸을 때 사회 교과서에는 먹골(먹골배)이라는 곳을 배웠다. 태릉이 있는 곳의 먹골을 말한다. 그곳이 지금은 묵동(墨洞)이 되었다. 이런 것은 그래도 봐 줄만 하다. 먹 墨자에 골 洞자를 썼으니 한자를 통해서 그곳이 '먹골'이었다는 것을 알 수 있다. 이 글을 읽는 제자들은 태능중학교 생각이 날 것이다. 그곳에서 처음 교직생활을 시작했다. 묵동이 먹골이라는 것도 그때 알았다.

충남에 내려와서 보니 아름다운 우리말이 많이 사라져가고 있다는 것을 알게 되었다. 위에 제목으로 말한 닥실의 경우가 그렇다. 금산군 제원면에 가면 닥실나루가 있는데 실제로 존재하던 곳이 아닌 다른 곳에 표지석이 서 있다. 누가 세웠는지 모르지만 나루가 들어설 수 없는 곳에 나루터 표지석을 세운 것이다. 이곳의 지명이 닥실이라고 하고 한자로 저곡리(楮谷里)라고 쓴다. 현재 사용하고 있는 이름과 한자어를 통해서 본다면 이곳이 마치 닥나무를 가지고 종이를 만드는 곳이 아닌가 상상할 수도 있다. 전혀 그렇지 않다. 이 마을은 금계포란형의 마을로 배산임수가 잘 이루어진 명당터이다. 그러므로 '닭실'이라고 부르던 곳인데, 사람들이 발음나는 대로 '닥실'이라고 하고 그에 해당하는 한자를 갖다 붙인 것에 불과하다. 금계포란의 좋은 풍수가 닥나무로 한지 만들던 마을로 변형된 것이다. 그곳에는 일제 강점기에 풍수를 나쁘게 하려고 말뚝도 박고, 돌로 눌러놓은 곳도 있다고 한다.

또 다른 마을을 보자. 동곡리(東谷里)라는 마을이 있는데, 군의 동쪽에 있어서 동곡리라고 한다는 것이다. 실제로 마을에 가 보니 동쪽과는 관계가 없고, 오동나무가 많아서 '동곡리(桐谷里)'였다는 것이다. 지금도 집안에 오동나무가 있는 집이 있다. 마을의 유래를 잘 알지 못하는 사람이 그냥 군의 동쪽에 있으니 '동녘 東'자로 마을 이름으로 지

은 것이다. 이렇게 근거 없이 이름을 함부로 만들다 보면 유래 없는 마을이 된다.

　시골에는 이야기도 많다. 할아버지들과 대화를 나누다 보면 시간가는 줄 모른다. 물론 그분들도 보태거나 빼기도 하여 재미 위주로 전하는 경우도 없지 않다. 하지만 마을의 유래 등을 전할 때는 근거 있는 이야기만 전해야 한다. 일제강점기처럼 억지로 마을이름을 바꾸는 일을 반복해서는 안 된다.

　바리실, 배실, 닭실 등 소중한 우리말이 사라지고 있어 안타깝다.

도대체 믿겨지지가 않아!

대화를 나누다 보면 한국말인 것은 맞는데 이해할 수 없는 문장이 많다. 물론 TV 자막으로 나오는 것을 재미를 기본으로 하기 때문에 알 수 없는 단어(유행하는 말들)를 사용하기도 하고 우리말에는 없는 문장 형식을 자주 사용하기도 한다. 또한 대담 프로그램에 등장하는 인물들은 입담이 좋은 사람들, 말만 잘 하고 재미있는 사람이 출연하는 것도 당연한 일이라 생각한다.

언제부터인지 우리말에는 별로 없는 피동형의 문장이 자주 등장한다. 그런가 하면 피동형에 피동을 더하는 문장이 대화에 등장하기도 한다. 영어의 수동태의 영향이 아닌가 생각하지만 굳이 능동형으로 표현해도 되는 것을 일부러 피동형으로 나타내는 것 같은 느낌도 있다.

그가 그렇게 어렵게 산다는 게 믿겨지지 않아!
기차가 11시에 도착되어질 것입니다.

위에 든 예문은 일반적으로 많이 사용하는 것들이다. '믿다'의 피동형이 '믿겨지다'인데, 여기에 더하여 '어지다'라는 피동형의 어미를 더 붙여놓고 있다. 결국 피동의 피동형 문장이 된다. 사람들 말 대로 부정의 부정은 긍정이니까 피동의 피동이면 능동이 되는 것인가? 우스갯소리로만 치부하기에는 지나치게 불편한 말이다. 굳이 바른 문장으로 고치자면 "그가 그렇게 어렵게 산다는 게 믿기지 않아!" 정도로 해도 좋은 문장이다. 그 뒤에 있는 문장도 마찬가지다. 조금 억지스런 표현이 아닌가 하지만 실제로 모 교수가 표현한 문장이다. 우리 생활 속에서 흔히 들을 수도 있다는 말이다. "기차가 11시에 도착할 것입니다."라고 해도 자연스러운 문장이 될 터인데, 굳이 "기차가 11시에 도착될 것입니다."라는 표현을 쓰고 그 뒤에 다시 '어지다'라는 피동형을 쓸 필요가 있는가 싶다.

주로 미국에서 공부한 학자들이 자신의 의견을 피력할 때 하는 표현인데 미국식 수동태를 남용하는 방식이다. 예를 들면 다음과 같다.

미국은 자유민주주의공화국이라고 생각되어집니다.

위의 예문은 조금 과장한 것이다. 그러나 실제로 많은 교수들이 "~~라고 생각되어집니다."라고 말하는 것을 들었다. 이러한 표현은 우리말에는 없다. 말하는 주체가 생각하는 것이지 남에 의해서 생각되는 것이 아니기 때문이다. 그럼에도 불구하고 '어지다'라는 피동형을 한 번 더 쓰고 있으니 얼마나 무지한 표현인가? "내일은 비가 올 것으로 예상되어집니다."라고 해도 잘못된 것이다. '예상(豫想)'은 '미리 생각한다'는 말이다. 말하는 사람이 그렇게 생각하는 것이기 때문에 가장 정확한 표현은 "내일은 비가 올 것으로 예상합니다."이다.

아무 생각 없이 하는 말이겠지만 "그늘에 주차시키고 들어갈 게."라고 하는 말도 자주 듣는다. 주차하는 사람이 당사자임에도 불구하고 '주차시킨다'고 표현하고 있다. 자기가 주차하는 것이기 때문에 "그늘에 주차하고 들어갈 게."라고 해야 한다. 자기 스스로에게 시키는 사람도 있는가 모르지만 서술어의 주체가 주어임을 생각한다면 이러한 표현은 말이 되지 않음을 금방 알 수 있다. 이뿐만이 아니라 뉴스에서도 이런 류의 문장을 들을 수 있다. "00당의 등원이 이루어지면 국회를 정상화할 것입니다."라고 하는데, 이 역시 잘못된 문장이다. 왜냐하면 "등원이 이루어진다."는 말이 우리말에 합당하지 않기 때문이다. 우리말로 쉽게 "00당이 등원하면"이라고 쓰면 될 것인데, 굳이 수동태처럼 쓸 필요가 있는가?

요즘 국적 없는 단어가 많이 등장하고 있는데, 이제는 국적 없는 문장까지 등장하고 있다. 나라를 사랑하는 길은 그 말을 잘 지키는 것이다. 이스라엘 민족은 나라 없이 2000년을 지냈어도 히브리어를 간직한 까닭으로 나라를 다시 만들 수 있었고, 만주족은 청나라가 흥성할 때 한자문화에 경도되어 자국어를 버렸다. 그런 연유로 지금 지구상에는 만주어나 만주족은 거의 사라져 가고 있음을 명심해야 한다.

독도, 대마도, 일본

<삼국유사>에 다음과 같은 설화가 전한다. "신라 제8대 아달라왕 4년(157) 동해변에 연오랑·세오녀 부부가 살았다. 하루는 연오가 바닷가에서 해조(海藻)를 따고 있던 중 갑자기 바위가 연오를 싣고 일본(해 뜨는 곳)으로 건너갔다.(第八阿達羅王卽位四年丁酉, 東海濱, 有延烏郞, 細烏女, 夫婦而居 一日延烏歸海採藻, 忽有一巖[一云一魚], 負歸日本) 그 나라 사람들이 연오를 보고 비상한 사람으로 여겨 **왕으로 삼았다.** 세오는 남편 연오가 돌아오지 않자 찾아나섰다가 남편이 벗어 둔 신을 보고, 그 바위에 오르니 바위가 또 그녀를 일본으로 실어갔다. 그 나라 사람들이 놀라 이 사실을 왕께 아뢰니 부부가 서로 만나 세오녀를 귀비로 삼았다. 이 때 신라에서는 해와 달이 빛을 잃었다. 일관(日官)이 아뢰기를 일월의 정기가 일본으로 건너가 버려 괴변이 생겼다고 하였다. 이에 국왕은 사자를 일본에 보내어 이들 부부를 찾게 되었다. 연오는 그들의 일본에 온 것은 하늘의 시킴임을 말하고, 세오가 짠 비단(細綃)으로 하늘에 제사하면 다시 일월이 밝아질 것이라고 하였다. 이에 사자가 가지고 돌아온 그 비단을 모셔 놓고 제사를 드렸더니 해와 달이 옛날같이 다시 밝아졌다. 비단을 창고에 모셔 국보로 삼고 그 창고를 귀비고(貴妃庫)라 하였으며, 하늘에 제사 지내던 곳을 영일현(迎日縣) 또는 도기야(都祈野)라 하였다."

이것이 우리나라에 처음으로 **일본**이라는 지명이 나오는 글이다. '日本'이라는 말은 '**해 뜨는 곳**'이다. 신라에서 보았을 때 해 뜨는 곳이

지, 지금 일본이라는 땅에서 보면 해 뜨는 곳은 태평양이다. 그러므로 일본이라는 이름 자체가 **신라인들이 만들어준 나라 이름**이다. 원래 신라에서는 일본을 나라로 인정한 것이 아니라 '해 돋는 쪽' 사람들로 인식했을 뿐이다. **倭**(왜)나라라는 표현이 조선시대까지 내려온 그들의 명칭이 맞다. 신라인들이 좋게 부르니까 그것이 좋아 저들의 국명으로 삼았음을 알 수 있다.

'독도'를 일본어로 '다케시마'라고 한다. 이것 또한 우리말을 그대로 그들의 언어로 표현했을 뿐이다. 우리말의 '섬'이 일본으로 가면 '시마'가 된다. '곰'은 '구마', 'ㅼᅳᆨ(ㅅ덕; 떡으로 고어)'이 일본으로 가면 'ㅅ더기'(스데키)가 되듯이, '독(獨)'이 일본으로 가서 '다ㄱ'이 되고, 그것과 섬(시마)가 어울리면 '다케시마'가 된다. 독도를 그들 식으로 발음한 것이 '다케시마'일 뿐이다. 혹 일본 고서에 독도를 송도(松島)라고 기록한 것이 있는데, 그것은 '홀섬(홀로섬)'의 '홀'이 구개음화현상으로 '솔'로 발음된 것을 무식한 일본인들이 '소나무섬'을 말하는 줄 알고 '松島'라고 한 것이다. 그런 구개음화는 우리말에서 '형님'을 '성님'이라고 부르는 것과 같다. 그러므로 '다케시마'라고 하든지, '송도'라고 하든지 모두 우리말을 그대로 가져다 쓴 것이라는 말에는 이의가 없다.

'쓰시마'라는 섬이 있다. 이름하여 '대마도(對馬島)'라고 한다. 대마도는 선조 28년까지 우리나라에 조공을 바치던 우리나라 땅이다. 그 섬의 도주(島主) 평의지는 임진왜란이 일어나기 6개월 전에 조선땅을 두루 다니면서 지리를 알고 갔던 이중첩자였다. 그래서 승승장구 한양까지 진격할 수 있었다. 쓰시마는 큰 섬 두 개로 이루어져 있다. 우리말 '두 섬(ㅅ두섬)'의 흔적이 남아 있는 것이다. 즉 'ㅅㄷㅜ시마(ㅼㅜ시마)'가 쓰시마(對馬島)로 음차된 것이다. 언어로 볼 때 일본은 우리의 문화가 들어가서 이루어진 후진국이었다. 서양문물을 조금 일찍 받아들여 오늘의 일본이 되었을 뿐이다.

요즘 일본과 경제전쟁(?)이라는 용어를 쓰는 시대가 되었다. 전쟁을 하면 이겨야 한다. 전쟁은 반드시 이겨야 한다. 그러나 싸우지 않고 이기는 것이 더욱 소중한 것이라는 것을 알았으면 좋겠다.

일본은 우리 땅! 일본의 지배계급이 백제인이었다는 것을 상기하자.

돈가스와 포크커틀릿

지난 주에 이어 한국에 와서 고생하는 외국어 이야기를 해 보기로 한다. 독자들의 기억을 살리기 위해 전시학습 상기를 해보면 미싱은 머신(sewing machine)에서 유래된 것이며 마징가 제트는 'machiner z'에서 유래한 것임을 밝혔다. 일본인들은 받침 발음하는데 한계가 있고, 그 일본식 발음을 그대로 차용한 우리나라의 외래어는 국적 없는 단어를 양산해 왔다고 했다. 오늘도 이어서 이상하게 변해서 우리말이 된 '돈가스' 이야기나 해 보련다.

일본에서는 "7세기 무렵(天武天皇 631~686)부터 불교의 영향을 받은 국왕이 고기(네 발 달린 짐승의 고기)를 먹지 말라며 도축금지령을 내린 이래 약 1200년 동안 공개적으로 고기를 먹지 못하였다. 그러다 유신을 단행한 메이지(明治) 국왕이 키가 작은 일본인의 체격을 개선하겠다는 목적으로 육식 금지령을 해제하고 국민에게 육식을 장려하면서 스스로도 솔선수범해 고기를 먹었다."(<위키백과> 재인용)고 하였다. 불교국가였던 나라에서 돼지고기를 먹이는 일은 쉽지 않았을 것으로 보인다. 왜냐하면 채식에 길들여진 입맛을 육식으로 바꾸는 것이 그리 쉬운 일은 아니다. 주변에 채식주의자들이 있는데, 이들에게 육식을 먹으라고 하는 것은 고문과 같다. 채식 뷔페에 가도 콩으로 만든 고기(밀고기)를 먹는다. 필자도 먹어 보았는데, 맛은 일반 고기와 별로 차이가 없었다. 일본인들은 육식을 하지 않아서 키가 작다고 생각했고, 메이지유신을 거치면서 체격을 키워보자고 육식을 단행했던 것이다. 그럼에도 불구하고 돼지고기를 먹지 않아서 잘게 썬 돼지고기에 빵가루를 묻혀 기름에 튀긴 요리를 대중화하기에 이르렀다.

처음으로 돼지고기를 상업화 한 인물은 도쿄 우에노(上野)에 있는 '폰치켄'이라는 양식당이었다. 궁내성 조리사로 퇴직한 시마다 신지로라는 사람이 운영한 이 식당에서 처음으로 1929년 양식에 일식을 결합해 절충식 요리를 개발했는데 이것이 '돈가스'다(정진한, 신문속의 언어지식, 115쪽). 여기서 우리는 일본식 영어 표기의 우스운 모습을 다시 한 번 보게 된다. 왜냐하면 원래의 이름은 'pork cutlet'이다. 우리말로 읽으면 '포크 커틀렛'이라고 해야 맞을 것이다. 그런데 독자들도 주지하는 바와 같이 일본인들은 받침의 발음을 하지 못한다. 그러다 보니 '포그 카트레트'라고 발음하게 되었고, 그 중에서 'pork'는 '돼지'니까 '돈'으로 바꾸고, '카트레트'는 일본식발음인 '가쓰레쓰'로 되어 한국에 와서 '돈가스'가 된 것이다. 참으로 이상한 영어가 아닐 수 없다. 그렇다면 쇠고기는 '우가스'라고 해야 하지 않을까 하지만 그것을 영어식 그래도 '비후 스테이크'라고 하니 우리나라의 언어는 참으로 변화무쌍하다. 사실 우리가 대학에 다니던 시절에는 한 때 '비후 가스'라는 말을 쓰기도 했다. 아마도 70년 대 학번은 '비후 가스'라는 단어를 기억할 것이다. 처음에는 그것이 무엇을 말하는지도 모르고 먹었는데, 지금 다시 생각해 보니 일본어와 영어가 객지에 나와서 고생하는 말들이었던 것이다.

그렇다면 '돈카쓰'라고 해야 제대로(?) 된 발음일 텐데, 우리나라의 식단표를 보면 '돈카쓰', '돈카스', '돈가스' 등 다양하게 표현하고 있음을 볼 수 있다. 아마 가장 많이 쓰이는 것이 '돈가스'일 것이다. 이것은 돈가스가 아직은 우리말 표준어에 등재되지 않았음을 반증하는 것이다. 그렇다면 우리말로 어떻게 순화해야 할 것인가? 국립국어원의 사전에 의하면 영어로는 '포크 커틀릿'이라고 하고 우리말로는 '돼지고기 너비튀김 밥', 혹은 '돼지고기 튀김'으로 순화해서 부를 것을 권장하고 있다. 필자도 '치즈돈가스'를 가끔 먹기는 하지만 그것을 '치즈 돼지고기 너비튀김 밥'이라고 하면 누가 알아들을 것인지 궁금하다. 짬뽕이 표준어가 아니듯이 돈가스도 표준어에 등재된 말이 아닌 것은 시대에 맞지 않는 것이라고 생각한다. 지금은 거의 대중음식의 전형이 된 돈가스를 어찌해야 할까? 중국음식의 대표는 짬뽕, 서양음식의 대표는 돈가스로 대중화되었는데, 우리의 언어는 아직도 메이지유신시대 이전에 머물러 있는 것은 아닌지 모르겠다. 날이 더우니 보신탕(補身湯, 영양탕, 사철탕?)이 생각난다.

돌팔이와 선무당

　수업시간에 전자교탁을 다루는 일이 이제는 그리 어려운 일이 아니다. 그러나 가끔은 빔 프로젝트와 컴퓨터 사이에서 갈등을 빚는 모양이다. 이럴 때면 주저 없이 앞에 앉은 학생에게 좀 봐 달라고 한다. 그랬더니 뒤에 앉은 녀석이 "걔는 돌팔이예요."라고 한다. 이 녀석들은 돌팔이의 뜻을 알고나 있나 하고 물었더니 "그냥 잘 모르면서 아는 척하는 것 아닌가요?" 한다. 사실 가끔은 필자도 스마트 폰으로 확인하는 출석부로 애를 먹는다. 기종이 다르면 안 되고, 폰을 연구실에 두고 오면 못 하고, 아이들 배터리가 다 됐으면 결석처리 된다. 어려운 세상에 필자도 전자기기맹이 되어가고 있다.

　'돌팔이'는 떠돌아다니며 점을 봐주거나 물건을 팔아가며 사는 사람, 또는 전문적인 지식 없이 이리저리 떠돌아다니면서 어설픈 기술을 펴는 사람을 일컫는다. '돌팔이 의사', '돌팔이 점쟁이' 등에서 볼 수 있듯이 어설프거나 전문인이 아닌 사람임을 알 수 있다. 어원을 규명해 보자면 '돌다(廻)'와 '팔다(賣)'의 합성어로 볼 수 있다. 즉 '돌아다니면서 어설픈 전문지식(?)을 팔아먹고 사는 사람'이라는 뜻이다. 무속에서도 '돌바리'라는 말이 있다. 여기서 돌바리란 가짜 무당을 말한다. (서정범, 새국어어원사전) 무당도 진짜가 있고 가짜가 있는 모양이다. 필자가 어린(?) 시절에는 군에 있는 친구들을 보고 '군바리'라고 하였다. 지금 생각해 보면 참으로 어리석은 표현이었다. 장교로 근무하던 친구가 결혼할 때 사회를 보았는데, 사진 찍을 때 '군바리'들 다 나오라고 했으니 지금 생각해도 얼굴이 붉게 달아오른다. 육사 나온 친구들은 군바리라는 표현을 별로 좋아하지 않았다. 일반 병사들만 군바리라고 하는 것으로 낮추 표현하는 것으로 인식했던 것이다. 아무튼 여기 '바리'란 사람을 지칭하는 말이다. '악바리', '혹부리', '돌바리' 등에 나오는 '바리, 부리'는 사람의 뜻을 지닌다.

한편 1880년에 나온 사전(한불자전)에는 '돌프리(돌파리)'로 나오는데 해석에는 '주회인(周回人 : 두루 돌아다니는 사람)'이라 되어 있다. 이것이 1920년에 조선총독부에서 간행한 <조선어사전>에는 '돌팔이'로 나와 있는데 그 뜻은 '주거를 정하지 않고 왕래하며 파는 사람'이라고 풀이 하였다.(서정범 위의 책) 이와 같이 돌팔이는 전문적이지 않은 사람이 전문인인 척하고 지식이나 물건을 파는 사람이다. 현대 사전에는 '1. 제대로 된 자격이나 실력이 없이 전문적인 일을 하는 사람을 속되게 이르는 말, 2. 떠돌아다니며 점을 치거나 기술 또는 물건 따위를 파는 사람' 이라고 정의하였다. 예문으로 돌팔이 선생(1. 돌팔이글방에서 글을 가르치는 선생, 2. 자격을 갖추지 못한 엉터리 선생), 돌팔이 무당(일정한 거처가 없이 여기저기 떠돌아다니면서 굿을 해 주는 변변하지 못한 무당), 돌팔이 의원(일정한 거처가 없이 여기저기 떠돌아다니면서 변변하지 못한 의술로 병을 고치는 의원), 돌팔이 글방(조무래기들을 모아 놓고 그리 변변하지 못하게 글을 가르치는 글방) 등이 있다.

'선무당이 사람 잡는다.'는 말도 있다. 위에서 말한 돌팔이에 비견될 만한 인물이다. 우선 '선무당'는 '서투르고 미숙하여 굿을 제대로 못하는 무당'을 말하고 "선무당이 사람 잡는다."는 말은 "의술에 서투른 사람이 치료해 준다고 하다가 사람을 죽이기까지 한다는 뜻. 능력이 없어서 제구실을 못하면서 함부로 하다가 큰일을 저지르게 됨을 비유적으로 이르는 말."이다. 과거에는 무녀가 의녀의 역할을 감당했다. 옛글에도 '醫師在女日巫'라고 하여 무녀가 의사의 역할을 했음을 밝혔다. 선무당은 위에서 말한 돌바리와 관계가 깊다. 돌바리는 일명 돌무당이라고도 하는데 그는 집집을 방문해 치료를 겸한 간단한 기도를 하고 점을 쳐준다. 그러는 중 환자를 잘못 다뤄 큰 해를 끼치기도 했다. 이처럼 한 곳에 터를 잡지 못하고 이곳저곳으로 떠돌아다니며 무업을 하는 선무당을 '돌바리'라 불렀다. 국어사전에는 '선'의 뜻을 "'서툰' 또는 '충분치 않은'의 뜻을 더하는 접두사라고 밝히면서 그 예로 '선무당'"을 제시하였다. 결국 선무당은 아직 프로가 되지 못한 무당 즉 아마추어 무당을 말한다.

알면서 모르는 척하는 것과 모르면서 아는 척 하는 것은 큰 차이가 있다. "무지는 지식보다 더 확신을 하게 된다."는 다윈의 말이 있다. 정말이지 무식하면 용감하다. 가만히 있으면 무시하고, 아는 척 하면 따돌림 하니 참으로 어려운 세상이다. 정확하게 아는 것이 아니면 모르는 척 하는 것이 낫다.

똥을 싸요

언제부터인가 사람들은 "똥을 싼다."는 표현을 많이 사용하고 있다. "똥을 누다"와 "똥을 싸다"는 의미상 상당한 차이가 있는데, 이상하게도 똥에 관한 용어는 낮은 말이 부드러운 표현을 넘어서고 있다. 한국어를 가르칠 때 많이 사용하는 용례 중의 하나가 "똥 싸?", "똥 싸.", "똥 싸~~!"일 것이다. 필자는 한국어를 지도하려는 학생들을 대상으로 이것을 (흥미유발하기 위해서) 강의한 적은 있으나 외국인을 대상으로 한 적은 없다.

흔히 "나 똥 싸고 올게."라고 말하는 것을 많이 듣는데, 이것은 "나 똥 누고 올게."라고 해야 정확한 표현이다. '똥을 누는 것'은 **자신의 의지로 배변활동을 하는 것**을 말한다. '누다'는 '배설물을 밖으로 내보내다'라는 뜻이다. 반면에 '싸다'라는 말은 '(주로 어린 아이가) 똥이나 오줌을 참지 못하고 누다'라는 뜻이다. 그러므로 어린아이가 자신의 의지와 상관없이 기저귀에 볼 일(?)을 보는 것이 싸는 것이다. 어른이 화장실에서 제대로 배변의지를 갖고 일을 보는 것은 '누는 것'이 맞다. 그럼에도 불구하고 요즘의 대부분의 언중이 "똥을 싼다."고 표현하는 것은 무슨 의미인지 알 수가 없다. 스스로 어린이가 되어가고 있는 것인지 아니면 장난스럽게 표현하던 것이 굳어서 표준어처럼 사용되는 것인지 참으로 알 수 없다. 대부분의 경우 고상한 말을 쓰는 것이 인격적으로 보기 좋은데 '똥을 싸다'는 낮은 말은 '누다'라는 평이한 용어를 이기고 득세하였다. 한편 '오줌(똥)을 지리다'라는 말도 있다. 이것은 '똥이나 오줌을 참지 못하고 조금 싸다'라는 의미가 있다. 즉 억지로 참고 또 참았는데 도저히 참을 수가 없어서 조금 싸는 것을 말한다. 대통령 통역하는 후배가 화장실 갈 시간이 없어서 조금씩 지리면서 말린다고 하는 말을 들었다. 어쩔 수 없는 상황이라 오줌을 누지 못하고 그렇다고 더 이상 참을 수도 없어서 쬐끔(?) 싸는 것을 '지리다'라고 한다.

다음으로 많은 사람들이 틀리게 쓰는 것 중의 하나가 '**어이**가 없다.'는 표현이다. 기자들 중에도 가끔 '**어의**가 없다.'고 쓴 것을 보았다. '어이'나 '**어처구니**'는 맷돌과 관련이 있는 단어다.(이에 관해서는 이미 다른 신문에 기고한 적이 있으나 지나치게 많이 틀리고 있어서 다시 한 번 기술한다) 우선 '어처구니'는 맷돌의 손잡이를 말한다. 맷돌을 돌려야 하는데 손잡이가 없다면 황당할 것이다. 이렇게 '일이 너무 뜻밖이어서 기가 막힐 때' 쓰는 말이다. '어이'라는 말은 어처구니와 마찬가지로 맷돌에 사용하는 물품인데 아랫돌에 끼우는 꼭지를 말한다. 꼭지가 있어야 맷돌이 잘 고정되어 돌아간다. 꼭지가 끼워지지 않은 상태에서 맷돌을 돌린다면 아래 위가 제멋대로 움직일 것이다. '어이'란 바로 이 맷돌의 꼭지를 일컫는 말이니 어처구니없는 것과 어이가 없는 것은 대동소이한 상황이다. 사람들은 어이를 **어의**(語義)로 잘못 알고 있는 경우가 많다. 요즘 인터넷을 통해서 알아보면 어처구니나 어이에 관해 많은 말들이 들어있는데 정확한 것이 없다. 과거로부터 내려오는 우리말인데도 불구하고 지금은 맷돌을 사용하는 경우가 별로 없다 보니 이런 현상이 생긴 것이다. 어린 시절에 맷돌 앞에 앉아 어처구니를 잡고 맷돌을 돌리면서 순두부를 기다리던 추억에 잠겨본다. 50년 전만 해도 집안에 맷돌 하나씩은 있었는데, 요즘은 중국에서 수입한 맷돌이 정원 디딤돌 장식대용으로만 사용되고 있으니 안타깝다. 이제는 맷돌세대와 믹서기세대로 나눠야 할 판이다.

다듬잇돌(다듬이질할 때 쓰는 돌)과 다듬잇방망이(다듬이질할 때 쓰는 방망이)는 다리미가 대신하고, 빨랫돌(빨래할 때 빨랫감을 올려놓고 문지르기도 하고 두드리기도 라는 넓적한 돌)과 빨랫방망이(빨랫감을 두드려서 빠는데 쓰는 방망이)는 세탁기가 대신하고 있다. 세상이 변하다 보니 말도 변하는 것은 당연하지만 어원을 잃고 정신없이 떠도는 단어를 보면 답답하기만 하다.

화장실에 가든지, 해우소에 가는 것은 좋은데, 제발 똥을 싸지는 말자.

한 겨울에 호호 손을 불어가며 빨래하던 어머니의 모습이 시나브로 가슴에 들어온다.

마치다, 맞추다, 맞히다

청명과 한식은 거의 비슷한 날에 만난다. 한식을 맞이하여 산소에서 문중이 모였다. 한식의 유래도 이야기하고 24절기에 관해 양력이냐 음력이냐를 놓고 얘기가 오갔다. 6촌 동생이 필자가 한국어 전공이라는 것을 알고 투덜거린다. 우리말에서 '마치다, 맞추다, 맞히다'가 너무 구분하기 어렵다는 것이다. 사동이 어쩌고, 피동이 어쩌고 이야기를 하자니 길어지고 약간의 예문을 들어 설명하는 것이 좋겠다고 생각하는 차에 이야기가 다른 주제로 넘어가고 말았다. 듣고 보니 지금까지 이런 글을 쓰지는 않았던 것 같다. 주로 어원만 설명하였지 서술어에 관해서는 별로 쓴 기억이 없다. 지난번에 '아프다, 결리다, 저리다' 등에 관해서 쓰기 시작한 것이 전부인 것 같기도 하다. 그래서 오늘은 어제 설명하지 못한 것에 살을 붙여 헷갈리는 우리말 서술어를 설명해 보고자 한다.

우선 '마치다'는 거의 다 틀리는 사람이 없다. 사전적 의미로는 1. <동사> 어떤 일이나, 과정 절차 따위가 끝나다. 또는 그렇게 하다. 2. <동사> 사람이 생을 더 누리지 못하고 끝내다. 그 준말로는 '맟다'라고 쓴다. 예를 들면 "일을 맞고 보니 벌써 열두시가 넘었네."와 같이 쓴다. '마치다'와 '끝내다'는 조금 차이가 있다. '마치다'는 '어떤 일이나 과정, 절차를 끝나게 하다'라는 뜻을 가지고 있는 반면에 '끝내다는 일을 다 이루어지게 하다.'라는 뜻을 가지고 있기 때문에 과정과 절차까지 포함된 '마치다'의 개념이 일을 뜻하는 '끝내다'보다 적용되는 범위가 조금 더 넓다고 볼 수 있다.<[출처] [바른 우리말] 마치다 / 맞추다 / 맞히다 재인용>

　이렇게 '마치다'는 누구나 쉽게 알고 있는데 '맞추다'와 '맞히다'로 이어지면 의미의 혼동을 경험한다.

　'맞추다'의 사전적 의미를 보자. "1. <동사> 서로 떨어져 있는 부분을 제자리에 맞게 대어 붙이다. 2. <동사> 둘 이상의 일정한 대상들을 나란히 놓고 비교하여 살피다. 3. <동사> 서로 어긋남이 없이 조화를 이루다."와 같다. 그러므로 예를 들면 "나는 어제 옷을 맞추었어."나 "모서리를 맞춰보면 알잖아."와 같이 쓴다. 가끔 나이 든 사람들은 '마추다'를 쓰기도 한다. 과거에는 두 개를 다 인정하였지만 현재는 '맞추다'만 인정한다. 그러므로 '마추다'는 사용하지 않는 것이 좋다.

　다음으로 '맞히다'의 사전적 의미를 보자. "1. <동사> '맞다'의 사동사(사동사는 주체가 제3의 대상으로 하여금 어떤 동작이나 행동을 하도록 함을 나타내는 동사임). 문제에 대한 답을 옳게 하다. 2. <동사> '맞다'의 사동사. 자연 현상에 따라 내리는 눈, 비 따위를 닿게 하다. 3. <동사> '맞다'의 사동사. 침, 주사 따위로 치료를 받게 하다."와 같이 여러 가지가 있다. 그러므로 하나 씩 예문을 함께 보면서 살펴보기로 하자. 1번의 예를 들면 "퀴즈의 답을 맞히다. 정답을 맞히다."가 있고, 2번의 예로는 "화분에 비를 맞히면 화초가 잘 자란다."과 같다. 다음으로 3번의 예를 들면 "아이의 엉덩이에 주사를 맞힌다. 바람이 부는데도 불구하고 과녁에 정확히 화살을 맞혔다."<[출처] [바른 우리말] 마치다 / 맞추다 / 맞히다, 재인용>의 예와 같이 쓰면 된다.

처음으로 서술어에 관한 설명을 해 보았는데, 조금 설명이 길어져서 읽기에 지루한 감이 없지 않다. 그럼에도 불구하고 우리말 서술어는 자칫하면 틀리기 쉽다. 아직도 '다르다'와 '틀리다'를 헷갈리게 쓰는 사람들이 참으로 많다. 많은 이들이 바른 말을 사용했으면 하는 소망에서 인용문을 많이 적용하였다.
　아름다운 우리말을 바르게 쓰는 것이 더욱 바람직하다. 우리말은 소중하기 때문이다.

막걸리와 빈대떡

필자는 술의 거의 못 한다. 밀밭에만 가도 취할 정도(?)로 술과 거리가 멀다. 군대 시절에 고참이 정종 한 잔 억지로 먹여놓고 졸도하는 모습을 보더니 "다시는 저 새x 술 주지 마!"라고 했다고 한다. 그래도 대학에서 학생들과 어울리다 보면 막걸리 한 사발 놓고 종일 마시는 경우가 있더라도 받아놓기는 한다. 대신 음주운전 걸릴 일은 없으니 좋은 점도 있다.

막걸리는 민족의 술이라고 할 만큼 우리 술의 대명사가 되었다. 그 말의 어원도 쉽게 판단하는 대로 '막거르다'에서 유래한 것으로 본다. 정극인의 <상춘곡>이란 글에도 보면, 막걸리를 인용할 때 "갈건(칡으로 만든 거름망)으로 대충 걸러 두고"라는 문장이 있다. 어려서 술동이를 마루 밑이나 툇마루에 두고 숙성시켰던 것을 보았다. 그러면 거기에 고주망태(술동이에 박아 두는 대나무로 만든 바구니(망태))를 박아 놓고 그 안에 고여 있는 술을 떠서 마시는 것을 보았다. 거기서 유래한 것이 고주망태라는 말이다. 술독에 잠겨 있으니 늘 술에 절어 있을 수밖에 없다. 그래서 술에 절어 사는 사람을 고주망태라고 한다. 아무튼 대충 막 걸러 마시는 술이니 '막걸리'가 되었다.

우리말에는 '막'이라는 부사를 많이 사용한다. '막깎다', '막살다', '막벌다'와 같이 '마구'의 준말로 사용하여 '아무렇게나 함부로'라는 의미로 사용한다. 물론 다른 의미도 많이 있지만 막걸리와 관련된 것으로는 '마구'의 준말로 보는 것이 적당하다. 여기에 '거르다'의 어간 '거르~'에 접미사 '~이'가 붙어서 된 말이다. 그렇다면 '막거르이'가 되어야 맞겠지만 사람들이 발음하기 편한 것을 추구하다 보니 '막걸리'가 되었다. 일반적인 규칙에서는 벗어나는 단어다. 다만 어원을 밝혀 본다면 <상춘곡>에 나타난 바와 같이 제조과정을 비추어 볼 때 '대충(마구) 걸러서 마시는 술'의 의미가 결정적이기 때문에 위의 설명이 옳다고 본다.

　막걸리는 한자 이름도 많다. 곡식으로 빚었다고 해서 곡주(穀酒 - 스님들은 곡차라고도 한다), 흰색이라고 해서 백주(白酒), 탁하게 마구 걸렀다고 해서 탁주(濁酒), 술 맛이 연하고 주정도수가 낮다고 해서 박주(薄酒), 찌꺼기가 남는다고 해서 재주(滓酒), 제사상에 오른다고 해서 제주(祭酒), 농부들이 즐겨 마신다고 해서 농주(農酒) 등과 같이 명칭도 엄청나게 많다. 그 외에도 국주(國酒)라고 부르는 사람도 있고, 시골사람들이 마신다고 해서 향주(鄕酒)라고 부르기도 한다. 어쨌거나 막걸리는 우리 민족의 전통 술인 것만은 확실하다.

　다음으로 막걸리와 잘 어울리는 빈대떡을 알아보자. 빈대떡의 어원은 어려서 부친께 들은 적이 있다. 옛날에 지체 높은 양반이 변두리를 순회하고 있었는데, 시골 사람들이 명절은 다가왔고, 먹은 것은 없고 해서 녹두를 갈아서 떡을 대신하여 먹고 있는 것을 보았다고 한다. 먹어 보니 맛이 있어서 돌아와 아내에게 그대로 해 보라고 했더니 그 맛이 나더란다. 그런데 그 떡의 이름이 생각나지 않아서 고민하다가 가난한 사람들이 먹던 떡이니 '빈자(貧者)떡'이라 하자고 했다고 한다. 막걸리와 마찬가지로 우리 민족이 아주 좋아하는 음식 중의 하나다. 명칭도 녹두떡, 부침개, 지짐 등으로 많다. 혹자는 17세기 <박통사언해>라는 책에 나오는 '빙져(병저餠 食+者)'에서 유래했다고 하는데, 그 중국어 설명을 보면 우리의 빈대떡과 같기 때문이라고 하였다. 이것은 전형적인 한자부회설이다.(조항범, 우리말 어원이야기) 즉 우리말을 한자에 빙자하여 어원을 유추해내는 방법으로 한자가 언어생활에 많이 활용되다 보니 순우리말도 한자로 풀어보는 것을 말한다.

빈대떡은 빈자떡이 어원인데, 그 생긴 모양이 빈대와 비슷하게 생겨서 빈대떡으로 바뀌었다. 동그랗고 납작한 것이 빈대와 비슷하게 보인다. 그러므로 '빈대밤(납작한 밤)', '빈대코(납작한 코)' 등과 같이 생긴 모양에서 명칭이 변형된 것이라고 본다. 그러니까 가난한 사람들의 떡(빈자떡)에서 동그랗고 납작한 떡(빈대떡)으로 바뀌었다.

옛노래 중에 "돈 없으면 집에 가서 빈대떡이나 부쳐 먹지, 한 푼 없는 건달이 기생집이 무어냐?"고 하는 노랫말이 있다. 막걸리와 빈대떡은 서민들의 애환이 담겨 있는 우리 고유의 음식문화다. 비가 오는 날이면 막걸리와 빈대떡이 생각난다고 한다. 이 가을에는 술은 못 마시지만 그런 낭만에 젖어들고 싶다.

이태백의 시에 "오직 마시는 자만이 그 이름을 남기리라.(惟有飮者留其名)"

"석 잔 술은 대도와 통하고, 말 술은 자연과 하나가 된다.(三杯通大道 斗酒合自然)"고 했는데 그가 마냥 부럽다.

머리와 대가리

예전에 TV 광고 중에 "침대는 가구가 아닙니다."라고 하여 인기를 끌었던 말이 있다. 초등학교에서 시험을 보는데 "다음 중 가구가 아닌 것을 고르시오." 하는 문제에 거의 대부분의 학생들이 '침대'를 답으로 적었다고 한다. 실화라고 하는데 있을 법 한 이야기이기도 하다. 이렇게 광고는 사람들에게 많은 영향을 준다.

우리가 사용하는 말 중에는 어휘의 제약을 받는 것이 많다. 예를 들면 "개한테 중식을 주었니?"라는 표현은 쓰지 않는다. 개 사료라고 해야지 중식이라는 표현은 어울리지 않는다. 요즘에는 같이 사는 개는 가족인데 따로 사는 조부모는 가족이 아니라고 생각하는 아이들이 많다고 해서 걱정이다. 필자도 할아버지의 대열에 들어선 지가 꽤 오래되었는데, 서열이 개한테 밀리고 있지는 않은지 걱정스럽다. 요즘은 개엄마도 많고 개언니, 개오빠도 많다. 참으로 안타까운 일이다. 어쩌다가 사람이 개를 낳았는지 의문이다. 언어가 바르지 못하면 의식의 혼돈이 오고, 의식의 혼돈이 오면 기초가 흔들리게 된다. 즉 정체성이 없어진다는 말이다. 사람 중심의 세상이 반려동물 중심의 세상으로 바뀔 것 같아 조금 걱정스럽다. 오늘은 중심을 잃고 있는 우리말의 현실을 알아보고자 한다.

주로 광고나 현실에서 잘못 사용하고 있는 어휘를 중심으로 살펴보려고 한다. 우선 머리와 대가리의 예를 보자. 뇌를 담고 있는 목 위의 부분을 머리라고 했을 때. 사람의 것은 **머리**라고 하고 짐승이나 도구의 그것은 **대가리**라고 해야 한다. 머리는 일반적으로 '사람의 목 위 부분을 일컫고, 대가리는 동물의 머리를 일컫는 말이다. 물론 사람의 머리를 속되게 이를 때 대가리라는 표현을 하기도 한다. 우리가 농담으로 하는 말 중에 "머리가 나쁜 사람은 손발이 고생한다."라는 말이 있다. 물론 여기서는 두뇌가 나쁜 사람을 말하는 것이지만 사람의 것은 머리라고 표현하는 것이 맞다. 그러나 뱀대가리, 닭대가리, 돼지대가리, 못대가리라고 해야 표현상 맞는 말이다. 요즘은 소머리고기, 돼지머리고기 등과 같이 머리라고 표현하기도 하지만 실상은 대가리라고 해야 옳은 표현이다. 모 광고의 덕분(?)으로 요즘은 머리라는 개념에 동물의 대가리도 포함하게 되었다.(사람의 머리가 평가절하된 것인가, 짐승들의 권위가 높아진 것인가?)

또 다른 광고를 보자. 필자도 즐겨 타던 차 중에 쌍용자동차가 있다. 쌍용이라는 말도 쌍룡이라고 써야 한다. 우리말에는 두음법칙이라는 것이 있어서 'ㄹ'이 어두에 오는 것을 꺼리는 경향이 있다. 그래서 '로인'을 노인이라고 쓰고, '락원'을 낙원이라고 쓴다.(참고로 북한에서는 두음법칙을 없애서 '로인', '로동신문'과 같이 쓴다.) 그러나 'ㄹ'이 문장 중간에 들어가면 그대로 음을 살리는 것이 옳다. 그러므로 '쌍룡'이라고 써야 어법에 맞는다. 물론 **고유명사**이기 때문에 굳이 그것을 고집하다면 어쩔 수 없으나 일반적인 어법대로 한다면 수정하는 것이 대중을 위하여 옳다고 본다. (회사의 고유명사이기 때문에 필자가 왈가왈부할 소지는 없으나 관례가 그렇다는 말이다.) 다만 우리말의 어법도 조금은 수정할 것이 있다면 현대사회에서는 'ㄹ'이 어두에 와도 발음하는데 전혀 어려움이 없다는 것을 말하고 싶다. 즉 라면, 라볶이, 라디오, 라디에이터(radiator), 라돈 등을 발음할 때 전혀 어려움이 없다. 그러므로 두음법칙을 없애도 될 때가 되었다고 본다.(이렇게 말한다고 해서 필자가 김일성의 문화어를 찬양하는 사람은 결코 아니다.)

　몇 해 전에 비가 오는 날 연구실에서 학생보다 먼저 퇴근한 적이 있다. 그 때 제자가 하는 말이 "노파심에서 그러는데 조심해서 가세요."라고 하였다. 그 순간 필자는 기분이 몹시 이상함은 어쩔 수 없었다. 노파심(老婆心)이라고 하면 '필요(必要) 이상으로 남의 일을 걱정하고 염려하는 할머니(노파)의 마음'이라는 뜻이다. 제자가 스승보다 나이가 많아도 사용하기 힘든 표현인데 젊은 학생이 그런 말을 하니 머릿속에 복잡했다. 물론 그 자리에서 수정해 주기는 했지만 혹여 다른 곳에서 실수를 할까 두려웠다.

　어법은 모두가 올바르게 사용하고자 만든 것이다. 또한 광고는 튀어야 사람들에게 각인시키기 좋다. 어느 것이 옳고 그르다고 말하기는 힘들지만 일상생활에서는 가능하면 어법에 맞는 어휘나 문장을 사용하는 것이 좋다. 언어는 인격의 표현이기 때문이다.

머저리와 남북의 언어

지금은 자주 쓰지 않지만 필자가 어린 시절에는 병신, 등신, 머저리, 바보, 찐다 등등의 단어를 많이 사용했다. 실제로 그 의미도 잘 모르면서 "병신 육갑하다."고 하였고, "등신 같은 놈!"이라고 친구들을 놀려댔다. 그 중에 아주 많이 사용했던 단어가 '머저리'였다.

'머저리'는 같은 말로 '어리보기(말이나 행동이 다부지지 못하고 어리석은 사람을 낮잡아 이르는 말)'가 있다. 흔히 '온머저리'라고 하면 '완전히 드러난 머저리를 놀림조로 이르는 말'이다. '어리보기'는 '어리가리'라고도 한다. 한 마디로 어리석은 사람이라는 말이다. '어리'는 '어리석다'는 뜻이고 '가리'는 사람을 뜻한다. 평북방언에 '떡가리'라는 말이 있는데, 이것은 '외눈박이'를 의미한다. 이러한 '어리가리'는 일본어에도 비슷한 말이 존재한다. '바보'라는 말을 교토방언으로 'ayakari'라고 하는데(이원희, 일본열도의 백제어) 우리말 '어리바리'가 일본으로 넘어가 정착한 것으로 보인다. 우리말에 '머줍다(동작이 둔하고 느리다)'와 '머지다(연줄이 저절로 끊어지다)'라는 말을 생각하면 '머저리'의 어원을 추단할 수 있다. 우선 동사 '멎다'의 뜻을 헤아리면 '멈추다(사물의 움직임이나 동작이 그치다 혹은 눈이나 비 따위가 그치다)'와 '멎다(궂거나 흉하다)'와 같은 맥락에 있음을 확인할 수 있다.(서정범, 새국어어원사전) 즉 '멎다'의 어근 '멎'에 사람을 뜻하는 '어리'가 만나서 만들어진 단어다. '어리'가 사람을 나타내는 것은 '벙어리', '귀먹어리(지금은 귀머거리가 표준어임)' 등에서 그 의미를 확인할 수 있다.

그러므로 '머저리'란 말은 '뭔가 멈추어 있는 것처럼, 혹은 굿거나 흉하게 행동이 얼뜨거나 어리석은 사람'이라는 말이다.

일설에 의하면 소설가 이병주는 살아생전 "태양에 바래지면 역사가 되고 월광(月光)에 물들면 신화가 된다."는 말을 남겼다. 그에 의하면 우리 역사에도 창세(創世)이야기가 있음이 신라 때 박제상이 지은 부도지(符都誌)에서 유래한 것이라 하였다. 지상에서 가장 높은 마고성(麻姑城)의 여신(女神)인 마고에게 두 딸(맑음의 神 궁희와 밝음의 神 소희)이 있고 이들에게서 황궁, 백소, 청궁, 흑소씨의 남녀 각 1명의, 8명이 태어났고, 이들이 각각 3남 3녀를 낳았는데, 이것이 인간의 시조이며 몇 대를 지나 자손이 3천여 명이 되었다고 한다.(중략) 황궁(黃宮)씨→유인(有因)씨→환인(桓因)→환웅(桓雄)→단군(檀君)으로 이어져 지금 우리가 여기에 살고 있다. (중략) 모든 것을 망가뜨리는 神인 **넌더리**, 순수의 신 **머저리** 외에도 엉터리 같은 정말 우리가 항상 쓰면서도 그 어원을 모르는 것들이 다 이 신의 이름에서 유래된 것이라고 한다. 하지만 이런 글은 터무니없는 황당한 이야기일 뿐이다. 이병주의 상상에 의한 꾸며낸 이야기(소설)라는 것을 명심해야 한다. 이것이 진실인 양 인터넷에 떠돌고 있어 안타까울 따름이다.

한편 북한에서는 굶주려서 죽는 사람, 장사를 못하거나 경제력이 없는 사람을 가리켜 '머저리'라고 부른다.(신준식, 뉴포커스) 남한과 의미의 차이가 있음을 알 수 있다. 남한에서는 **어리석은 사람**이라는 의미가 강하지만 북한에서는 **경제력이 없는 사람**을 지칭하는 말로 바뀌게 되었다. 언어의 이질화가 심각해지고 있는 상황이다. 실제로 머저리는 북한의 지도층 인사들이라고 할 수 있다. 김일성 가문의 우상화에 몰두하여 만백성을 우민으로 만들고 있으니 진정한 머저리는 북한의 정치인들이라고 하겠다.

오늘은 머저리 이야기를 하다 보니 다른 말을 할 여유가 없어서 그냥 남북한의 언어 이질화만 조금 더 비교하고 마무리해야겠다. 남한에서는 죽마고우라고 하지만 북한에서는 송아지동무라고 한다.(이하 태영호의 <3층서기실의 암호>에서 인용한다.) 카드는 주패, 캐리어는 손짐, 원샷은 '쭉 내라', 사인은 수표, 불꽃놀이는 축포야회. 다단계는 다계단, '정리하다'는 '총화짓다', '정착하다'는 '주저앉다' 등으로 바뀌었다. 한 세대만 더 지나면 서로 통역이 필요할 상황이다.

남북의 언어가 더 이상 이질화되기 전에 공동 사전 편찬하는 것이 급선무이고, 아울러 서로 간에 용어 선정에 신중하게 하였으면 좋겠다는 의견을 더한다.

멍텅구리 이야기

어려서 많이 쓰던 말 중에 '멍텅구리'라는 단어가 있다. 지금은 잘 쓰지 않는데, 물고기 중에도 멍텅구리가 있다고 한다. 그냥 머저리라는 말과 같은 뜻인 줄 알고 쓰던 것인데 사실 알고 보면 전혀 다른 의미가 있다. 과거에 '머저리'라는 단어의 의미가 남북한이 전혀 다르다는 얘기를 쓴 적이 있다.

'머저리'는 같은 말로 '어리보기(말이나 행동이 다부지지 못하고 어리석은 사람을 낮잡아 이르는 말)'가 있다. 흔히 '온머저리'라고 하면 '완전히 드러난 머저리를 놀림조로 이르는 말'이다. '어리보기'는 '어리가리'라고도 한다. 북한에서는 굶주려서 죽는 사람, 장사를 못하거나 경제력이 없는 사람을 가리켜 '머저리'라고 부른다.(신준식, 뉴포커스) 남한과 의미의 차이가 있음을 알 수 있다. 남한에서는 **어리석은 사람**이라는 의미가 강하지만 북한에서는 **경제력이 없는 사람**을 지칭하는 말로 바뀌게 되었다.(졸고, <국민투데이> 전문가칼럼, '머저리와 남북의 언어' 참조)

지금도 대부분의 사람들은 머저리나 멍텅구리나 비슷한 의미로 생각하고 있을 것이다. 그러나 어원을 살펴보면 멍텅구리에는 다른 의미가 많이 들어 있음을 알 수 있다. 우선 '멍텅구리'의 사전적 의미를 살펴보자. "1. 아둔하고 어리석은 사람을 놀림조로 이르는 말, 2. 병의 목이 좀 두툼하게 올라와서 예쁘게 생기지 아니한 되들잇병, 3. 도칫과의 바닷물고기. 몸의 길이는 25cm 정도이며, 갈색이고 잔점이 많다. 몸이 통통하고 가슴지느러미가 크며 배에 빨판이 있어 바위 따위에 붙는다. 한국, 일본, 베링해 등지에 분포한다."(<네이버 국어사전>에서 인용함) 그러니까 멍텅구리가 물고기 이름인 것은 확실하다. 예전에 친구들이 멍텅구리낚시 가자고 했을 때 그것이 무엇인지 몰랐던 시절이 있다. 우리는 "아둔하고 어리석은 사람을 놀림조로 이르는 말"로 멍텅구리를 많이 사용하고 있다. 그렇다면 그 말의 어원이 어디서 왔는지 살펴볼 필요가 있다. 원래 이 단어의 시작은 병의 이름에서 비롯된 것이 맞다. 과거에는 "주로 (바보처럼 분량만 많이 들어가는 병이라는 뜻) 병의 목이 두툼해서 예쁘지 않게 생긴 되들잇 병(실제로는 한 되가 더 들어간다.)"을 뜻하는 말이었다.

'멍청이'는 '멍텅구리'가 '멍텅이'로 변했다가 다시 '멍청이'로 바뀐 것이다. 이것이 '뚝지'라는 바닷고기와도 통하는데, 뚱뚱하고 동작이 느리고 바보스럽게 생긴 바닷물고기라고 한다.(서정범, <새국어어원사전> 참조) 그것은 바로 함경도 방언의 영향이다. 함경도에서는 'ㅈ'을 'ㄷ'으로 발음하고, 'ㅊ'을 'ㅌ'으로 발음한다.(정거장 ⇒덩거당) 그래서 예전에 국어시간에 함경도 사람이 "서울에 와서 보니 여기 사람들은 전부 'ㄷ'을 'ㅈ'으로 발음하는구나." 하고 '동대문'이 어디냐고 물어야 하는데, "여보세요! 여기 종재문이 어디라요?" 하고 물었다는 우스갯 소리가 있다. 이렇게 함경도의 발음에서 '멍텅이'가 '멍청이'로 발음된 것인데, 항간에 회자되어 "아둔하고 어리석은 사람을 놀림조로 이르는 말"이라고 등재되기에 이른 것이다. 그러니까 '멍텅구리'에서 '멍청이'가 나온 것이 사실이다.

여기서 '구리'는 사람을 가리키는 말이다. 심술꾸러기, 잠꾸러기, 장난꾸러기 등에 나오는 '꾸러기'도 '사람'을 뜻하는 말이고, 그 말의 어근은 '꿀'이다. '꿀'은 다시 '굴'에서 변한 말이다. '멍청이'의 사투리 중에 '멀쩍고리'(어문각, <종합국어사전>)라는 말이 있는데, 여기에 나오는 '고리'가 '구리'와 같은 어원으로 사람을 의미한다. 일본어로 '멍청이'를 'bonkura'라고 하는데, 여기에 나오는 'kura' 역시 사람을 뜻한다.

물고기 중에 '뚝지'라는 놈은 '어리석고 둔하게 보여서 멍텅구리'라고 부르는 것이다. 원래는 '바보처럼 물이 많이 들어가는 못생긴 병'을 의미하는 말이었는데, '어리석고 둔한 사람'에서 물고기 이름(뚝지 ⇒ 멍텅구리)까지 확장된 것이다.

언어는 이렇게 사회에 따라 늘 변한다. 이것을 언어의 사회성이라고 한다.

메밀, 모밀, 메밀소바

오늘은 먼저 지난 주 숙제 풀고 가야겠다. 10,000에 해당하는 순한글은 '골'이다. 우리 어머니께서 즐겨 쓰시던 용어 중 하나가 '**골백번**'이다. 골백번은 '10,000 × 100 = **백만**'번이다. 연세 드신 분들은 골백번이라는 표현을 자주 하지만 그 의미가 백 만 번인 줄 아는 사람은 별로 없다. 그냥 무지하게 많은 것을 말할 때 쓰는 용어로 알고 있을 뿐이다. 다음으로 **벽**(壁)의 순우리말은 '**바람**'이다. 역시 시골에 가면 '벼람박(바람벽(壁))'이라는 표현을 자주 듣는다. 필자의 조부께서 많이 사용하시던 용어다. 아이들이 장난이 심할 때 "저 놈의 새끼들 '벼람빡'에 처 바른다."라는 표현을 자주 하셨다. '바람 벽(壁)'을 한 번에 말하면 그렇게 들린다. 우리가 잘 아는 노래 중에 "오늘도 목로주점 **흙바람벽**엔 삼십 촉 백열등이 그네를 탄다."라는 가사를 상기하면 쉽게 이해할 수 있다.

순우리말 이야기를 하자면 한자보다 더 어렵다. 지방마다 사투리가 있고, 그들은 그것이 표준어인 줄 알고 있기 때문이다. 그 중의 하나가 '메밀국수'인지, '모밀국수'인지 '메밀소바'인지 분간이 안 되는 것이다. 경북의 일부(영일)지방과 함경도에서는 거의 '모밀'이라는 표현을 사용한다. 그러나 이것은 비표준어이다. 어떤 책에는 '모가 난 밀(角麥)'에서 유래했을 것이라고 유추하기도 한다. 필자가 보기에는 원래부터 메밀이 맞는 것이라고 본다. 우리말에서 '뫼 山'이라고 하지만 실제로 우리말에는 '메'가 더 많이 남아 있다. 예컨대 '메아리(울려 퍼져

가던 소리가 산이나 절벽 같은 데에 부딪쳐 되울려 오는 소리)', '멧돼지(멧돼짓과의 포유류, 산돼지)', '메나리(산유화)' 등에서 그 어원을 볼 수 있다. 일부 학자들은 '모밀 > 뫼밀 > 메밀'의 과정을 거쳤다고 하는데 필자는 그 반대로 본다. 물론 과거에는 '뫼 산(山)'이라고 했지만 지금 남아 있는 많은 단어들을 근거로 보면 '메'가 더 많다. 그러므로 '메밀>뫼밀>모밀'의 과정으로 변형되었거나 처음부터 '메와 모'를 구분하지 않고 사용했던 것으로 본다. 지역에 따라서 각기 방언으로 말하던 것을 그대로 원용한 것이다. 요즘 흔히 '단모음화 현상'이라는 표현을 많이 쓴다. 사람들은 복모음을 발음하기보다는 단모음으로 발음하는 것이 쉽기 때문에 이중모음을 단모음으로 발음하는 경향이 있다. 영어의 'news'도 과거에는 '뉴스'라고 했지만 지금 미국의 젊은이들은 '누스'라고 발음하는 사람도 많다. 이와 같이 어려운 발음에서 쉬운 발음으로 가는 경향이 있기 때문에 메밀을 발음하기 불편한 일부 지방에서 '모밀'이라고 한 것이 지금 국숫집(북한어로는 국수집)에서 잘못 사용하고 있는 것이다.

다음으로 국숫집에서 많이 볼 수 있는 것 중 하나가 '메밀소바'라는 단어다. 일반적으로 메밀소바라고 하면 일본식 메밀국수를 말한다. 소반에 메밀국수를 놓고 간장과 무, 겨자 등을 섞어서 만든 육수에 조금씩 말아 먹는 것을 말한다. 그러나 메밀소바라고 하면 잘못된 표현이다. 그냥 일본식 메밀국수라고 하는 편이 오히려 바람직하다. 왜냐하면 '소바(soba)'라는 말이 일본어로 '메밀'이라는 뜻이기 때문이다. 그러므로 '메밀소바'라고 하면 '메밀메밀'이라고 하는 것과 같다. 물론 우리말에는 한자어와 한글이 병기된 것도 많지만 그것을 바람직하게 보지는 않는다. 예를 들면 처갓집(가(家) = 집), 역전앞(전(前)=앞), 초가집(가(家) =집)의 표현과 같아서 처가, 역전, 초가 등으로 부르는 것을 권장하고 있다. 그러므로 메밀소바도 '일본식 메밀국수'라고 표현하는 것이 좋다.

　해마다 봉평에서는 이효석의 대표작 <모밀꽃 필 무렵>에서 본 따 '메밀꽃 축제'를 연다. 1936년 당시에는 원제목을 '모밀'이라고 한 것이고, 현재는 맞춤법 규정에 맞춰 '메밀'이라고 한 것이다. 들판에 하얗게 핀 메밀꽃이 소담스럽기도 하고 순수하기도 하다. 메밀은 주로 나지막한 구릉에 심었던 것으로 기억한다. 산에서 많이 키웠으니 메밀이라고 한 것이 당연하다. 메밀이나 모밀이나 식당에서는 특징을 살려 개성있게 표현하고자 한 것이겠지만 먹는 우리들은 정확한 뜻을 알고 먹으면 더 맛있을 것이다.

　요즘은 스토리텔링의 시대다. 아무 것도 아닌 것을 이야기로 만들어 지역의 문화로 발전시키는 것도 발전의 한 방법이다. 우리도 재미난 이야기 하나 만들어 마을 축제로 승화시켜 보는 것은 어떨까?

몇 월 며칠이죠?

생활 속에서 많이 사용하는 단어도 갑자기 쓰려면 헷갈리는 경우가 많다. '며칠'이라는 단어가 그렇다. 많은 사람들이 '몇 일'이라고 쓰는데, 결론부터 말하자면 이것은 '며칠'이 맞다.

"오늘이 몇 월 며칠이지?"

이 문장을 읽을 때 [며뒬 며칠]이라고 발음한다. 단어의 의미로는 똑같이 '몇'이라는 글자를 기본으로 하고 있는데, '몇 월'과 '며칠'이 전혀 다르게 쓰고 있다. 우선 '몇 월'이라고 할 때는 띄어 쓰면서 발음도 [며 뒬]이라고 한다. 어째서 앞에서는 그렇게 띄어 쓰면서 뒤의 '몇 일'은 붙여 쓰면서 발음도 [며칠]이라고 하고 쓰기도 '며칠'이라고 써야 하는지 의문을 갖는 사람들은 별로 없다. 사실상 '몇 일'이라고 하면 발음은 [면닐]이라고 해야 한다. 왜냐하면 우리말의 /ㄴ/첨가현상 때문에 그러하다.

이것을 하나하나 설명하면 더 어렵지만 그래도 설명하지 않을 수 없다. 독자들의 이해를 돕기 위해서 '꽃잎'의 예를 들어 보기로 하자. 독자들은 '꽃잎'의 발음이 [꼰닙]이라는 것은 금방 이해할 수 있을 것이다. 아니, 이해하는 것이 아니라 그렇게 해 왔기 때문에 어렵지 않게 읽을 수 있는 것이다. 지금부터 설명을 들으면 조금 어려울지 모르지만 끝까지 읽어 보면 이해할 수 있으니 포기하지 마시기 바란다. 우선 '꽃잎'은 [꼳입]으로 발음한다. 이것을 대표음법칙이라고 한다. 'ㄷ, ㅅ, ㅈ, ㅊ, ㅎ' 등의 대표음이 /ㄷ/이기 때문에 받침에서는 모두 [ㄷ]으로 발음한다. 세종대왕께서 칠종성가족용법(七終聲可足用法 : 종성 (받침의 발음)은 7개로 족하다.)이라고 말씀하신 것이 바로 이것이다. 그리고 이 [꼳입]에 /ㄴ/첨가 현상이 일어나서 [꼳닙]으로 되었다가 다시 여기서 자음동화현상이 일어나서 [꼰닙]으로 발음된다. 우리말에서 /ㄴ/첨가 현상이 일어나는 경우는 많다. 예를 들면 '홑이불[혼이불 → 혼니불 → 혼니불]'(외국인들은 '홑이불'을 발음하라고 하면 모두 [호치불]이라고 발음한다. '밭이'을 [바치]로 읽는다고 배웠기 때문이다.) 예를 하나만 더 들어 보면 '솜이불'[솜이불 → 솜니불]과 같은 것이 있다.

이와 마찬가지로 '몇 일'도 [면일]발음이 되고, 다시 여기에 /ㄴ/첨가현상이 일어나서 [면닐]로 발음이 되었다가, 여기서 다시 자음동화현상이 일어나면 [면닐]로 발음해야 하는 것이 문법적으로 맞다. 그런데 이 경우는 특이하다. '몇 일'이라고 쓰는 것도 아니고 붙여서 '며칠'이라고 쓴다. 발음도 규정에 맞지 않을 뿐만 아니라 띄어쓰기도 이상하다. 그럼에도 불구하고 이렇게 굳어 버린 것에는 우리의 인식이 그렇게 되었기 때문이다. 즉 '몇 월'이라고 할 때는 [며둴]이라고 발음하여 'ㅊ'의 대표음인 [ㄷ]으로 발음한다. 그런데 똑같은 상황인데 '몇 일'은 붙여쓰면서 '며칠'이라고 쓰고 발음도 [며칠]이라고 한다.

앞에서 길게 설명한 것과 같이 원래는 '몇 일[면일 → 면닐 → 면닐]로 발음해야 하는데, 표준발음에서 <u>음운론적으로 하나의 낱말로 인식한 결과</u>이다. 그래서 표기도 '며칠'이라고 해야 한다. 우리 민족의 대부분 – 서울 사는 교양있는 사람들의 발음 – 이 그렇게 발음한다는 말이다. 이런 것은 참으로 많다. 발음의 문제이기는 하지만 '맛없다[마덥따]'라는 발음과 '맛있다[마싣따/마디따]', '멋없다[머덥따]'와 '멋있다[머싣따/머디따]'와 같은 것이 모두 그렇다. 대중들이 하나의 단어로 인식해서 [며칠]로 발음하고 그렇게 쓰는 것과 서울에 사는 교양있는 사람들이 [마싣따](원래는 [마딛따]가 표준발음이었다.)가 표준발음의 대열에 들어가는 것이 모두 표준어 규정에 의해 그렇게 된 것이다.

참고로 우리가 모두 다 사용하고 있는 '짬뽕'이라는 단어는 아직도 표준어에 등재되지 않은 것임을 상기할 필요가 있다.(일본어에서 유래한 것이기 때문에 '초마면'이라고 부르기를 권장하고 있다.)

무데뽀(無鐵砲)

　제자 중에 '무데뽀'라는 닉네임으로 활동하는 교수가 있다. 지금은 우즈베키스탄에서 한국어를 가르치고 있다. 96학번인데 참으로 술도 잘 마시고 인정도 많은 인간적인 친구다. 그녀의 닉네임이 남들과 달라서 물어보았더니 "마구잡이로 마음대로"라는 뜻으로 알고 사용하고 있다고 했다. 아마도 그렇게 살고 싶은 욕망이 있었던 모양이다. 지금도 그 친구의 이메일 닉네임은 '무데뽀'다. 사실 이 말은 일본어 중에서도 군국주의 성향이 강한 단어다. 일본어 무철포(無鐵砲)란 이것저것 가리지 않고 아무 데나 마구 쏘아대는 대포를 말한다. 그러니까 좌충우돌식으로 누구든 상관없이 대드는 사람이나, 혹은 예의범절도 모르고 함부로 밀어붙이는 천둥벌거숭이 같은 사람을 이르는 말이다. 그러니까 지나치게 무모하고 제 성질대로 하는 사람이라고 할 수 있다. "그 사람 왜 그렇게 무데뽀야?"라는 말보다는 "그 사람 왜 그렇게 막구가내야?"라고 표현하는 것이 보기에 훨씬 좋다.
　그러므로 '무데뽀'라는 말은 우리말로 '막무가내', '무작정', '무모함' 등으로 바꾸는 것이 좋다.

문화문법(1) 남·북한의 언어비교

 어원만 연구하다 보면 지루한 때가 많다. 그래서 오늘은 쉬어가는 시간으로 남·북한의 단어를 비교해 보기로 한다. 단어(어휘)는 문화를 배경으로 한다. 언어 속에 문화가 고스란히 들어 있다는 말이다. 요즘 초·중등교과서에 '인민'이라는 단어가 많이 등장했다고 한다. 필자가 어렸을 때는 동무라는 말을 많이 썼는데, 북한에서 사용하는 말이라 해서 초등학교 2학년 정도 되면서부터 사용하지 않았다. '인민'이라는 단어 또한 북한에서 '국민'을 일컫는 말로 우리와 차별화되어 있다. 그럼에도 불구하고 학생들의 교과서에 국민이라는 말이 없어지고 인민이라는 단어가 등장했다고 하니 참으로 놀라지 않을 수가 없다.

 북한에는 '문화어'라고 해서 우리의 표준어와 비슷한 것이 있다. 문화어(文化語, 표준어: 북한어(北韓語), 북한말(北韓말))은 조선민주주의인민공화국의 표준어를 말한다. ≪조선말대사전≫(1992년)에 의하면 "주권을 잡은 로동계급의 당의 령도밑에 혁명의 수도를 중심지로 하고 수도의 말을 기본으로 하여 이루어지는, 로동계급의 지향과 생활감정에 맞게 혁명적으로 세련되고 아름답게 가꾸어진 언어"라고 되어있다.(위키백과) 문화어에서는 두음법칙을 인정하지 않는다. 위에 있는 글처럼 '로동', '령도' 등으로 한자어 발음을 그대로 사용한다. 이러다 보면 남·북의 언어가 갈수록 이질화되는 것은 당연하다. 우리는 '서울에 사는 교양 있는 사람들이 두루 쓰는 말'을 표준어로 규정하고 있다. 즉 대중적인 언어가 곧 표준어가 된다. 그래서 표준어와 문화어는 차이가 있다.

 몇 가지 차이가 나는 것을 살펴보기로 하자. 글을 쓰기 쉽게 하기 위해서 북한말을 ( ) 속에 넣기로 한다. 우선 대한민국에서는 한자어나 외래어 등을 자유롭게 사용하고 잇는데 반해 북한에서는 한글화하고 있음이 다르다. 예를 들면 '건달(날총각)', '게시판(알림판)', '결국은(마지막에는)', '가발(덧머리)', '계단논(다락논)', '골키퍼(문지기)', '각선미(다리매)', '출입문(나들문)', '냉차(찬단물)', '돌풍(갑작바람)', '볼펜(원주필)', '소풍(들모임)', '살빼다(몸깐다)', '아이스크림(얼음보숭이)', '운동화(헝겊신)', '전구(불알)', '젤리(단묵)', '주스(과일단물)' 등과 같이 북한에서는 한자어로 된 것은 한글로 바꾼 것이 많고, 외국어에서 유래한 것은 한자어나 한글로 바꿨다. 북한말로 '불알'이나 '몸깐다'라고 하는 단어가 남한에 오면 그 의미가 달라진다. 그래도 이 정도는 서로 알아들을 수 있지만 판이하게 달라진 것도 많다. 혹은 아직 북한에는 없는 단어도 많다. 예를 들면 '원룸'이나 '보안카드'와 같은 단어는 북한에는 존재하지 않는다. 아직 거기까지는 문화가 발전하지 않은 모양이다. 하기야 북한에서는 은행업무나 인터넷뱅킹에 관련된 용어는 아직 제대로 있을 수 없다. 인터넷뱅킹을 해야 단어도 만들어지는 것이지 활성화되지도 않았고 주민들은 무슨 뜻인지도 모르는데, 단어 먼저 만들 필요가 있겠는가?

 우리는 영어나 불어를 가감없이 사용하는 경우가 많지만 북한에서는 러시아를 선호했던 것으로 보인다. 세계적인 흐름으로 볼 때 영어로 써도 무방한 것을 그들은 굳이 러시아어로 사용하고 있다. 예를 들면 '그룹(구루빠)', '캠페인(깜빠니아)', '트랙터(뜨락또르)', '팸플릿(빰쁠레트)', '폴란드(뽈스카)', '헝가리(웽그리아)', '베트남(윁남)' 등이다. 이렇게 영어식 발음을 굳이 러시아식으로 발음하는 것은 김일성의 영향이라고 불 수 있다. 미국보다는 러시아와 가깝게 지낸 만큼 영어를 사용하는 것에 거리감을 두고 있었음을 알 수 있다.

　가끔 해외에 나가서 북한의 학자들과 만나면 서로의 대화가 이상하게 돌아갈 때가 있다. 남·북의 언어가 전혀 다른 의미로 사용되고 있을 때다. 예를 들면 "괜찮아요."라고 말하는 것을 그들은 "일 없수다.(일 없습네다)"라고 표현한다. 처음에는 거절하는 것으로 알고 상당히 뻘쭘(어색하고 민망함)하였다. 학회를 마치고 마무리하는 만찬 장소에서 우리는 '건배'를 외치는데, 그들은 "죽 냅시다."라고 하였다. 처음에는 이상하여 무슨 말인가 하다가 나중에는 한국 학자는 "죽 냅시다."라고 하고 북한의 학자들은 "건배!"를 외치게 되었다.
　같은 민족이기 때문에 쉽게 친하고 어울릴 수 있는 것은 아직 같은 언어로 소통할 수 있기 때문이다. 몇 세대를 더 건너가면 아마도 소통 불능의 시대가 올 수도 있다. 미리 사전을 공통 편찬하여 미래를 대비했으면 좋겠다.
　아무리 그렇다고 해도 아이들의 교과서에 벌써부터 '인민'이라고 쓰는 것은 무리가 아닐 수 없다. 할아버지는 '국민'이라고 하는데 손자는 '인민'이라고 하는 시대가 도래하고 있다. 무조건 북한을 따라가는 것이 아니라 서로 취사선택하여 올바른 언어(소통하기에 편하고 어법에 맞는 것)로 선택해야 한다. 공동의 어휘를 발굴하는 것은 중요하지만 추종하는 것은 의미가 없다. 전문가의 의견을 따라서 어휘를 선정하는 지혜를 발휘할 것을 기대한다.

문화문법(2) 퍼더앉아 단고기나 먹읍세다

내친 김에 남·북한의 언어 비교를 조금 더 해보기로 한다. 남북의 언어가 이질화되고 있는 것이 현실이다. 남한은 영어권을 중심으로 외래어가 많이 들어 왔고, 북한은 김일성의 교시에 의해 한글과 러시아 말을 중심으로 변하였다. 그러다 보니 지난 주에 논한 바와 같이 발음상 크게 차이가 나는 것을 볼 수 있다. 뿐만 아니라 어휘의 선정도 남·북한의 기준이 조금 다르다. 북한에서 사용하는 말은 남한에서 쓰기를 꺼려하고, 남한에서 사용하는 말은 북한에서는 좋아하지 않는다.

생활 속에서의 어휘의 차이를 몇 가지 살펴보기로 하자. ( ) 속에 있는 용어가 북한에서 쓰는 용어다. '그룹(연합기업소)', '서비스직(봉사직)', '프리랜서(자유직업자)', '휴무(쉬는 날)', '뒤처지다(짝지다)', '섣부르다(서뿌르다)', '슬라이드(단매화면)', '평가(총화)', '원샷(쭉내기)', '이면지(재사용지)', '바인더(종이끼우개)', '포스트잇(?)', '파티션(자리막이칸)' 등인데, 여기서 확연히 볼 수 있는 것이 우리는 외래어를 그대로 사용하는데, 북한은 굳이 한글로 바꿔서 쓴다는 것이다. '평가'를 '총화'라고 하는데, '종례'도 '총화'라고 한다. 총화(總和)인지 총화(叢話)인지 필자도 헷갈린다. 아마도 앞에 있는 '총화(總和)'일 것이다. '전체가 서로 간에 마음이나 뜻을 모아 화목하게 어울림'이라는 의미로 사용했겠지만, 자아비판하는 시간은 아닌지 모르겠다. '섣부르다'는 북한에서는 발음나는 대로 '서뿌르다'라고 한다. 지금은 발음대로 쓰니 대화하는 데는 큰 차이가 없겠지만 나중에 문자화했을 때 무슨 의미인지 몰라 어리둥절하는 사람들도 많을 것이다. 그 외의 단어들은 외래어를 그대로 사용하는 우리는 조금 생소하게 느낄 수도 있다. '종이끼우개'니 '자리막이칸' 같은 것은 생소하지 않을 수 없다. 북한에서는 아직 일상생활 속에서 컴퓨터 관련 용어는 아직 정립되지 않은 것이 많고, '포스트잇'처럼 우리는 많이 쓰지만 북한에서는 없는 것도 많이 있을 것이다.

남북한이 어울려 말을 할 때 서로 이해하지 못하는 것들도 많다. 우리말은 서술어가 중심이다. 그런데 다른 단어를 사용하게 되면 의사소통이 불편할 수밖에 없다. 특별히 크게 차이가 나는 것만 추려 보면 다음과 같다. '가르치다(배워주다 ; 요즘은 남한에서도 자주 '배워준다'는 말을 듣는데 이는 북한에서 주로 사용하는 말임을 알아야 한다)', '고함치다(고아내다)', '궁금하다(궁겁다)'. '기가 막히다(억이 막히다)', '괜찮다(일 없다)', '근지럽다(그니럽다)', '가깝다(가찹다)', '눈총을 주다(눈딱총을 주다)', '나이가 어리다(나어리다)', '높임말을 쓰다(옙하다)', '냉대하다(미우다)', '노려보다(지르보다)', '덜렁거리다(건숭맞다)', '떠맡기다(밀맡기다)', '마련하다(내오다)', '모질고 사납다(그악하다)', '매우 가깝다(살밭다)', '미끄러지다(미츠러지다)', '부서지다(마사지다)', '바쁘다(어렵다)', '지나치게 약삭빠르다(발가지다)', '보태주다(덧주다)', '시원시원하다(우선우선하다)', '싸돌아다니다(바라다니다)', '알쏭달쏭하다(새리새리하다)', '서명하다(수표하다)', '유일무이하다(단벌하다)', '주저앉다(퍼더앉다)', '창피하다(열스럽다)', '효과를 얻다(은을 내다)', '토라지다(시뚝하다)', '의젓하다(의사스럽다)' 등과 같이 셀 수 없을 정도로 많다. 필자도 비엔나에서 국제학술대회를 할 때 북한의 학자가 "일 없어요."라고 하는 통에 거절하는 줄 알고 아뜩했던 적이 있다.

　위에서 보는 바와 같이 이제는 서로 소통이 되지 않을 정도로 달라져있음을 알 수 있다. 북한 사람과 대활할 때 통역을 대동해야 할 때가 다가오고 있다. '지르보다', '열스럽다' 등과 같은 단어는 남한의 사람들은 알아들을 수가 없다. 우리는 "보신탕 먹으러가자."고 하는데, 그들은 "단고기 먹으러 가자."고 한다.

　청나라는 자신의 문자를 버리고 한족의 문자에 동화되어 그들의 문자를 쓰다가 언어도 사라지고 만주족의 정체성도 사라졌다. 언어는 민족의 정체성을 구성하는 가장 기본이 되는 도구다. 그럼에도 불구하고 서로 다른 어휘를 사용하고 있으니 슬픈 일이 아닐 수 없다. 더 늦기 전에 같은 어휘를 쓸 수 있도록 남북한 공동의 제도적 장치를 마련해야 한다.

문화문법(3) 어벤져스와 복수자연맹

　매번 무거운 주제만 다룬 것 같아서 오늘은 가볍게 영화 얘기를 해 보기로 한다. 과거에 우리 어린 시절에는 한자를 많이 쓰는 사람이 참 부러웠다. 말할 때 <논어>나 <명심보감> 등을 인용하면 참으로 유식해 보이고, 감탄하게 만들었다. 그냥 한문을 많이 아는 사람이 부러웠고, 그것이 대학에서 한문 공부하게 된 계기 되었을지도 모른다. 어린 시절에 읽었던 <논어>의 구절 중에서 "내가 하기 싫은 것은 남에게도 시키지 말아라.(己所不欲 勿施於人)"라는 글을 보고 참으로 감탄하며 평생의 교훈으로 삼았다. 그때가 초등학교 5학년 무렵이었다. 남자만 4형제로 자란 필자는 셋째 아들이라 어머니가 아프실 때면 늘 설거지를 도맡아했다. 다른 형제들이 하기 싫어하는 것 같기도 했고, 실제로 필자도 하기 싫었다. 그럼에도 불구하고 공자가 한 말씀이기 때문에 지켜야 하는 것으로 알았다. 결혼하면 설거지 하지 않을 줄 알았는데, 그건 또 아니었다. 나머지는 상상에 맡긴다.
　그렇게 한자어공부를 하면서 자연스럽게 언어생활에 한자어를 많이 쓰고 있음을 알았다. 친구들과 이야기할 때도 "너 어디 사니?"라고 해도 될 것을 "너 거(居)하는 곳이 어디니?"라고 하는 자신으로 본 것은 태능중학교에 발령받아 학생들 앞에 서고 나서부터였다. 가르치고 싶은 것은 많고, 아이들은 못 알아듣는 것이 답답해서 퇴근 후 교단의 왕선배인 부친께 하소연을 하였다. 부친께서는 "얀마! 가서 만화영화나 봐."라고 한 마디 하셨다. 부모님 말씀을 잘 듣는 필자는 그날부터

일주일간 퇴근하면 만화영화만 보았다. 그리고 중학교 1학년 수업에 들어가니 대화가 통했다. 눈높이가 맞았던 것이다. <논어>의 한 구절보다는 아이들은 '똘똘이 스머프' 이야기가 훨씬 다가 왔던 것이다.

그렇게 한문(한자)이 우리말에서 지대한 역할을 하고 있을 때는 한자로 쓰는 것이 더 높고 훌륭해 보였다. '늙은이'보다는 '노인'이 고급스럽게 느꼈고, '계집애'보다는 '여자'가 듣기에 부드러웠다. '고맙습니다'보다는 '감사합니다'가 더 공손해 보이기도 했다. 아마 대부분의 대한민국 사람들은 그렇게 느끼고 있을 것이다. 순 우리말보다는 한자어가 조금 고급스러워 보이는 것은 오랜 세월 지나면서 길러진 문화적 사대주의 성향이다. 그러다 보니 외국어도 무분별하게 사용하는 것이 현실이다. 한국어로 써도 좋을 자리에 영어나 불어를 섞어 쓰면 자신이 지식인으로 보이는가 보다. 물론 우리말이 없어서 사용하는 외래어야 어쩔 수 없지만, 일반적인 대화에서도 지나치게 외국어를 사용하는 예가 많다. "좀더 디테일하게 설명해 볼까요?", "너 때문에 자꾸 일이 디레이 되고 있잖아.", "나 좀 엣지있지 않니?" 등과 같이 자연스럽게 영어나 일본어, 불어 등을 섞어서 사용한다.

필자가 5~6년 전부터 관심 있게 연구하는 분야가 '문화문법'이다. 문법의 범주에 문화를 적용해야 한다는 말이다. 즉 그 나라의 문화(민속을 포함한 문화)를 바로 알지 못하면 소통에 문제가 생긴다는 말이다. 우리나라 사람들은 '고무신 거꾸로 신다.'라는 말을 들으면 금방 무슨 뜻인지 알지만 외국인들은 전혀 알 수가 없다. 한국의 군대문화에 익숙하지 않기 때문이다. 요즘은 군대 간 제자들이 '워커를 바꿔 신는다.'고 한다. 입대 후에 애인을 정리하는 것을 말한다는 것쯤은 다 알고 있을 것이다. 그래서 문화를 문법에 적용하여 <한국어문화문법>

이라는 책도 냈다.

  중국어를 전공한 젊은 교수가 연구실에 와서 혼자 킥킥대고 웃는다. 왜 그러냐고 물었더니 "중국에서는 어벤져스를 '복수자연맹(復讐者聯盟)'라고 한다는군요." 그리고 나서 거기에 나오는 주인공을 죽 불러 주었다. '윈터솔져=동병(冬兵=겨울 병사)', '캡틴 아메리카 = 미국대장(米國隊長))', 아이언맨(鋼鐵俠(客)), 스파이더맨(蜘蛛俠(客)) 등등.

  내가 이상한 것인가, 사회가 변한 것인가? 예전에 한자로 듣는 것이 참으로 자연스러웠는데, 이번에 새삼 세월의 변화를 실감하였다. 복수자, 겨울병사, 미국대장이라고 하니 참으로 촌스럽지 않은가? 한국의 문화가 한자문화권에서 영어문화권으로 바뀌고 있는 것이 현실이다.

  제일 중요한 것은 우리의 문화를 먼저 알아야 외국의 문화를 제대로 접목할 수 있다는 말이다. 가장 한국적인 것이 가장 세계적인 것이다! K-POP, K-DRAMA 등이 모두 가장 한국적인 것임은 부인할 수 없다. 신난다. 한국어를 전공했으니 가장 세계적인 사람이 되었다.

문화문법(4) 비닐과 플라스틱

　계속해서 문화문법에 관련된 글을 쓰기로 했다. 문화문법이라는 용어도 생소하거니와 독자들도 궁금해 할 것 같아서 약간의 예를 들면서 살펴보기로 한다. 문화문법은 주로 한국어와 외국어와의 관계에서 기인하는 경우가 많다. 지난 주까지 남한의 언어와 북한의 언어를 비교해 보았다. 주로 생활언어를 통해 이질화되고 있는 현상을 검토하였다. 막상 현장에서 그들과 대화할 때 당황하는 것보다는 미리 알고 서로 대비하는 것이 좋을 것이다. 이러한 현실은 비단 남·북한의 언어에만 존재하는 것이 아니다. 남·북한은 언어가 동일함에도 불구하고 오랜 세월 분단되었던 관계로 인한 것과 문화어와 표준어의 차이에서 기인한 것으로 볼 수 있다.

　필자가 미국에 처음 갔을 때의 일이다. 흔한 비닐(vinyl)을 보고 '비닐'이라고 했는데 아무도 알아듣지 못했다. 그래서 목에 힘주고 다시 비닐하우스(vinyl house)할 때 '비닐'이라고 했더니 더 못 알아듣는 눈치였다. 이상하다. 비닐은 영어인데 왜 못 알아들을까 하여 여기저기 알아보았더니 미국인들은 '비닐'이라고 하지 않고 '플라스틱(plastic)'이라고 하였다. 속으로 "참 무식한 사람들이군. 비닐과 플라스틱도 구분할 줄 모르는구나." 하고 중얼거렸지만 그 누구도 나의 해박함(?)을 인정하지 않았다. 뿐만 아니다 자동차에 기름(oil)을 채우러 가야 하는데, 자꾸 '가스(gas)'를 넣어야 한다고 하였다. 속으로는 "이놈아 이 차는 가스(LPG)차가 아니고 휘발유차란 말이야." 하고 비웃었지만 결국은 그들의 말대로 가스(gasoline)을 넣었다. 우리가 사용하고 있는 영어가 얼마나 엉터리인지 현장에 가 보면 바로 알 수 있다. 우선 우리가 잘못 사용하고 있는 영어의 예를 몇 가지 들어보기로 하자. (※ ( ) 속에 있는 단어가 바른 영어임)) 우선 겨울이 되면 가장 많이 찾는 '바바리(버버리) 코트(trench coat, Burberry는 상표명임)', '비닐 하우스(Vinyl House => Green House)', 클랙슨(경적음, Horn, Klaxon은 회사의 상표명임), 츄리닝(sweat suit), 아이쇼핑(window shopping) 등 헤아릴 수 없을 만큼 많다. 이른바 성급한 일반화의 오류가 여기서도 적용된다. '버버리'나 '클랙슨'(흔히 클락숀이라고 발음한다.) 등은 상표명임에도 불구하고 그것이 그것들의 대명사처럼 쓰이게 되었다. 과거에 승합차를 일컬어 모두 '봉고차'라고 하던 시절이 있었다. '봉고'가 제일 먼저 나온 관계로 '승합차' 하면 봉고를 떠올리게 되고, 그것이 대명사처럼 정립된 것 같다. 그러다가 RV나 SUV 등의 차량이 많이 나오게 되면서 '봉고'의 신화는 역사 속으로 사라지고 말았다.

　우리는 이런 것들을 흔히 콩글리시라고 한다. 한국어도 아니고 영어도 아닌 국적 없는 단어들이다. 우리는 외래어를 자연스럽게 받아들이고 우리말화해서 사용한다. 그 중 대표적인 것이 핸드폰(영어로는 cellular phone)이다. 이제는 이 핸드폰이 '<옥스포드사전>'에도 등재되었으니 콩글리시의 위력이 대단하다 할 것이다. 헬스클럽도 마찬가지다. 미국에서는 주로 Fitness center(피트니스센터)라고 하는데 우리나라는 헬스클럽이라는 말을 많이 사용하였다. 지금은 그래도 많이 달라지고 있다. 헬스클럽은 전문운동선수를 양성하는 곳이라고 하는 것이 적당하다. 그곳에 가 보면 '런닝머신'이라는 것이 있다. 대부분의 사람들이 운동하러 가면 그 런닝머신 위에 올라가서 천천히 걷다가 속도를 내서 달리는 것을 볼 수 있다. 그러나 미국에서 'Running machine'

이라고 하면 '기계처럼 달리는 사람'을 말한다. 발음 또한 '런닝'보다는 '러닝'이라고 하는 것이 옳다. 국어사전에는 '러닝머신'이라고 하면 "회전하는 넓은 벨트로 된 바닥 위에서 걷거나 달릴 수 있도록 만들어진 운동기구"라고 되어 있지만 이것 또한 순수한 콩글리시임을 알아야 한다.

 이런 식으로 잘못 사용하고 있는 영어가 우리 주변에 얼마나 많은지 셀 수 없을 정도다. 이것이 단순하게 단어만 알고 그들의 문화를 알지 못하는 데서 오는 성급한 일반화의 오류 중 하나라고 할 수 있다. 영국인은 알아듣지도 못하는 영어를 한다면 무슨 의미가 있겠는가? 문장은 단어의 나열이 아니다. 언어는 생각의 그림이라고 예전에 얘기한 적이 있다. 결혼이주여성들은 대화는 잘 하지만 작문은 잘 못한다. 생각을 잘 표현하기 위해서는 단어의 연결도 중요하지만 문화의 이해를 통한 정확한 의미 전달이 중요하다.

문화문법(5) 미국 언제 들어가세요?

쓸데없이 말이 많은 것을 일컬어 '수다'라고 한다. 요즘 텔레비전 프로그램의 대다수가 수다로 가득 차 있다. 물론 건강에 관한 것도 있고, 삶에 관한 내용도 있고 다양하지만 막상 듣고 나면 무슨 말을 들었는지 기억이 나지 않고 그냥 웃고 넘어가는 경우도 많다. 며칠 전의 이야기다. 미국에서 활동하는 운동선수와 몇 명의 수다꾼들이 만나서 재미있게 대화를 나누고 있었다.

"미국에 언제 들어가세요?"
"다음 달 쯤에 들어가려고 해요."

이 대화를 들으면서 필자는 그 운동선수의 국적이 미국인 줄 알았다. 한참을 듣다 보니 한국국적이 분명했다. 그런데 왜 '미국에 들어간다.'고 표현했는지 모르겠다. 주로 미국에서 활동하고 있어서 그렇게 말한 것인 것 같기도 하지만, 대화를 먼저 이끌었던 사람도 "미국에 언제 들어가세요?"라고 물었으니 문제가 심각하다. 한국인이 미국에 가는 것은 '나가는 것'이지 절대로 '들어가는 것'이 아니다. 주객이 전도되었다는 말이 바로 이런 경우를 두고 하는 말이다. 한국인인데 왜 미국에 가는 것이 '들어가는 것'인가? 생각해 보니 친구들도 그렇게 표현하는 경우를 많이 보았다. 스스로 미국인이라고 생각하는 것인지, 아니면 주변인들이 그를 미국 국적을 가진 사람으로 인식하는 것인지 모르겠지만 많은 사람들이 미국에 가는 것을 '들어간다'고 표현하고 있었다. 하기야 반미운동을 하던 사람들도 자녀는 미국으로 유학 보내고 있는 세상이니 뭐라 할 말은 없지만 그래도 주관을 가지고 살아야 한다.

과거 뉴스에 나온 말이다. 무식이 지나치면 유식을 이기는 법이다. 예를 들어 보면서 잘못 표현하고 있는 말들을 알아보자. 모 대통령이 서울공항을 통해 미국으로 출국하는 중이었다. 기자가 나가서 그 상황을 전하는데 다음과 같이 표현하였다.

"ㄱ국무총리가 출국하는 ㄱ 대통령을 출영하기 위해 서울공항에 나갔다."

아무 생각 없이 들으면 다 맞는 것 같지만 실제로 단어의 의미를 따져 보면 전혀 말이 안 되는 것임을 알 수 있다. 왜냐하면 출영(出迎)이라는 말은 '나가서 맞이함, 맞이하러 나감'의 뜻이다. 지금 출국하는 대통령을 나가서 맞이하는 것이 말이 되지 않는다. 배웅하러 간 것인데, 마중나간 것으로 말을 하고 있으니 얼마나 무식한 일인가? 하기야 요즘의 젊은이들은 '마중'과 '배웅'의 의미도 잘 모른다. 마중은 '맞다'의 어간에 '웅'을 결합한 단어다. 그래서 배웅, 마중 등과 같은 단어를 파생명사라 한다. 맞웅으로 쓰지 않고 마중으로 쓰는 이유가 완전한 명사가 되었기 때문이다. 우리말에는 이런 것들이 많다. 막애>마개, 집 웅>지붕, 막암>마감 등이 파생명사로 그 "어원을 밝히어 적지 않는다."는 규정에 따라 발음나는 대로 쓴 것이다. 아마 한글로 쓰는 것보다는 한자로 쓰는 것이 멋스러워 보여서 출영(出迎)이라고 한 것인지는 모르지만 우리말도 배웅이라고 했으며 차라리 틀리지는 않았을 것이다.

북한이 남침한 것인지, 우리가 북침한 것인지 물어 보면 제대로 대답하는 학생들이 별로 없다. 북쪽에서 쳐들어 온 것이니 '북침'이 아니냐고 되묻는 아이들도 있다. 어휘교육은 어렸을 때 한자와 함께 가르치는 것이 효과적이다. 출국(出國)과 입국(入國)을 바르게 알았다면 "미국에 들어간다."는 표현은 쓰지 않았을 것이다. 특히 대중과 소통하는 사람들이라면 더욱 조심해서 말을 해야 한다. 웃고 즐기기만 하면 어휘가 혼란스러워진다. 학교 교육에서 단어의 의미를 바르게 가르치지 않으면 언어가 흐려지게 된다.

미꾸라지와 모래무지

 이번에도 독자의 청에 의하여 미꾸라지의 어원을 밝혀보기로 한다. 시골에서 어린 시절을 보낸 사람들은 누구나 미꾸라지의 추억을 간직하고 있을 것이다. 필자의 경우는 엄청나게 한이 많은 물고기가 미꾸라지다. 장마가 오고 나면 뜰채를 들고 개울에 나가서 형들과 함께 물고기를 잡곤 했다. 다른 친구들은 한 깡통 씩 잡아오는데, 우리 형제들은 늘 바닥에 깔릴 만큼밖에 못 잡았다. 그나마 아버지가 밧데리를 등에 지고 나가시면 장어를 잡는 쾌거를 즐기기도 하였다. 당시만 해도 마을 앞개울에 가면 장어도 있고, 붕어나 메기도 많았는데, 지금은 메말라서 볼 것이 없어져서 안타깝다.
 미꾸라지는 글자 그대로 미끌미끌해서 미꾸라지가 되었다. 미꾸라지는 원래 미꾸리라 하였다. 16세기에 나온 책에는 '믓그리'<훈몽자회>라 되어 있고, 17세기에 나온 책에는 '믓구리'<역어유해>라고 표기되어 있다. '믓그리'는 동사의 어간 '믓글~~'에 접미사 '~이'가 붙어서 명사가 된 것이다. 동사 '믓글~~'은 문헌에 나타나지 않으나, 형용사 '믓그럽~<두시언해>'은 이미 15세기 문헌에 나타나 있다.(조항범, 우리말 어원이야기)
 지금은 미꾸라지가 표준어가 되었지만 과거에는 미꾸리가 대중적인 언어였다. 즉 '믓그리'가 '믓구리'로 되었다가 '믜꾸리'<동의보감, (1613)>로 정착되었다. 이것이 지금의 '미꾸라지'로 변한 것은 19세기 접어들면서부터 시작되었다. '믓그라지'가 그것이다. '믓그라지>믓그라지>미끄라지'의 과정을 거치면서 현재의 '미꾸라지'가 되었다. 20세기 초까지만 해도 '미꾸리'가 주표제어였고, '미꾸라지'는 세력이 크지 않았다.(<조선어사전,(1938), 조항범 앞의 책)>

　필자의 어린 시절에도 거의 미꾸리라고 했던 것으로 기억한다. 그러던 것이 학교에서 '미꾸라지'가 표준어니 고쳐야 한다고 해서 그 시절에는 혼용해서 썼다. 친구끼리 있을 때는 '미꾸리'라 했고, 외국인(당시에 해외봉사단이 와 있었다)이 있으면 '미꾸라지'라고 했다. '미꾸라지'는 어간 '미끌~'에 접미사 '~~아지'를 붙인 것이다. 우리말에서 '~~아지'는 '작고 귀여운 것, 혹은 새끼'에 붙인다. 강아지, 망아지, 송아지 등에서 그 흔적을 볼 수 있다. 그러므로 '미끌아지 > 미꾸라지'로 변형된 것이다.

　다음으로 어린 시절에 많이 보고 즐겼던 물고기가 모래무지였다. 이놈은 맑은 물에서만 볼 수 있다. 어린 시절에는 하교 길에 목이 마르면 냇가에 엎드려 흐르는 물을 마시곤 했다. 엎드려 물을 마시다 보면 모래무지도 보이고, 재수 좋으면 돌 틈의 가재도 잡을 수 있었다.

　모래무지가 처음 나타난 것은 17세기 문헌이다. '모래무디'로 나타나 있다. 당연히 모래(沙)와 관련된 이름이다. 바닥이 모래로 된 곳에 살며 엄청 빠른 것으로 기억한다. 잡으려고 하면 바로 모래 속으로 들어가든지, 꼬리치고 도망가 버린다. 가끔은 모래 속에서 '푸'하고 모래를 뿜으면서 나오기도 한다. 아무튼 필자가 보기에는 모래 속에서 주로 서식하여 모래무지라고 한 것이 아닌가 한다. '모래'는 15세기 문헌에는 '몰애'라고 표기되어 있다. 그것에서 유추하여 본다면 '몰애묻이'가 원래의 어형이었던 것을 알 수 있다. 즉 '모래 속에 묻혀 사는 놈'이라는 뜻으로 '몰애(沙) 묻이(埋)'가 원형이다. '묻이'는 어간 '묻~'에 접미사 '~이'가 붙어서 '모래무디'로 완성된 단어다. 거기에 다시 구개음화현상이 일어나 '무래무지'로 완성된 것이라고 본다. 예를 들면 '굳이'의 발음이 '구지'가 되듯이 '묻이'의 발음은 '무디'가 아니고 '무지'라고 해야 자연스럽다.

　미꾸라지는 썩 좋지 않은 것에 비유할 때가 많다. "미꾸라지 한 마리가 온 우물을 흐려놓는다.", "미꾸라지가 용 됐다." 등과 같이 작고 미천한 것이나 바람직하지 못한 행동에 붙인다. 세상에는 미꾸라지 같은 사람이 많다. 영양보충하는 데는 최고일지 모르지만 우리말에는 좋지 않은 것에 비유할 때가 많으니 미꾸라지를 보고 행실을 바로 잡아야 한다.

미루나무와 한자어

 우리말을 연구하다 보면 어원에서 지나치게 멀어진 단어들이 많음에 새삼 놀라곤 한다. "서울에 사는 교양 있는 사람들이 두루 쓰는 말"을 표준어로 삼다 보니 서울 사는 교양 있는 사람들이 모두 틀리게 쓰더라도 표준어 규정에 의해 할 수 없이 그것을 표준어로 삼아야 한다. 때에 따라서는 잘못 발음하는 것이 있을 것인데, 사람들의 습관적인 발음을 그대로 표준어로 삼는 것에 문제가 있다는 의견이 있어 제시해 본다. 오늘 아침에 한양대학교에 퇴직하신 원로 선배께서 '괴팍, 각출' 등에 관해서 의견을 보내주셨다. 참으로 지당한 말씀이지만 현대 국어의 체계가 실용주의적으로 흘러가고 있어서 필자로서도 뭐라 할 말이 없었다.

 어원을 무시하고 발음 위주로 표준어를 삼은 예의 대표적인 경우가 바로 '미루나무'다. 원래는 미류(美柳)나무였다. 필자가 어릴 때에는 항상 '미류나무'라고 불렀다. 강가에 시원하게 늘어진 미루나무를 바라 볼 때면 바람이 불지 않아도 시원한 맛을 느낄 수 있다. 한강가에 군락으로 심어진 미루나무는 정말 장관이었다. 이 미루나무는 원래 토종이 아니다. 버드나무과의 낙엽·활엽 교목(喬木)으로서 까치들이 집을 많이 짓는다. 미국(미(美))에서 들여온 버드나무(류(柳))라고 해서 '미류(美柳)나무'라고 했던 것이다.(서정범, <새국어어원사전>) 그런데 현실에서 교양 있는 사람들이 모두 '미루나무'라고 하니까 그대로 굳어서 표준어가 되었다. 좋은 말로 하면 단모음화현상이라고 하겠지만 사실은 어원을 무시한 현실발음 중심의 표준어임은 두말할 필요가 없다.

  이와 같은 단어는 우리말에 무지하게 많다. 오래 전에 한 번 이야기했던 다홍(大紅 : 중국어 발음이 '따훙')색도 그렇고, 추운 겨울에 손에 끼는 토시(套袖-투수(덮을 투, 소매 수 : 소매 위에 덮는 것)도 그러하다. 한자어가 한글화되어 표준어로 굳은 것들이다. 지난 주에 기술한 '주책'도 '주착'이라는 한자어가 한글로 변할 때 '주책'으로 굳어버린 것이고, 장난도 작란(作亂)이 변한 것이다.

  '괴팍하다'는 말을 사전에서 찾아보면 "붙임성이 없이 까다롭고 별나다"라고 되어 있다. 이 말도 사실은 '괴퍅(乖愎)'에서 유래한 말이다. 필자가 학교에 다니던 시절까지만 해도 '괴퍅하다'고 했었다. 그러나 요즘은 '괴퍅'을 사전에서 찾아보면 "성미가 까다롭고 강퍅(剛愎)함"이라고 한자사전에는 나오지만 국어사전에는 "괴팍의 본디말"이라고 나타난다. 특히 국립국어원의 해설을 보면 "괴팍한 성격, 큰 병을 앓으며 괴팍한 성미가 심해졌다."처럼 씁니다. '붙임성이 없이 까다롭고 별나다'를 뜻하는 말은 '괴팍하다'입니다. 어원적으로 '괴퍅(乖愎)하다'이나, 표준어 규정 제 2절 제 10항의 모음이 단순화한 형태를 표준어로 삼는다는 조항에 따라 '퍅'이 '팍'으로 단순화된 '괴팍하다'만 표준어로 인정되었습니다. 다만 괴퍅(乖愎)하다의 한자어 퍅(愎)의 원음이 '강퍅할 퍅'임을 주의해 주세요."라고 되어 있다. 이렇게 현실음을 중심으로 한자의 원음를 배제하고 있음을 알 수 있다.

  '갹출(醵出)'이라는 단어도 있다. "같은 목적을 위하여 여러 사람이 돈을 나누어 냄"을 말한다. 거출(醵出)이라고도 발음한다. 영어로 하면 'donation, offering a share of mony' 등으로 표현할 수 있다. 그러나 언제부터인가 갹출(醵出)이라는 말로 바뀌었다. 원래 '각출'이라고 하면 '각각 나오다, 각각 내놓다' 등의 의미로 보기도 하지만 원래 우리가 표기하는 것은 갹출이 맞는 말이다. 그리고 '갹출하다'라고 사전을 찾아 보면 "1. 각각 나오다, 2. 각각 내놓다"로 나타나 있다. "같은 목적으로 얼마 씩 돈을 내 놓는 것"은 '갹출'이라고 표현해야 맞는데 한 번도 이렇게 발음하는 사람을 보지 못했다. 표준어 검사기에 '각출'을 넣고 돌려도 틀린 것이 없다고 나온다. 이미 각출이 일반화된 것이다.

언어가 지나치게 어원을 무시하고 현실 발음(단모음화) 위주로 가다 보면 후학들이 우리말을 이해하는데 어려움이 따를 것이다. 그러므로 학문적인 접근도 무시하지 말기를 지면을 통해 권고한다.

미싱과 마징가 제트

오늘 제목으로 사용한 단어들은 지금은 거의 사용하지 않는다. 하지만 나이가 지긋한 사람들은 그것이 무엇인지 금방 알고 있다. 하나는 재봉틀을 말하고, 또 하나는 유명한 만화영화 제목이다. 사실 어린 시절에 많이 사용했지만 그 의미도 잘 모르고 써 왔었다. 유명한 '노찾사'의 노래에서도 "미싱은 돌고 도네 돌아가네."라는 노랫말이 있을 정도로 미싱은 우리네 삶에서 아주 가까이 있었던 물건이고 늘 사용하던 단어였다. 특히 우리나라의 가발이 세계적으로 많이 팔리고, 우리나라의 경공업 섬유제품이 세계로 수출되던 시절에는 공순이라는 별로 좋지 않은 호칭을 듣던 우리네 선배들이 가발공장에서 미싱을 돌리면서 동생들을 가르쳤다. 그런 날들이 있었기에 대한민국의 지금이 있는 것임을 잊어서는 안 된다. 그들의 삶에서 미싱은 생활을 보장하는 생명선이었다.

미싱은 영어가 일본을 거쳐 우리나라에 오면서 이상하게 변한 단어의 대표라고 할 수 있다. 원래 서양에서는 'sewing machine'이었다. 즉 '꿰매는 기계'를 말하는 것이고, 우리말로 재봉틀이라고 했다. 재봉하는 기계가 어쩌다가 '재봉'이라는 단어는 빠지고 '틀'이라는 단어만 남아서 그렇게 되었는지 모르겠다. 앞에 수식하는 말은 다 빼 버리고 '틀'이 모든 것을 대신하게 되었으니 영어가 객지에 와서 정말 고생 많이 하는 격이다. 'machine'의 일본식 발음이 '미싱'이었다. 앞에 있는 중요한 수식어를 버리고 '기계'만 남아서 이상한 단어가 되었다. 이런 식으로 영어가 일본을 거쳐 오면서 우리말이 된 것은 종종 있다. '램프'도 우리나라에 와서 '남포'로 바뀌었다. 실제로 필자는 호롱불에서 남포와 전기를 모두 겪은 세대다. 아주 어린 시절에는 시골의 외딴집에서 호롱불을 켜고 살았다. 그러다가 남포가 처음 들어 왔고, 그 밝음에 너무 좋아서 심지를 돋우고 줄이고 하는 재미있는 놀이를 즐겼고, 호야(남포의 불을 보호하는 역할을 하는 유리)의 그을음을 닦는 것이 그렇게 즐거울 수가 없었다. 그러다가 마을로 이사를 했고, 한참 후 전기가 들어와 5촉짜리 전깃불을 켰는데, 이건 대낮이 따로 없었다. 그 밝던 남포불이 그렇게 초라해 질 수가 있었는지 놀라울 따름이었다. 그 당시도 남포가 영어의 'lamp'에서 유래한 것인 줄을 모르고 단지 어른들이 남포라고 하니까 그냥 아무 생각 없이 그대로 불러왔다.

또 하나 만화영화로 어린이들에게 무지하게 인기가 많았던 작품이 '마징가 제트'였다. 아마도 50대 독자들이면 "마징가, 쇠돌이, 마징가~~~젵" 하는 주제가가 귀에 들리고 있을 것이다. 필자가 만화영화를 별로 즐기지 않아서 처음 중학교에 발령받아서 아이들과 소통하기 어려울 때 교직에서 40년 이상 보내신 선친께서 "가서 만화영화나 봐!"라고 하셨던 기억이 지금도 생생하다. 만화영화를 보고 나서야 아이들과 제대로 소통할 수 있었으니 선친의 원 포인트 레슨(요즘 말로 하면 눈높이 교육이었다.)이 정말 소중했음을 기억한다. 그 때는 개구쟁이 스머프를 매일 보았던 기억이 난다. 아무튼 <마징가 제트>라는 만화영화의 뜻을 제대로 알고 있는 독자가 얼마나 될까 궁금하다. 나중에야 알게 되었지만 영어로 'Machiner Z'를 일컫는 말이었다. 역시 일본을 통해서 들어오다 보니 완전히 일본식 발음으로 이상하게 변질되어 우리나라 어린이들에게 가감 없이 전해진 것이다. 우리말로 하면 '기계인간 Z'라고 할 수 있겠지만 그래도 로봇에게는 영어식 표현이

더 어울렸던 모양이다. 그렇다면 '머쉬너 지'라고 했으면 안 되는 것이 었는지 묻고 싶다. 일본인들이 부르는 말을 그대로 우리말에 적용하다 보니 '마징가 제트'가 되었는데, 아무도 이에 대해 따지는 사람이 없었다. 방송의 힘은 위대하다. 그래서 언론을 제 삼의 권력이라고 부른다. 요즘은 "한 시간 빠른 뉴스"라는 말이 없어졌다. 당시에는 많이 듣던 것인데, 학자들이 잘못된 표현이라고 주장하면서 빠지게 된 것이다. 그래서 대중적인 인기가 있는 작품의 제목을 선정할 때는 신중해야 한다. 국적 없는 단어들이 너무나 많다.

바람(風)과 바람(壁)과 바람

　노래 중에 "그대 이름은 바람, 바람, 바람"이라는 가사가 있다. 오늘은 '바람' 얘기나 해 볼까 한다. 흔히 동음이의어(同音異議語)라고 한다. 글자는 같은데 뜻이 전혀 다른 말을 일컫는다. 학교에서 수업시간에 어휘 게임을 하면서 동서남북의 순우리말이 무엇인지 맞추기를 하면 거의 맞추는 사람이 없다. 또한 벽(壁)의 순 우리말이 무엇인지 물어보면 역시 아는 학생이 없다. 그런데 '내로남불'의 뜻을 아느냐고 물으면 틀리는 사람이 없다. 그러면 '바람피다'가 맞는지, '바람피우다'가 맞는지 물으면 또 의견이 분분하다. 우리말은 이렇게 동음이의어가 많다. 한자의 영향도 있지만 우리말의 표현 방법이 다양함을 말해주는 좋은 예이기도 하다. 일단 시작했으니 우리말 동서남북부터 시작해 보자.

　동풍을 우리말로 '샛바람'이라고 한다. 동쪽에 뜨는 새벽별도 '샛별'이라고 한다. 향가의 한 구절에 '새벌 밝은 달 아래'라고 하는 구절이 있는데 여기서 '새벌(서라벌)'이 동쪽 벌판을 말한다. 이런 단어들을 통해 우리는 동(東)의 순우리말이 '새'라는 것을 유추할 있다. 이어서 서풍은 '하늬바람(갈바람)', 남풍은 '마파람', 북풍은 '된바람'이라고 한다. 그러니 '갈마바람'이라고 하면 '남서풍'이라는 것을 쉽게 알 수 있다. 된하늬바람은 '서북풍'이다. 이는 주로 뱃사람들이 사용하던 용어지만 우리말을 그대로 보여주는 좋은 예가 된다.

그러니 서쪽은 '하늬(갈)', 남쪽은 '마(앞바람도 마파람이라고 한다. 주로 남쪽을 바라보고 있기 때문이다.)', 북쪽은 '되'라고 한다. 우리가 흔히 중국사람을 '떼놈'이라고 부르는데, 이것은 잘못이다. '되놈'이라고 해야 한다. 일사후퇴 때 중국에서 떼로 몰려왔다고 해서 떼놈이라고 한다는 민간어원설이 존재하는데, 그것이 아니고 북쪽에서 온 사람이라고 해서 '되놈'이라고 했는데 발음이 강해져서 '떼놈'이라고 이르게 된 것이다. 과거에 '놈'은 사람을 가리키는 보통명사였다. 훈민정음에 "말을 제대로 하지 못하는 놈이 많구나."라는 구절이 있는데, 여기서 '놈'은 보통사람을 일컫는 말이다. 그래서 북풍은 순우리말로 '된바람'이고 북쪽에서 온 사람은 '되놈'이다.

이 바람(풍(風))을 막아주는 벽도 우리말로 '바람(ᄇᆞ룸)'이다. 그런데 사람들에게 벽의 우리말이 무엇인지 물어보면 이상한 대답만 한다. 그러다가 '베람빡'이라고 하면 대충 눈치를 챈다. 경상도나 함경도에서는 '벨빡, 베루빡'이라고 하고, 연변의 조선족들은 '바람벽'이라고 한다. 이것은 '바람 壁'을 붙여서 발음한 것에 불과하다. "역전앞에서 만나자."고 할 때 전(前)과 '앞'을 동시에 쓴 것과 같다. 그러므로 '바람'이라고 하면 되는데 벽(壁)을 같이 발음한 것이고, 이것이 다시 변하여 '바람벽>베람박> 베루빡'과 같이 굳어져 마치 순우리말처럼 들리게 되었다. 그러니 벽의 순우리말은 '바람'이라는 것을 쉽게 알 수 있다. 그러나 이제 이 '바람'은 사어(死語)가 되어가고 있다. 일부지방의 방언으로만 존재할 따름이다. 원래 여기서 '발암(바람)'이라고 할 때 '발'은 '흙'의 뜻이다. 과거에는 주로 벽을 흙으로 만들었기 때문이다. 위에서 말한 '벌'(벌판), 그리고 '밭(田)'과 같은 어원을 지니고 있다.

끝으로 요즘 유행하는 '바람'이 있다. 누구나 알고 있는 "내가 하면 로맨스요, 남이 하면 불륜"이라고 하는 그 '바람'이다. 이 바람은 '피는 것'인가 '피우는 것'인가? 독자들도 잠깐 헷갈릴 것이다. "꽃이 피다"라는 문장과 "꽃을 피우다"라는 문장을 비교하면 쉽다. 이 문장들을 비교해서 "꽃을 피다"라고 하면 어딘가 자연스럽지 못한 것을 알 수 있다. 즉 '(꽃이)피다'라는 단어는 목적어를 취하면 이상하게 보인다. 그러나 "소란을 피우다"라는 문장을 보면 자연스러움을 느낄 수 있다. 이런 것을 자동사와 타동사라고 한다. 목적어를 필요로 하는 동사가 타동사이다. 그러므로 로맨스든 불륜이든 간에 '바람 피는 것'이 아니라 '바람을 피우는 것'이다.(손진호, <지금 우리말글>)

세상의 모든 일은 시각에 따라 달라질 수 있는 것이다. 올바른 세계관을 갖는 것이 중요하다.

바램과 바리바리

　요즘은 트로트(trot : 우리나라 대중가요의 하나. 정형화된 리듬에 일본 엔카에서 들어온 음계를 사용하여 구성지고 애상적인 느낌을 준다. 보통 전통가요라고 하지만 우리나라의 전통가요는 시나위라는 것이 있다.) 열풍으로 필자도 나름대로 운전할 때 지루하지 않은 시간을 보낸다. 온 나라가 트로트 열풍에 빠져 있다. 필자가 즐겨 듣는 노래 중의 하나가 임영웅이 부르는 '바램'이라는 곡이다. 멜로디도 좋지만 가사가 정말 가슴에 와 닿는 것이 많다. "(전략) 평생 바쁘게 살아 왔으니 다리도 아픕니다. ~~지친 나를 안아 주면서 사랑한다, 정말 사랑한다는 그 말 해준다면 나는 사막을 걷는다 해도 꽃길이라 생각할 겁니다."라고 하는 구절에서는 가슴이 아려오기도 한다. 시를 평하자는 것이 아니라 여기서는 아쉬운 것을 말하고자 하는 것이다. 이 노래의 제목은 두루 아는 것처럼 <바램>이다. 이 노래를 부른 가수는 <만남>이라는 노래에서도 "우리 만남은 우연이 아니야 그것은 우리의 바램이었어."라고 하면서 청자들의 심금을 울리고 있다. 그렇지만 여기에 나오는 '바램'이라는 단어 역시 비표준어다. 왜냐하면 우리말에는 '명사형어미'라는 것이 있다. 동사나 형용사를 명사로 만들 때는 'ㅁ'을 붙이면 된다. 그래서 '삶', '감', '옴' 등과 같이 명사로 만들어 사용한다. 그렇다면 '바라다'의 명사형은 '바람'이라고 해야 한다. 그런데 노래마다 '바램'이라고 하고 있으니 이 노래를 듣는 이마다 모두 '바램'이 '바라다'의 명사형인 줄 착각하지 않을까 우려한다. 실제로 초등학교 시험문제에서 "다음 중 가구가 아닌 것은?"이라는 문제에서 많은 학생들이 '침대'를 답으로 했다는 슬픈 일이 있었다. TV광고에서 "침대는 가구가 아닙니다."라고 하니 아이들은 정말로 침대는 가구가 아닌 줄 알았던 것이다. 이 노래만 들은 사람들은 모두 '바램'이 표준어인줄 알고 있을 것이라 걱정이 된다. 그렇다고 '바램'이라는 단어가 아주 없는 것은 아니다. 우리말에 '바래다'라는 단어가 있다. 사전을 통해서 보면 "1. 볕이나 습기를 받아 색이 변하다. 2. 볕을 쬐거나 약물을 써서 빛깔을 희게 하다. 3. 가는 사람을 일정한 곳까지 배웅하거나 바라보다. 4. '바라다'의 잘못"이라고 나타나 있다. 그러므로 '바램'의 뜻을 사전적으로 풀어보자면 "볕을 쬐거나 습기를 받아 색이 변함"이라고 해야 한다. 이는 그 노래를 부른 가수가 원하는 것이 아님은 자명하다. 이 노래가 계속 유명세를 탄다면 '바램'이 비표준어에서 표준어로 등재될 수도 있으나 아직은 '바람'이라고 하는 것이 어법에 맞다.

한편 '바리바리'는 일본어로 알고 있는 사람들이 많다. 사전에는 '짐을 잔뜩 꾸려 놓은 모양'이라고 나타나 있다. 원래는 '마소의 등에 잔뜩 실은 짐'이라는 뜻이었다. '곡식바리', '양식바리'처럼 명사로 쓰이기도 하고, '나무 한 바리', '달구지 세 바리'처럼 단위명사로 쓰이기도 한다.(장진환, <신문 속의 언어지식>) 그러므로 '바리바리'는 '한 바리 두 바리' 하는 말이 겹쳐서 표현된 것으로 '운반해야 할 (혹은 운반할) 짐이 엄청나게 많음'을 나타내는 말이다. 일본어로 바리바리(ぱりぱり)는 "1. 시원시원하게 씹는 소리, 2. 의복 따위가 매우 새로운 모양, 3. 위세 좋은 모습" 등을 말한다. 혹은 "1. 북북, 2. 종이나 딱딱한 것을 찢거나 긁을 때 나는 소리, 3. 오도독오도독, 4. 단단한 물건을 깨물었을 때 나는 소리, 5. 척척 등을 이르는 말이다. 그러니 우리말 바리바리를 일본어로 착각하면 안 된다.

또 한 가지 우리말에서 '바리'는 사람을 나타내기도 한다. 이에 관해서는 과거에 한 번 서술한 적이 있으므로 간단하게 예만 들고 마무리하려 한다. 우리말에서 군바리, 악바리, 쪽바리, 혹부리, 꽃비리(사춘기의 남녀) 등에 붙어 있는 '바리', '부리', '비리' 등은 모두 '바리'에서 유래한 말로 사람이라는 의미를 지닌 접사다. 제주 방어에서 냉바리(과부), 비바리(처녀)라고 하는 말도 같은 어원을 가지고 있다.

대중적인 노래는 권력과 같은 힘이 있다. 대중가요에서 잘못된 어휘를 사용하면 모든 이들이 오류에 빠지게 된다. 그러므로 노랫말을 지을 때는 가능하면 어법에 맞는 표현을 해야 한다. "~~그것은 우리의 바람이었어."라고 하면 이상한가?

문화문법(6) 바톤 터치와 파이팅

지난 주에 이어 객지에 나와서 고생하는 영어 얘기를 해 보자. 미국에 사는 조카가 집에 머문 적이 있다. 필자도 영어로 대화가 가능하고 조카도 한국어를 배우고 싶어 해서 필자는 영어로 말하고 조카는 한국어로 말하는 기현상이 벌어졌다. 초등학생이라 한국어 습득하는 것이 상당히 빨랐다. 시골에서 삽질을 하는데 조카가 재미있어 보였던 모양이다. 자기도 해 보고 싶다고 하길래 "그럼 바톤 터치할까?" 했더니 고개를 흔들면서 알아들을 수 없다는 눈치였다. 틀림없이 영어로 'BATON'인데 모르다니 이상했다. 혀를 좀 굴려서 '배통~' 했는데도 못 알아 들었다. 초등학생이라 그런가보다 하고 그냥 한국말로 "바톤 터치!" 하면서 삽자루를 넘겨준 적이 있다. 무식하면 용감하다는 것이 맞다. 영어 단어만 이어주면 되는 줄 알았지 '바톤 터치'가 콩글리시라는 것을 나중에야 알았다. 영어에서 "baton pass."라고 하는 것이 바른 표현이었다. 그러니 '터치'하는 것과 '패스' 하는 것의 차이를 한국인들이 무시했던 까닭이다. 그럼에도 불구하고 조카는 미국에 가기 전까지 나하고 임무교대할 일이 있으면 '바톤 터치' 하고 달려왔다. 완전히 한국식 영어에 적응될 무렵에 미국으로 갔으니 거기에 가서 엉터리 영어로 시달리지 않았을지 모르겠다.

조카가 운동을 하거나 일을 할 때 힘들어 보이면 힘내라며 '파이팅!'을 외치곤 한다. 역시 처음에는 무슨 말인가 못 알아듣는 눈치였다. 틀림없이 영어로 'Fihgting!'이라고 했는데 왜 못 알아들을까 이상했다.

하기야 한국에는 'F'발음이 없으니까 이 아이가 헤매는 것이 당연하겠지 해서 역시 혀를 굴리면서 미국식 발음으로 '화이팅!' 비슷하게 했는데도 불구하고 여전히 '뭔 소리여?' 하는 눈치였다. 이상한 일이다. 미국아이한테 영어로 하는데 그 흔한 '파이팅'도 못 알아들었다. 필자는 미국의 교육이 도대체 얼마나 형편없는 것인가 하고 혀를 차면서 계속 '파이팅'을 외쳐댔고, 조카는 미국에 가기 직전에는 한국인처럼 힘들 때면 '파이팅'을 외쳤다. 사실 미국에서는 경기장에서 'Fighting'이라는 말을 전혀 쓰지 않는다. 우리말로 '아자, 아자!'라는 표현을 미국식으로 하면 "Go for it!"이다. "You can do it! Go for it!" 등을 많이 쓰고, 그들이 제일 흔하게 쓰는 말로는 "Go, go, go!" 등이다.

영어깨나 한다는 사람들도 한국에 오면 똑같이 'Fighting!'를 외쳐댄다. 이 단어는 형용사로 주로 '싸우는/ 호전적인/ 전투의/ 투지 있는/ 교전중의/ 전쟁의'라는 의미를 담고 있다. 그러므로 뒤에 명사가 이어져야 제대로 문장이 형성되는 것인데, 우리는 그저 '파이팅'만 외쳐대고 있다. 미국식으로 번역한다면 "싸우는, 싸우는~~"이라고 해야 할 것이다. 그러니 미국인들이 한국에 와서 무슨 말이지 모르고(아마 그들은 이 말이 "힘내라!"라는 의미의 한국어인 줄 알고 썼을 것이다) 한국인처럼 '파이팅'을 외쳐댄다. 참으로 재미있는 일이다. 'fighting men(투사, 전투원)', 'fighting cock(싸움닭, 투계, 호전적인 사람)', 'a fighting field(싸움터)', 'fighting force[units](전투부대)' 등과 같이 명사 앞에서 수식해 주는 역할을 하는 것인데, 그것만을 가지고 감탄사로 쓰고 있으니 우리는 참으로 융통성이 있는 민족이다. 좋게 표현하면 융통성이지만 나쁜 말로 표현하면 '무식해서 용감한 민족(?)'이라고 할 수도 있다.

그럼에도 불구하고 이에 해당하는 적절한 표현이 없으니 그냥 '파이팅'이라고 할 수 밖에 없는 모양이다. 국립국어원에서는 '아자, 아자!'

라고 하기를 권유하고 있지만 의미에 있어서 이미 콩글리시로 굳어버린 '파이팅'을 감당할 수가 없다. 중국어로는 '짜요(加油 – 기름 부어!)'라고 하지만 이것도 '파이팅'에 적절하지는 않다고 본다. 요즘은 인터넷에 '홧팅, 빠이팅, 퐈이팅' 등의 용어가 범람하고 있다. 한 때의 유행으로 지나갈 것인지 이것이 태권도 용어처럼 세계화가 될 수 있을 것인지 자못 궁금하다. 우리의 콩글리시 '핸드폰(hand phone)'이 이미 옥스퍼드 사전이 실려 있으니, 저력 있는 우리 민족의 '파이팅'도 곧 그 사전에 오를 수 있을 가능성이 있다.

  아무리 그렇다 할지라도 가능하면 모든 이가 알아들을 수 있는 공용어(public language)를 살려서 쓰는 것이 좋지 않을까 한다.

'반드시'와 '반듯이'

요즘 갑자기 필자의 인기(?)가 하늘로 치솟고 있다. 어느 정당의 대표가 "무운을 빈다."고 한 것이 화제가 되어 젊은이들이 무슨 뜻인지 몰라 사전을 찾았다는 말도 들었다. 무운(武運 : 1. 무인으로서의 운, 2. 싸움에서 이기고 지는 운수)이라는 단어를 처음 본 사람이 많았던 모양이다. 무운(無運 : 운이 없음?)으로 해석한 젊은이들이 많았던 모양이다. 오래전부터 필자는 한자어(한문) 공부를 병행해야 한다고 주장해 왔다. 우리말 명사의 80%가 한자어인데 무시할 수가 없는 까닭이다. 사실 대부분의 국민들도 순우리말은 더 모르는 것이 현실이다.

이번에는 '반드시(必)'와 '반듯이(直)'를 가지고 말이 많다. 모 대통령 후보가 쓴 글에서 논란이 시작된 모양이다. 진작에 이렇게 열심히 공부했으면 얼마나 좋았을까 하고 혼자 웃어 본다. 선거철만 되면 말꼬리 잡고 늘어지는 사람들 참으로 많다. 앞뒤 다 잘라버리고 몇 개의 단어만 콕 집어내서 끝까지 물고 늘어지는 습성이 있다. 과거에 선거에 출마했던 필자도 그런 경험이 있다. 국정교과서에 관한 문제였는데, 앞뒤 다 자르고 성명까지 내면서 필자를 곤혹스럽게 했고, 결국 필자는 고배를 마셨다. 선거판은 참으로 무섭다. 평소에 가족 같던 사람들이 순간적으로 돌아서는 것이 다반사였다. 산을 봐야 하는데 숲속의 나물만 바라보는 사람들이 많아서 안타까울 따름이다.

'반드시'는 "틀림없이 꼭"이라는 말이다. 예문으로는

> 향기나는 미끼 아래는 반드시 죽은 고기가 있다.
> 덕은 외롭지 않고 반드시 이웃이 있다.(德不孤必有隣)

와 같이 쓸 수 있다.

　많은 사람들이 '반듯이'는 틀린 말이라고 생각하고 있는 모양인데, 그렇지 않다. "1. 모습이나 생김새가 비뚤어지거나 기울지 않아 반반하고 훤히 2. 마음씨나 언행이 공손하고 바르게 3. 격식이나 조건 등을 빠진 것 없이 잘 갖추고 있어 훌륭하게"라는 뜻을 지닌 부사이다. 그러므로 문장을 살펴 그 의미를 찾아보면 오류가 있는지 없는지 알 수 있을 것이다. 예문을 보자.

> 배영(背泳)은 위를 향하여 반듯이 누워 양팔을 번갈아 돌려 물을 밀치면서 두 발로 물장구를 치는 수영법이다.
> 자세를 교정하려면 척추를 반듯이 펴고 앉아야 한다.

와 같다. 그러므로 "고개를 반듯하게 들어라"는 문장은 "고개를 반듯이 들어라"로 바꿔 쓸 수 있다. "5월 정신 반듯이 세우겠다."라고 하는 말로 인구에 회자 된 말인데, 여기서 '반듯이'라고 하면 '반듯하게, 똑바로' 혹은 '기울어지지 않게'의 의미로 볼 수 있다. 그렇다면 문법적으로 아무런 문제가 없다. 생각하는 사람에 따라 다르겠지만 아마도 "5월 정신을 틀림없이 꼭 세우겠다."의 의미로 해석하고자 하는 사람들이 많은 것 같다. 우리말은 중의적인 것도 많지만 이와 같이 표기 자체가 다른 것이 있으니 표기대로 해석하는 것이 맞다. 굳이 글쓴이의 의도를 달리 분석할 필요는 없다고 본다.

　우리말은 끝까지 들어 봐야 한다는 말이 있다. 가장 중요한 서술어를 맨 뒤에 두기 때문이다. 그러다 보니 중간에 있는 수식어는 크게 관

심이 없었다. 이번에 이런 문제로 인해 많은 사람들이 한국어에 관심을 갖게 된 것은 고무적인 일이나 나무만 보고 숲은 보지 못할까 하는 아쉬움이 있다. 앞으로 한국어에 관한 토론이 더욱 많이 있기를 기대한다.

저기요 있잖아요

우리말에는 발어사라는 것이 있다. 사실 우리말에만 있는 것은 아니고 일본어에도 있다. 필자가 고등학교에 재학하던 시절에 OO 선생님께서 훈시를 하실 때마다 "마! 시방부터……" 이렇게 시작하는 분이 계셨다. 학생들은 "와! ~~" 하고 웃었지만 선생님께서는 꿋꿋하게 훈시를 마무리하시곤 했다. 말을 할 때 말머리에 시작하기 어색하니까 "에 ~~또.", "마~~" 이렇게 시작하는 것이 발어사인데 위에 언급한 것들은 모두 일본에서 유래한 것이다.

외국에서 산업연수생으로 입국한 사람들의 말 중에 "사장님은 항상 말씀하실 때, 야 이 C8놈아! 하고 시작해요."라고 하는 것을 들었다. 실제로 우리 학교 한국어학과에서는 해마다 11월 첫째 주 수요일이면 외국인 한국어말하기대회를 개최했었는데, 그때 외국인 근로자가 한 말이다. 더 슬픈 것은 그 근로자는 "야 이 C8 놈아!" 하는 것이 발어사인 줄 알았다는 것이다. 한국인들은 모두 말을 시작할 때 그렇게 시작하는 줄 알았다고 하니 슬픈 일이 아닐 수 없다.

요즘 젊은이들은 말을 시작할 때 꼭 "저기요! 있잖아요." 하고 시작한다. 한두 명이 그런다면 웃고 넘어가겠는데, 거의 모든 젊은이들이 이렇게 하고 있다. 처음에는 여학생들의 애교 섞인 말투려니 했는데 그것이 아니었다. 그러면 필자는 다시 묻는다. "있긴 뭐가 있는데?"라고 하면 아이들은 멈칫거리며 다음 할 말을 잊는다. 어른한테 "저기요!" 이렇게 시작하는 것도 바람직하지 않은데, 거기에 "있잖아요."는 왜 붙이는 것일까?

 과거에는 '무릇', '대저' 등과 같은 단어를 사용하였다. 한문에도 "**凡物不得平則鳴**(범물부득평즉명 : 무릇 만물이 평정을 얻지 못하면 우는 것이다.)", "**夫天地者 萬物之逆旅**(부천지자 만물지역여 : 대저 천지라는 것은 만물의 잠시 머물다 가는 여관이다.)"와 같이 '범(凡), 부(夫)' 등의 단어를 사용하여 문장을 시작하는 경우도 많았다. 그러니까 발어사 자체가 나쁜 것은 아니나 제대로 된 어휘를 사용하지 못하고 있는 행태가 좋지 않다는 말이다. 그리고 어른들이나 문장을 쓰는 경우에는 발어사를 써도 무방하지만 어른들과의 대화에서 발어사를 사용하는 것은 바람직하지 않다고 본다. 물론 학생들과 토론을 하다 보면 많은 학생들이 발표 차례가 되었을 때 갑자기 생각이 나지 않으니까 시간을 벌려는 목적으로 "음~~~"이나 "에~~~" 등의 발어사를 사용하는 것을 볼 수 있다. 그러나 이러한 어사는 한두 번에 그쳐야지 말끝마다 이런 어사를 붙이면 자신이 없어 보인다. 강한 의지를 표현하고자 할 때는 발어사를 자제해야 한다. 그리고 간결한 문체로 명확하게 표현해야 한다. 문장이 지나치게 길어지면 주어와 서술어가 맞지 않고 횡설수설하게 된다. 원래 횡설수설이라는 말은 이색(목은)이 정몽주(포은)의 시를 평할 때 썼던 말이다. 횡설수설이 무비적당(橫說竪說 無非適當 : 가로 세로 하는 말이 적당하지 않은 것이 없다.)이라고 해서 바르게 잘 표현한 것을 일컫는 말이었는데, 지금은 "조리가 없이 말을 이러쿵 저러쿵 지껄이는 것"을 말한다. 원래는 좋은 의도로 말했던 것인데, 현대에 와서 의미가 많이 바뀐 것이 바로 횡설수설이다. 이와 같이 문장이 지나치게 길어지면 무슨 말을 하는지 알아들을 수 없는 상황이 된다. 그러므로 말을 처음 시작할 때는 발어사를 쓰는 것도 그리 나쁘지는 않지만 문장을 이어갈 때마다 발어사를 연발하는 것은 정말로 좋지 않은 습관이다.

예전에 필자는 언어는 마음의 그림이라고 한 적이 있다. 말을 통해서 그 사람의 됨됨이를 파악한다. 그러므로 한국인이라면 한국인의 의식구조에 맞는 어휘를 사용해야 하며 지나친 외래어의 사용이나, 앞뒤 없는 말, 의미 없는 발어사의 남발은 지양하는 것이 좋다. 젊은 시절에 언어를 바르게 하는 습관은 평생 존경받을 수 있는 언어행위를 약속한다. 입으로 나온다고 해서 다 말이 되는 것은 아니다. 문법에 맞고 논리 정연한 말을 하는 습관을 갖도록 노력하자.

배상(賠償)과 보상(補償)

한국어를 강의하다 보면 한자어 때문에 애를 먹을 때도 많다. 요즘은 유학생들도 어느 정도 한국어를 익히고 나면 한자어를 배우고 싶어 한다. 한자어를 익히면 한국어 어휘능력이 향상하기 때문이다. 아주 오래 전(1998년)에 중부대학교에서 영어를 가르치던 호주인 교수에게 한국어를 가르친 적이 있다. 그는 한국어를 곧잘 했는데, 자꾸 욕심을 부려 나중에는 한자어까지 가르쳐 달라고 하였다. 그분 덕분에 외국인(원어민 교수 포함) 교수들에게 한자어 교육을 한 적이 있는데, 초보자와 함께 교육하는 시간이어서 조금 힘든 점도 있었지만 한자어를 익힌 그는 엄청 빠른 속도로 한국어를 구사하는 능력이 신장되었던 것을 기억한다.

어제 오늘에 일어난 일은 아니지만 많은 사람들이 배상(賠償)과 보상(補償)의 의미를 헷갈리는 것 같다. 일제에 배상을 요구해야 하는 것인지, 보상을 요구해야 하는 것인지 언론조차도 구별하지 못할 때가 있다. 필자는 국제법이나 헌법을 전공한 학자가 아니기 때문에 식민지배로 인한 배상청구가 가능한 것인지도 잘 모르겠다. 알제리나 인도 등이 식민지배를 받았는데, 그 나라들도 프랑스나 영국으로부터 배상이나 보상을 받았는지 궁금하기도 하다. 그런 의미에서 오늘은 배상과 보상의 정확한 뜻을 분석해 보기로 한다.

우선 배상(賠償)이라는 단어를 먼저 보기로 하자. 배상을 사전에서 찾으면 두 개의 단어가 나온다. 하나는 배상(拜上)으로 "절하며 올린다의 뜻으로 예스러운 편지글에서 사연을 다 쓴 뒤에 자기 이름 다음에 쓰는 말"이라고 된 것이 있다. 필자도 자주 쓰는 말이다. 그 다음으로 나오는 것이 오늘 공부할 배상(賠償)이다. "남의 권리를 침해한 사람이 그 손해를 물어주는 일"이라고 나타나 있다. 그렇다면 손해를 본 것에 대한 보답(?)의 성격이 있어야 배상이라고 할 수 있다. 일제 강점기로 인해 많은 손해를 보았으니까 배상을 요구할 수도 있을 것 같다. 그런데 구체적으로 그 손해를 어떻게 산정해야 하는지 모르겠다. 요즘 위안부문제로 세상이 시끄러운데, 이것을 배상해야 한다고 하면 어떤 손해를 보았는지 먼저 밝혀야 할 것 같은 느낌이 든다. 참으로 어려운 문제다. 법을 전공하지 않기를 잘 한 것 같다.

다음으로 보상(補償)이라는 단어를 보자. 한글로 '보상'을 찾으면 세 가지 정도가 나온다. 그 중 제일 위에 있는 것이 오늘 공부할 보상(補償)이다. 우선 사전적 의미를 살피면 "1. 남에게 끼친 손해를 갚음, 2. 국가 또는 단체가 적법한 행위에 의하여 국민이나 주민에게 가한 재산상의 손실을 갚아주기 위하여 제공하는 대상(代償). 3. 신체적으로나 정신적으로 열등함을 의식할 때, 다른 측면의 일을 잘 해냄으로써 그것을 보충하려는 마음의 작용"이라고 되어 있다. 필자가 사는 세종시에서는 2번을 주로 사용한 것이고, 일반적으로는 1번을 말하는 것이다. '남에게 끼친 손해를 갚는 것'이라고 했는데, 그렇다면 일제가 가한 피해를 찾아서 손해 본 정도를 계산해야 한다. 과연 그것을 보상 받을 수 있을 것인가는 의문이다. 그렇다면 보상이라고 이야기하기는 참으로 어려울 것 같다.

일단 배상(賠償)은 '손해를 물어주는 것'에 방점을 찍어야 하고, 보상(補償)은 '보충하거나 채워주는 것'으로 이해해야 한다. 토지보상을 생각하면 아주 쉽게 이해할 수 있다. 도로를 내거나 공장부지로 수용할 경우 '돈으로 보상하거나, 다른 곳의 토지로 갚아주는 경우'가 있다. 이것을 보상이라고 한다. 그렇다면 배상은 불법적인 것에 대한 손해를 갚아주는 것이라는 의미가 강함을 알 수 있다. 물론 일제가 우리나라를 불법적으로 강점하였으니 법적으로는 배상이라고 하는 것이 옳겠다. 다만 이에 대한 국제적인 배상의 사례가 있는가 하는 것은 필자의 논의의 대상은 아니므로 넘어가기로 한다.

    법을 위반한 사실이 있으면 배상하는 것이 옳고, 정부가 도시를 건설하기 위해서 토지를 수용하면 보상하는 것이 맞다.

배웅과 마중

오늘은 독자의 권유로 '배웅'과 '마중'에 관해 서술해 보고자 한다. 의미상 서로 맞서는 단어임에도 불구하고 많은 사람들이 혼동해서 쓰고 있다. 예전에 어느 TV뉴스에서도 이러한 오류가 나왔다. 오래 전 일이지만 그 때를 되새겨 본다.

"오늘은 미국으로 출국하시는 000대통령을 000국무총리가 서울공항으로 출영(出迎)나갔습니다."

라고 하였다. 자막에도 분명히 '출영(出迎)'이라고 떴다. '출영(出迎)'이라는 말은 '나가서 맞이함'이라는 뜻이고, 동사로 쓰면 '출영하다'라고 하며 '나가서 맞이하다'라고 뜻풀이한다. 지금 출국하는 사람인데 '맞이하러 것'이 말이 되는가? 이럴 때는 배웅이라고 해야 함에도 불구하고 좀 안다고(?) 한자로 쓴 것이 오류를 만들고 말았다. 지나친 현학은 오히려 독이 되는 경우라고 하겠다.

배웅과 마중은 뜻이 서로 상대적인 단어임에도 불구하고 위의 경우처럼 잘못 쓰는 경우를 볼 수 있다. 대부분의 경우는 '배웅'이라고 써야 할 때 '마중'이라고 쓰는 사람들이 많다. '배웅'은 '떠나가는 손님을 일정한 곳까지 따라 나가서 작별하여 보내는 일'을 말한다. 예를 들면 "삼촌은 친구 배웅하러 외출하셨다."과 같이 쓸 수 있고, 또 "인천공항에서 친구를 배웅하고 돌아왔다." 혹은 "주인 여인이 뒤꼍에서 달려와

사립문 밖까지 정중하게 배웅을 했다."< 출처 : 황순원, 일월>[출처: 표준국어대사전] 등과 같다.

'배웅'은 '바래다'(바+래 = 배)가 '배'로 바뀌고 '웅'이란 접사가 붙어 만들어졌는데, 하나의 단어로 굳어져 합성어 표시를 하지 않고 있다는 것이다. '웅'이라는 접사는 '집웅 => 지붕', '맞웅 => 마중'과 같은 단어에서 볼 수 있다. 하지만 지붕과 배웅에서는 의미의 접점을 찾기가 어려워 현대어에 와서는 그 파생력을 잃었다고 본다. 그러므로 사전에 등재된 방식을 보면 '배-웅'이 아니라 '배웅'이라고 등재되어 있다. 그럼에도 불구하고 '배웅'은 '배+-웅'으로 '맞+-웅'처럼 어원상으로는 어근 '배'+접사 '-웅'으로 분석할 수 있다.

계속해서 '마중'이라는 단어를 살펴보자. '마중'은 '오는 사람을 나가서 맞이함'이라고 되어 있고, 동사로는 '마중하다'로 '오는 사람을 나가서 맞이하다'라고 풀이되어 있다. '마중' 또한 '맞+웅 = 마중'으로 굳어진 것이지만 배웅과 마찬가지로 이미 굳어진 상태로 인정하여 '맞-웅'이라고 하지 않고 '마중'이라고 등재하였다. 용례를 살펴보면 "상륙하려고 갑판에 줄지어 섰을 때 보니 부두에는 마중 나온 것 같은 사람의 그림자는 한 사람도 보이지 않았다."< 장용학, 위사가 보이는 풍경>와 같이 쓸 수 있다. ('배웅'과 '마중, 지붕'의 '-웅'의 존재를 밝히지 않는 것과 관련하여서는, 어근에 '-이', '-음' 이외의 모음으로 시작된 접미사가 붙어서 된 말은 어근의 원형을 밝히어 적지 아니한다고 규정하고 있는 '한글 맞춤법' 제4장 형태에 관한 것, 제3절, 제19항 붙임, 제20항 붙임 규정을 참고하면 된다.) 어원은 '맞이하다'에서 유래한 것이 분명하지만 이미 굳어진 것으로 어형을 밝혀서 적지 않은 것으로 보아야 한다.

우리말 배웅이나 마중은 한자로 표기하면 약간의 미묘한 의미의 차이를 발견하게 된다. 출영(出迎)과 마중, 그리고 배웅과 전송(餞送)을 보면, 전송(餞送)은 '떠나는 사람을 전별하여 보냄'이라고 되어 있는데, 보통 전송할 때는 터미널이나 역까지 함께 가 주는 것(?)의 느낌이 강하고 배웅은 '집 앞에서 해도 무방(?)'한 감이 있다. 다른 면에서 본다면 한자로 쓰면 격식적인 문체의 느낌이 강하고 우리말로 배웅이라고 했을 때는 격식에서 벗어난 편한 느낌을 준다.

오랜 세월을 거쳐 오면서 우리말(한글)은 한자어의 세력에 밀려나게 되었다. 한자어를 쓰면 고급스러운 느낌을 준다고나 할까? 지난 번에 쓴 것처럼 노인과 늙은이, 여자와 계집, '감사합니다'와 '고맙습니다', 전송과 배웅, 출영과 마중 등등을 살펴보면 우리의 언어생활에 반성할 것이 참으로 많다.

언어는 사회성이 강하다. 언중이 사용했을 때 비로소 단어로서 자격을 인정받는다.(비행기 => 날틀, 라디오 => 소리통 등을 통해 언중의 힘을 알 수 있다.)

우리는 단어에 사회적 의미를 부여할 막중한 임무를 지닌 사람들이다. 좋은 말을 바르게 살려 쓸 수 있도록 힘을 보태야 한다.

백수(白手)와 백수(白壽)

오늘은 오랜만에 한자어 공부나 해 볼까 한다. 이름하여 백수 이야기이다. 실제로 필자는 살면서 하루도 백수생활을 해 보지 못했다. 남들이 들으면 기분 나쁜 소리일지도 모른다. 아니면 시대를 잘 타고 난 것이라고 할 수도 있다. 어린 시절에는 지독히도 가난하게 살았고, 청년 시절에는 먹고 살 방법이 공부하는 것밖에 없다는 것을 깨닫고 대학에 진학했으며, 졸업과 동시에 순위고사(지금은 임용고시라고 한다.)에 합격해서 태능중학교 교사를 시작으로 지금 대학에서 한국어를 가르치기까지 근 40년을 교직에만 있었다. 이젠 조금 쉬고 싶을 때도 되었지만 막상 퇴직이 얼마 남지 않으니 조금 두렵기도 하다. 농사지으면서 살고 싶은 심정도 있고, 외국에 가서 한국어 가르치면서 살고 싶은 마음도 있다. 무엇인가는 하면서 살아야겠지. 백수생활하기는 싫다. 그래서 오늘은 백수 이야기나 해 보려고 한다.

백수라는 말은 여러 개가 있다. 오늘은 그 중에서 두 가지만 생각해 보련다. 우선 제일 먼저 생각나는 것은 역시 백수건달에서 비롯된 '백수(白手)'가 아닐까 한다. 왜 하필이면 '하얀 손'이라고 했을까? 여기서 파생된 것이 요즘 젊은이들이 말하는 'WH(White Hand ← 하얀 손 ← 백수(白手))'이다. 처음에는 무슨 말인가 했다. 젊은 친구들을 만나서 "자네 요즘 뭐 하는가?" 하고 물었더니 "WH입니다."라고 말하길래, 무슨 WH그룹이 있는 줄 알았다. 젊은이들의 재치가 드러난 말이지만 뭔가 가슴을 때린다. 얼마나 취업하기 힘들면 스스로 그렇게 표현하는지 슬프기만 하다. '백수'를 사전에서 찾아보자. "1. 아무 것도 끼거나 감지 않은 손, 2. 돈 한 푼 없이 빈둥거리며 놀고 먹는 건달"이라고 나와 있다. 누구는 놀고 싶어서 그러고 있겠는가? 사전적 정의라지만 젊은이들에게 상처를 주는 말은 아닌가 한다. 여기서 '백(白)'은 '아무 것도 없다'는 뜻이다. '건달'은 예전에 한 번 말한 바와 같이 불교에서 말하는 풍류의 신이다. 음악으로 중생들을 제도하여 부처님께로 인도하는 역할을 담당하고 있는데, 조선시대 불교를 천시하면서부터 건달이 '무위도식하면서 빈둥거리는 게으른 사람'으로 인식되었다. 향가에는 건달파라는 이름으로 등장한다. 사람들은 '일을 하도 안 해서 손이 하얗게 된 사람'이라는 의미로 백수라고 하는 줄 알고 있는데, 사실은 아무 것도 가진 것이 없는 사람에서 파생하여 '일이 없는 사람'으로 바뀐 것이다. 청년백수가 없는 사회는 진정 요원한 것인가 안타깝다. 어렵게 살던 사회를 살아온 사람으로서 제발 캥거루족(부모님에 의지하여 사는 젊은이를 말하는 신조어)이 없어지기를 기원해 본다.

 다음으로 또 다른 백수(白壽)를 살펴보기로 하자. 한자어는 다양한 의미가 있어 새로운 단어를 만들기에 적당하다. 하지만 이번에 소개하는 백수는 조금 다르다. 우리가 흔히 나이를 말할 때 쓰는 용어인데, 참으로 유머와 위트가 있는 단어다. 사람의 나이 '99세'를 일컬을 때 '백수(白壽)'라고 한다. 이에 대해서도 많은 질문을 통해 답을 하기는 했지만, 오늘은 문장으로 설명해 보고자 한다. 100세를 한자로 쓰면 '백세(百歲)'라고 한다. 너무 뻔한 얘기 같지만 동음이의어를 사용해서 100년을 살고자 하는 욕망을 담아 백(百)에서 일(一)을 뺀 글자(백(白))으로 '99'를 대신한 것이다. 그러니 백 살 같은 아흔 아홉 살이 된다. 흔히 아흔 살을 한자로는 '졸수(卒壽)'라고 한다. 처음에 졸수라는 말을 들으면 조금 놀란다. '졸(卒)' 자가 '졸병'이라는 의미로 주로 쓰지만 '마친다(죽는다)'는 의미로도 쓰기 때문이다. 우리가 흔히 "운명하셨습니다."라는 표현 대신 '졸(卒)하다'라는 표현도 쓰기 때문이다. 그러면 왜 90세를 '졸수(卒壽)'라고 했을까? 이것은 의미보다는 초서에서 유래했기 때문이다. 한자로 흘려 쓰는 글자체를 초서라고 한다. 행서는 정자로 쓰기 때문에 알아보기 쉬운데, 초서는 흘림체라 필자도 모르는 글자가 많다. 卒을 초서로 쓰면 '九+十=九十'처럼 보인다. 같은 발상으로 77세를 희수(喜壽)라고 하는데, 이것도 희(喜) 자를 초서로 쓰면 '칠칠(七七)'이 되기 때문이다. 그러니까 의미와는 전혀 관계없이 글자의 모양에 따라 나이를 지칭하게 된 것이다.

 백수(白手)로 백수(白壽)를 살면 얼마나 힘들 것인가? 이젠 청년들에게 희망을 주었으면 좋겠다. 그런 면에서 본다면 한국어는 참으로 무한한 발전 가능성이 있다. 아직 한국어를 배우고자 하는 세계의 청년들이 많기 때문이다. 한국어를 공부하면 백수(白手)를 면할 가능성이 있답니다.

백악관과 청와대

　사람들과 이야기를 나누다 보면 알면서 농담으로 하는 것인지, 진짜 몰라서 그러는 것인지 헷갈릴 때가 있다. 몇 년 전에 지인이 카카오 톡으로 문자를 보냈는데, 청와대를 계속해서 청화대라고 쓰고 있었다. 처음에는 장난이려니 했는데, 계속 같은 문자를 보내는 것을 보고는 정말로 그렇게 알고 있구나 하는 확신을 가졌다. 모 대학에서 강의를 하던 분인데 조금 지나친 것 같아서 뭐라고 고쳐주고 싶었지만 나이도 많고 자칫 오해할까 무서워(?) 그냥 내버려 뒀다. 그런데 얼마 후 여러 사람이 보는 방(단체톡방)에서 결정적인 실수를 하고 말았다. 췌장을 최장이라고 쓴 것이다. 필자는 크게 후회를 했다. 그때그때 수정해 줬어야 하는데 그렇게 하지 못한 것이 안타깝기만 했다. 왜 청와대라고고 하는지 기본을 모르기 때문에 생긴 실수다. 청와대(靑瓦臺)는 글자 그대로 푸른 기와지붕으로 만든 집(누대)이라는 뜻이다. 서울 경복궁 뒤 북악산 기슭에 있는 우리나라 대통령 관저를 일컫는 말이다. 조선 시대에는 경복궁의 일부로 연무장, 과거장이었다고 한다. 1948년 정부수립 후 대통령 관저로 사용하면서 '경무대'로 부르다가, 4·19혁명 이후 민주당 정권이 들어서면서 '청와대'로 이름을 바꾸었다.(<표준국어대사전> 재인용) 그러니까 푸른 기와집이라는 단순한 말인데 무슨 의미가 있는 것인 양 '청화대'라고 하는 것은 단순한 실수라기보다도 무식의 결과라고 할 수밖에 없다.

이에 비견하는 말로 미국의 백악관을 들 수 있다. 영어로는 단순하게 'White House'라고 한다. 그냥 '흰색 집'이다. 그것이 오늘날 미국의 대통령이 살고 있는 고유명사가 된 것이다. 백악관(白堊館)이란 흰 白, 회칠할(희게 칠하다) 堊, 관청 館을 쓴다. 그러니까 '흰색으로 칠한 관청'이라는 뜻이다. 1812년부터 1814년까지 '영미전쟁'이 벌어졌다. 영국의 선전포고로 시작된 전쟁이었는데, 독립한 지 31년밖에 되지 않는 상태에서 미국이 영국을 상대하기는 버거웠다. 1814년 영국군은 파죽지세로 수도 워싱턴으로 입성했는데, 그중 200여 명의 영국군이 미국 대통령 관저에 난입하여 불을 질렀다.(장진한, <신문 속 언어지식>) 이 사건을 계기로 미국의 대통령 관저를 대대적으로 보수하기 시작했고, 그 때 외벽을 하얗게 칠했다. 그런 연유로 해서 미국에서는 이 건물을 'White House'라고 부르기 시작했다. 그런 면에서 본다면 대통령궁으로서의 의미보다는 집의 색깔이 작명하는데 결정적인 역할을 하고 있음을 알 수 있다. 중국의 자금성(紫禁城)과 비교한다면 작명의 기준이 크게 다름을 볼 수 있다. 우리나라나 미국은 집의 색깔을 가지고 이름을 지은 것이고 중국은 황제가 거하는 곳으로 하여 기본 색상을 자주색으로 했음을 볼 수 있다. 자주색은 '황제나 신선의 거주하는 곳의 색'이라고 알려져 있다. 그래서 황금색 옷이나 자주색 옷은 아무나 입는 것이 아니다. 특히 자주색은 황제나 신선(혹은 도인)을 의미하는 색이기 때문에 일반인들이 칠할 수는 없다. 그래서 중국의 고사에 보면 신선이 사는 자미궁(紫微宮)도 자주색으로 된 궁전이고, 우리나라의 신화에도 김알지가 탄생할 때 자주색 알로 태어났으며, 박혁거세가 탄생할 때도 자주색 구름이 드리워져 있었다. 그런 의미에서 동양에서는 자주색이 임금을 상징하는 색으로 사용되었는데, 미국에서는 흰색으로 순백의 순결함을 나타내고 있는 것으로 보인다.

우리나라는 지붕의 색으로 대통령궁(?)을 이름지었고, 미국은 흰색 칠을 한 외양으로 이름을 지었다. 중국에서 황제의 상징색으로 자주색을 쓴 것과는 비교가 된다. 지금 시진핑 씨가 살고 있는 곳이 자주색인지는 모르겠으나 색깔로 신분을 표하던 시절이 있었는데, 지금은 별 의미 없이 사용하는 것 같다. 무지개 색을 연구하여 박사학위를 받은 제자가 있다. 이제는 색깔의 의미를 연구하여 생활에 적용하는 것도 필요한 시대인 것 같다.

애, 밸, 막창 등이 뭐여?

　이순신(1545~1598) 장군의 시조에 "한산섬 달 밝은 밤에 수루에 혼자 앉아 / 큰 칼 옆에 차고 깊은 시름하는 차에 / 어디서 일성호가는 남의 애를 끊나니"<청구영언>라는 것이 있다. 참으로 우국충절과 기개가 넘치는 시다. 이순신 장군의 기개와 전장에 들리는 피리소리(一聲胡笳)가 사뭇 가슴을 여미게 한다. 종장에 유난히 우국의 정이 묻어난다. 여기서 많은 독자들이 '애'가 무엇인지 궁금할 것이다. 흔히 '애가 탄다', '애간장이 녹는다', '애를 썩인다' 등의 표현이 그것이다. 여기서 '애'라고 하는 것은 '창자'를 순우리말이다. 창자를 끊는 것 같은 아픔이 전해진다는 뜻이다. '애를 끊는 것 같은 아픔'이 있으니 우국의 충심이 이보다 강할 수는 없다. 얼마 전의 칼럼에서 필자는 '양'에 대해서 논급한 적이 있다. 밥을 먹을 때 "양이 작아서 많이 못 먹는다."고 해야 맞지 "양이 적어요."라고 하면 틀린 문장이라고 했다. 제자들과 식당에 가면 필자는 종종 "양껏 먹어."라고 한다. 여기서 양은 '위장'이라는 우리말이다. 각자 위장(밥통)의 크기만큼 먹으라는 말이다.
　흔히 하는 말 중에 '밸(배알)이 꼴리다'는 표현도 많이 쓰는 표현 중의 하나다. 북한에서는 '소의 작은창자'를 곱밸이라고 하고 우리 남한에서는 곱창이라고 한다. 여기서 '밸'도 창자를 의미한다. 사전을 찾아 보면 '배알이 꼴리다 =비위에 거슬려 아니꼽다.'라고 나타나 있다. 하지만 배알은 비장이나 위장을 일컫는 말이 아니고 창자를 지칭하는 말임을 잊지 말아야 한다. 창자가 꼴리고 뒤틀린다는 말이다. 이는 다시

'환장(換腸)하겠네'라는 말로도 쓰인다. 환장은 장(창자)이 뒤집힌다는 뜻이다. 서로 다른 듯 하면서 비슷한 용어인데 요즘은 조금 다른 의미로 쓰인다. '곱밸'이라는 말은 북한에서 사용하는 말로 '곱이 붙은 배알'을 말한다. 흔히 곱창이라고 한다. 여기서 곱은 지방덩어리를 의미한다. 구불구불해서 곱창이 아니고 곱이 많이 붙어 있는 작은 창자다. 곱창을 보면 지방덩어리가 많이 붙어 있는 것을 볼 수 있다. 이것을 곱이라고 한다. 이물질이 굳어서 된 덩어리를 곱이라고 한다. 눈곱(눈에서 나오는 진득진득한 액 혹은 그것이 말라붙은 것), 발곱(발톱 밑에 붙어 있는 때), 손곱(손톱 밑에 끼어 있는 때), 손꼽장난(소꿉놀이를 하며 노는 장난의 경기 방언) 등에 그 흔적이 남아 있다. 이를 통해서 보면 곱밸은 곱이 많이 붙어 있는 창자라는 뜻이고, 우리나라의 곱창과 같은 말이라는 것을 알 수 있다. 사전적으로 보면 배알이 꼴리는 것과 비위가 상하는 것이 비슷한 의미로 사용되고 있지만 사실상 배알은 작은 창자이고, 비위는 비장과 위장을 말하는 것이니 속뜻은 다르다고 보아야 한다. 우리말은 이와 같이 오장육부에 비유한 것이 많다. '담력이 좋다. 쓸개빠진 놈' 등과 같은 말도 결국은 쓸개가 용기와 관련이 있다는 말일게다. '담력(膽力)'을 쓸개의 힘이라고 번역하는 사람은 없다. '겁이 없고 용감한 기운'이라고 풀어야 제 맛이 난다. 아마도 한방에 쓸개에 배짱과 관련된 역할을 하는 기운이 있는 모양이다. '쓸개 빠진 놈'도 '정신을 차리지 못하고 줏대 없는 사람을 낮잡아 일컫는 말'이다. '하는 짓이 줏대가 없고 온당하지 못한 사람을 비난하는 말'이다. 요즘 쓸개 제거 수술한 사람이 많은데 걱정이다.

 오늘은 창자 이야기로 시작했으니 계속해서 장기이야기로 진행해 보고자 한다. '부아가 난다(노엽거나 분한 마음)'는 말에서 '부아'는 허파를 가리키는 순우리말이다. 화가 나면 사람들은 화를 참으려고 숨을 한껏 들이마신다. 그래서 허파가 커지는 것이다. '싹이 난다, 풀이 난다'할 때 '난다'는 말은 커진다는 뜻이다. 화(火)가 나면 화를 참으려고 숨을 크게 들이켜야 한다. 그것이 부아가 나는 것이다. 막창은 또 어디를 일컫는 말일까? 역시 사전에 의하면 소나 양 같이 되새김질하는 동물의 네 번째 위를 속되게 이르는 말로 양, 벌집위, 천엽에 이어 맨 마지막 위를 주로 고기로 이를 때 쓰는 말로 홍창이라고 한다. 결국 막창도 양고기(소의 위장)와 비슷한 부위인데, 제일 끝에 있는 네 번째 밥통의 고기인 것이다. 흔히 막창이라고 하면 제일 끝에 있는 창자를 생각하여 항문 부위로 착각하는 사람들이 많은데 전혀 그렇지 않다.

　순수한 우리말이 자꾸 변질되고 있음이 안타깝다. 언어는 성장하고 소멸하는 것이지만 그래도 그 의미를 바로 알고 사용하는 민족이 되어야 한다.

번째와 째번

요즘 계속 해서 우리말 중에서 틀리기 쉬운 것이나 헷갈리는 말을 정리해서 카카오톡으로 보낸다. 그랬더니 요즘은 띄어쓰기나 발음에 관해서도 올려달라고 하는 주문이 온다. 그래서 틈이 나는 대로 쓰기는 하지만 일관성이 없어서 칼럼에는 틀리기 쉬운 우리말을 올리기로 했다. 우리가 흔히 하는 말 중에 무의식적으로 잘못 사용하는 것들이 많다. '다르다'와 '틀리다'도 그 중의 하나다. 공부를 많이 한 사람도 "나는 생각이 틀려."라고 하는 것을 보았다. '틀리다'는 말은 '맞지 않는다.'는 뜻이니 자신이 그르다는 의미를 지니고 있다. "나는 생각이 달라."라고 해야 한다. 이에 관해서는 이미 기술했기에 간단하게 여기서 마무리 하고 이어서 아주 많은 사람들이 헷갈리는 '번째'와 '째번'에 관해서 살펴보기로 한다.

우리는 흔히

"아브라함 링컨은 미국의 열여섯 번째 대통령이다."

라고 말한다. 이렇게 말해도 그 누구 하나 이상하다고 생각하는 사람이 없다. 그러면 문장을 바꿔서 생각해 보자.

"나는 베트남에 열여섯 번째 다녀왔어."

라고 하면 나는 베트남에 몇 번 간 것인가? 눈치 빠른 독자라면 금방 알아차렸을 것이다. 나는 계속해서 베트남에 열여섯 번 다녀온 것이다. 그렇다면 다시 미국 대통령으로 넘어가 보자. 아브라함 링컨이 대통령을 열여섯 번 한 것이 맞는 문장인가? 미국의 16대 대통령임은 분명하지만 첫 번째 대통령은 워싱턴이고, 중간에 루즈벨트 대통령도 있었고, 지금은 45대 트럼프 대통령이 있다. 그러니까 링컨은 16대 대통령이지 열여섯 번 대통령을 한 것은 아니라는 말이다.

이와 같이 '번째'는 '일의 차례나 등급, 횟수 따위를 세는 단위를 나타내는 말'이다. "최태호는 세 번째 출마했어."라고 하면 세 번 출마했다는 말이다. 그런데 가끔 투표일이 되면 "최태호가 세 번째 등록하였다."라고 하는 것을 본다. 그것은 아마도 '여러 후보자들 가운데 셋째'로 등록했다는 말을 것이다. 즉 교육감에 세 번 출마한 것은 맞지만, 후보등록 할 때 세 번째로 등록한 것은 틀린 말이다. 셋째로 - 즉 세째번으로- 등록했다는 말을 그리 표현한 것이다. 그러므로 차례를 말할 때는 '째번'이라고 해야 한다.

필자는 자주 학생들과 토론하면서 수업을 한다. 주로 이름을 부르지만 대형 강의실에서는 이름을 다 기억할 수가 없어서 앉은 좌석 순으로 부를 때가 있다. 그럴 때면

"저기 앞에서 셋째 자리(번)에 앉은 친구가 발표해 보세요."

라고 한다. 이 말은 셋째 좌석에 앉은 학생이라는 말과 같다. 그래서 요즘은 '째번'이라는 단어는 사라지고 첫째, 둘째, 셋째와 같이 '째'라는 글자 속에 들어가 버렸다. 그래서 '-째'를 사전에서 찾아보면 "1. 수사 또는 수량을 나타내는 명사나 관형사의 뒤에 붙어, 차례나 등급의 뜻을 더하는 말, 2. 기간을 나타내는 명사나 명사구의 뒤에 붙어, '계속

되는 동안'의 뜻을 더하는 말, 3. 일부 명사의 뒤에 붙어, '그대로' 또는 '전부'의 뜻을 더하는 말"로 나타나 있다. 지금은 '째번'이라는 말이 사라지고 없지만 '번째'와는 확연히 구분되던 말이다. 좋은 우리말이 무분별하게 쓰다 보니 사라졌다. 이것이 언어의 역사성이다. 생성, 성장, 소멸하는 것이 언어다. '번째'는 횟수를 나타내고, '째번'은 차례를 나타내는 말이었다.

 좋은 우리말은 다시 살려 쓰는 것도 하나의 방법이다. '김치'의 옛말인 '딤체'가 요즘은 냉장고의 이름으로 되었지만 그래도 우리 옛말이라 정감이 있어 좋지 않은가?

벙어리와 농인(聾人)

신문에

"장애인차별금지추진연대, 전국장애인차별철폐연대 등 8개 단체는 9일 서울 영등포구 자유한국당 당사 앞에서 기자회견을 열고 "'**벙어리**'라는 표현은 언어 장애인을 비하하는 표현"이라며 "이런 표현을 사용하는 것은 장애인차별금지법에 따른 차별 행위이며 법률 위반행위"라고 주장했다. 단체는 이어 "**농인**이라는 단어가 있음에도 황 대표가 벙어리라는 표현을 쓴 것은 농인을 무시한 것"이라며 사과를 요구했다."

는 글이 실려 있다. 황교안 자유한국당 대표가 "문재인 대통령이 북한 미사일 도발에는 벙어리가 돼버렸다"고 발언한 것과 관련하여 성명을 내고 사과를 요구한 것이다. 우리는 모두 한국어를 잘 알고 있는 것처럼 생각하지만 실제로 활용하는 것을 보면 오류가 많음을 위의 기사를 통해 알 수 있다. 아마 기자들도 장애인단체들이 써 준 것을 그대로 편집하지 않았나 생각한다. 잘못 사용된 언어가 있다면 고쳐서 발표하는 것이 대중을 상대하는 기자들의 의무다. 왜냐하면 사람들은 활자화된 것은 그대로 믿는 경향이 있기 때문이다.

우선 벙어리는 한자로 농아(聾啞人)라고 해야 한다. 위의 표현에 '농인이라는 단어가 있음에도 불구하고'라고 하였는데, 농인(聾人)은 '귀머거리(청각에 장애가 있어 듣지 못하는 사람)'를 말한다. 황교안 대표는 '말을 하지 못하는 사람'을 이야기했는데 어쩌자고 한자로 '귀 먹은 사람'으로 때리고 있는지 모르겠다. 물론 귀먹은 사람은 말도 못한다고 하여 농인(聾人)과 아인(啞人)을 구분하지 않고 쓰기도 하지만 한자로 쓸 때는 정확하게 구분이 있다. '말을 하지 못하는 사람'은 '아인(啞人)'이고 '듣지 못하는 사람'은 '농인(聾人)'이라고 한다. 이 두 글자를 합하여 '농아(聾啞)'라고 하는데, 많은 사람들이 '농아(聾兒)'와 구분하지 못하고 있다. 즉 '농아(聾兒)'는 '귀 먹은 아이'를 말하는 것이고, '농아(聾啞)'는 '귀가 먹고 말을 못하는 사람'을 가리키는 말이다.

'벙어리'라는 말은 "언어장애인(선천적이거나 후천적인 요인으로 청각이나 발음기관에 탈이 생기거나, 처음부터 말을 배우지 못하여 말을 할 수 없는 사람)을 이르는 말"이다. 우리 고어에는 '버우다(벙어리가 되다)', '버워리 아니 다외며(석보상절 19:6)' 등으로 남아 있다.<서정범, 새국어어원사전> 여기서 '어리'는 사람을 일컫는 말이다. 예컨대 '귀머거리(귀먹어리), 벙어리, 더두어리(말더듬이)' 등이다. '버우다(벙어리가 되다, 법화경 2:168)'의 어근 '버우'와 '어리'가 합하여 '버우어리'가 되었다가 '벙어리'로 정착한 것이다. '귀머거리'도 '귀먹어리'에서 변형된 것이다.

필자는 가끔 학생들에게 '귀 먹다'의 높임말이 무엇이냐고 질문을 한다. 아마 독자들도 잠시 생각해 보아야 할 것이다. 바로 답이 나오는 경우는 보지 못했다. 왜냐하면 많은 사람들이 '귀 잡수시다'라고 답을 하기 때문이다. 아마 대부분의 독자들은 그렇게 생각하고 있었을 것이다. 사실은 '귀 먹다'의 어원은 '귀가 막히다(막힐 색(塞))'에서 유래한 것이기 때문에 '먹다'의 높임 표현으로 활용하면 안 된다. '귀가 막히셨어요'의 표현으로 '귀 먹으셨어요'라고 해야 한다.

그런데 우리말에서 농아인이라는 표현은 자주 들을 수 있는데, 아인이라는 말은 잘 사용하지 않는다. 위에서 보는 바와 같이 농인이라는

단어로 변형되어 독자들을 어지럽히고 있다. 와전된 것이다. 한자교육을 시키지 않은 교육의 잘못이 가장 크고, 다음으로 그것을 확인하지 않고 보도하는 언론인들의 자세도 잘못되었다.

우리는 같은 말이라도 한자로 쓰면 더 높게 생각하는 경향이 있다. '늙은이와 노인(老人)', '계집과 여자(女子)', '벙어리와 농인'(聾人 : 사실은 아인(啞人)인데 위의 신문에 그렇게 썼기 때문에 사용한다.), '감사합니다'와 '고맙습니다' 등을 보면 한자와 한글의 차이인데도 불구하고 한자로 된 단어가 고급스러워 보인다. 실제로 사전에도 '벙어리'는 '언어장애인을 낮잡아 이르는 말'이라고 되어 있다. 이미 우리 민족은 문화적 사대주의에 젖어 있다.

한글의 우수성을 말로만 하지 말고, 실제로 한글이 '낮잡아 이르는 말'이 아닌 시대가 되어야 진정 문화적으로 독립한 나라라고 할 것이다. 숲만 보고 산맥을 보지 못하는 우민이 되어서는 안 된다. 문장을 제대로 읽고 분석하는 혜안이 필요하다.

뵈요와 봬요, 되요와 돼요

오늘을 살아가는 사람들이 가장 많이 틀리고 헷갈리는 것이 오늘 제목에 나와 있는 단어일 것이다. 우리 학생들뿐만 아니라 어른들을 포함한 내국인들이 거의 대부분이 틀리는 말이다.

교슈님! 낼 뵈여!

라고 표현하는 것이 오늘날의 젊은이들의 표현법이다. 사실 이것을 크게 나무랄 수는 없다. 요즘의 표기 자체가 SNS로 인해서 축약되고, 혀 짧은 소리로 쓰고, 자음만 쓰는 등의 어형이 난무하다 보니 학생들이 "교슈님! 낼 뵈여!" 한다고 어떻게 나무랄 수가 있나? 그렇게 말하면 필자는 아이들과 똑같이 "웅! 구랴. 낼 보자요."라고 SNS에 답하기도 한다. 아이들과 소통하려면 아이들의 용어를 쓰는 것이 필요하지만 언론에서도 잘못 쓰고 있는 것을 보면 정말로 답답하다. 우선 오늘의 답을 먼저 이야기 하고 넘어가는 것이 독자들의 속을 편하게 하는 것 같다. "교수님! 내일 봬요."라고 해야 맞는 문장이다. 왜냐하면 '뵈어요'의 준말이기 때문에 '봬요'라고 한다. '뵈요'와 같이 어간 '뵈-' 뒤에 어미가 붙지 않은 상태에서 바로 보조사 '-요'가 붙을 수는 없다. 그래서 동사 '뵈다'의 어간 '뵈-' 뒤에 어미 '-어'가 붙은 '뵈어'의 준말인 '봬' 뒤에 '-요'가 붙은 것이므로 '봬요'와 같이 적는 게 맞다. 그러나 한국인 중에서 이것을 제대로 알고 있는 이가 얼마나 될까? 사실 받아쓰기를 해 보면 거의 틀리는 것이 사실이다.

　이와 마찬가지로 '되요'와 '돼요'의 경우도 거의 틀리고 있다. 심지어 뉴스 자막에서도 틀리는 것을 보았다.(사진 참조)

　① 열심히 노력해야 되요.
　② 열심히 노력해야 돼요.

라는 문장을 놓고 맞는 것을 고르라고 하면 거의 ①번을 고른다. 그러나 정답은 ②번이 맞다. 인터넷에서 보았는데 국립국어원에서 운영하는 맞춤법 검사기를 돌려도 ①번이 맞는다고 나온다고 한다.(<다음카페>, 참사랑국어 참조 : 한국어 맞춤법/문법검사기(http://164.125.36.47/urimal-spellcheck.html)) 위의 예문은 그 카페에 나와 있는 예문을 인용한 것이다. 앞의 문단에서 본 바와 같이 '돼'는 어간+어미 구조로 이루어진 '되어'를 줄인 형태이다. 그러므로 '되'는 어간 홀로 쓰일 수가 없어서 어미가 필요하다. 설명을 추가하자면 '돼'는 '되' 뒤에 붙은 수많은 어미 형태들(되어, 되다, 된다, 되나 등) 중 하나인 '되어'를 줄인 형태일 뿐이다. 고로, 말에다 '되어'를 넣었을 때에 말이 성립하면 '돼'가 들어갈 자리라는 것이다.(<국립국어원> 설명자료 참조) 또 하나의 방법으로는 '하' 또는 '해'를 넣고 말이 되는지 따져 보면 알 수 있다. '되' 또는 '돼'가 들어갈 자리에, '하'를 넣어서 말이 되면 '되'가 들어가고, '해'를 넣어서 말이 되면 '돼'가 들어가야 맞는다.(<국립국어원> 트위터 답변 중에서) 그 이유는 평행 구조이기 때문. 즉, '하여=해'이고 '되어=돼'이니, '하'가 들어가 말이 되면 '되'가 옳고, '해'가 들어가 말이 되면 '돼'인 것이다. '되'와 '돼'가 발음이 거의 비슷하여 혼동을 일으키는 것과는 달리, '하'와 '해'는 명확히 구별할 수 있으므로 이렇게 치환하는 방법을 사용하면 거의 틀리지 않는다.

 우리말은 준말이 있어서 힘들 때가 많다. 그렇다 할지라도 그 구분하는 방법을 명확하게 알고 있으면 틀리지 않을 것이다.

분리수거와 분류배출

　이 번 글은 강연회에서 짧은 글로 이야기한 것인데, 아직도 온 국민이 잘못 사용하고 있어서 다시 한 번 강조하고자 하는 의미로 문자로 남긴다. 언제부터인가 쓰레기분리수거가 표준용어처럼 쓰이고 있다. 표현은 참 좋다. 아무거나 함부로 버리지 말고 종류별로 나누어 버리자는 뜻이리라. 하지만 의미 분석에서 완전히 잘못된 표현임에도 불구하고 아무도 제지하지 않는다. 필자가 여러 번 글이나 강연회 등에서 이야기했지만 아직도 멀었다.
　몇 전에 세종시에서 공무원들 앞에서 이야기했더니 세종시는 조금 나아진 것 같기도 하다. 하지만 아직도 현수막에 보면 분리수거를 생활화하자는 문구가 많다. 그리고 전국적으로는 분리수거가 훨씬 많이 쓰이고 있다.

　우선 '분리(分離)'라는 단어의 의미는 "1. 서로 나누어 떨어짐, 또는 그렇게 되게 함. 2. 감수분열로 부모의 상동 염색체 혹은 대립유전자가 나누어져 생식세포에 분배되는 일. 3. 물질의 혼합물을 결정, 승화, 증류 따위에 의하여 어떤 성분을 함유하는 부분과 함유하지 아니하는 부분으로 나누는 일"이라고 되어 있다. 우리가 흔히 알고 있는 분리의 개념은 1번의 경우다. 생물학이나 화학을 뒤로 하고 가장 많이 알고 있는 1번의 예를 들어 보면 "1971년 방글라데시의 서파키스탄에서 분리독립, 1990년대에 보스니아 등의 유고슬라비아에서의 분리독립"과 같은 것이 있다. 둘로 나눈다는 의미가 강하다. 붙어 있는 것을 나누어 "둘로 나누다"의 뜻으로 보면 이해하기 쉽다. 그러므로 라벨과 병을 나눈다면 분리한다는 것도 틀리지는 않는다. 그러나 우리가 실생활에서 사용하는 것은 분류하자고 하는 것이 맞다. 즉 종이와 깡통, 음식물 쓰레기, 비닐 등을 종류별로 나누어 밖으로 내놓자는 것이니 분류라고 하는 것이 옳다.

'분류(分類)'는 "1. 종류에 따라 가름, '나눔'으로 순화할 것을 권장함, 2. 유개념의 외연에 포함된 종개념을 명확히 구분하여 체계적으로 정리하는 것"이라고 되어 있다. 그러므로 종류에 따라 나누는 것이므로 분류라고 표현하는 것이 맞다. 물론 '나눔'으로 권장하고 있으니 그것으로 사용해도 무방하리라 본다. 다만 앞뒤의 문맥상 한자어와의 어울림이 어떠한가를 보아야 할 것이다.

다음으로 '수거(收去)'라는 단어의 의미를 보자. 수거(收去)는 '거두어 감'을 말한다. 그렇다면 생활인들이 쓰레기를 '거두어 가는 것'이 맞는 말인가 묻고 싶다. 법률용어로도 '종래 일정한 장소에 있던 공작물·수목 등을 권리자가 그 장소로부터 치우는 것을 말한다.(민법 제 285, 615조) 즉 지상권·임차권 등의 권원(權原)에 의하여 공작물이나 수목을 가지고 있던 자가 그 용역권을 잃게 되면 공작물 등의 수거와 원상회복의무를 지게 되는 것'이다. 이런 경우는 법률적으로 원상회복의 의미가 강하다. 생활인들은 법적인 효력을 발생하는 것과는 거리가 멀다. 그냥 일반적으로 사용하는 말을 기본적인 의미로 받아들인다. 결론적으로 '수거'라는 말은 '거두어 간다'는 뜻인데, 쓰레기를 밖으로 '거두어 간다'는 말이 있을 수 있는가?

그렇다면 뭐라고 해야 옳은 말일까? 배출(排出)이라고 해야 한다. 우리가 흔히 가스배출한다고 할 때 쓰는 그 배출을 말한다. 즉 '안에서 밖으로 내보냄'을 뜻하는 단어다. '배출구'라고 하면 '안에서 밖으로 내보내는 구멍'이다. 물론 '어려운 상태에서 벗어나기 위한 수단을 비유적으로 이르는 말'이기도 하지만 일반적으로 쓰는 배출이라는 용어는 단순하게 '안에서 밖으로 내보낸다'는 의미다. 쓰레기는 집 안에서 집 밖으로 내 보내는 것이니 당연히 배출이라고 하는 것이 맞다.

그렇다면 '쓰레기 분리수거'가 옳지 않은 말이라는 것을 알 수 있다. 뭐라고 해야 바른 말일까? '쓰레기 분류배출'이라고 해야 한다. 수거는 시청이나 수거업체에서 '가지고 가는 것'을 말한다. 왜 우리는 옳지 않은 말인 줄 알면서도 아무 비판도 없이 그냥 쓰고 있는지 모르겠다. 세대를 지나면 후손들이 '수거'와 '배출'의 의미를 혼동(混同: 구별하지 못하고 뒤섞어서 생각함)할까 두렵다.

좋은 언어를 바르게 사용하는 것이 바람직하다.

방귀를 뀌고 "나 방귀를 수거했다." 하면 우습지 않은가?

비역질과 밴대질

　요즘은 참으로 축제가 많다. 각 지방마다 특색 있는 축제로 사람들을 불러 모으고 도시를 홍보한다. 서울시에서는 퀴어축제라는 것이 있다. 이름부터가 이상(queer－이상한, 괴상한 수상한이라는 형용사)하다. '이상한 축제'도 아니고, '요상한 축제'도 아닌 영어로 퀴어축제라고 하니 어느 나라 말인가 싶다. 동성애자나 양성애자, 성전환자 등 성적 소수자들을 통틀어 '퀴어(queer)'라고 한다. 이를 다른 말로 하면 무엇이라고 해야 할까?

　왜 하필이면 동성애라고 할까? 동성애라고 표현하는 것은 맞는 말인가? 필자가 보기에는 전혀 그렇지 않다. 영어로 'homosexuality'를 '동성애'라고 번역하고 있는 것으로 아는데, 동성애적 행위(성행위)를 일컫는 말이지, '사랑'을 의미하는 것이 전혀 아니다. '사랑'이라는 고귀한 단어를 써야 할 자리가 아니다. **성적인 관계(sex)를 '사랑(love, 愛)'**으로 과대포장하는 것은 옳지 않다. (19금이니 어린 독자들은 여기서 물러나길 바란다.)

　우리나라는 성적이 표현이 상당히 많다. 일전에 '사치기'는 원래 '샅치기'로 '사치기사치기샅뽀뽀'는 '사타구니끼리 치고 뽀뽀하자'라는 음란한 놀이라고 한 적이 있다. 성에 관한 것으로 동성 간의 성적행위에 관한 것도 상당히 많다. 그 중에는 남성들 간의 성행위나 여성들 간의 성행위에 관한 단어도 있다. 오늘은 조금 징그럽기(?)는 하지만 이런 단어들을 살펴보기로 한다.

우선 남성 간의 성행위를 일컫는 단어로 '**비역질**'이라는 것이 있다. 대부분의 사람들이 비럭질과 구분을 못하고 단순히 나쁜(?) 짓이라고 알고 있다. 하지만 비럭질(남에게 구걸하는 짓을 낮잡아 이르는 말)과 비역질은 근본적으로 다르다. 우선 '비역'이라는 단어는 '사내끼리 성교하는 것'이라고 나와 있는데, '**비역살**'을 찾아보면 '궁둥이 쪽의 사타구니 살'이라고 나타나 있다. 사타구니 살과 비역질이 무슨 관계가 잇는 것일까 궁금할 것이다. 비역질을 한자로는 계간(鷄姦)이라고 한다. 이쯤 되면 현명한 독자께서 뜻을 간파하셨으리라 생각한다. 닭이 교미하듯이 뒤에서 궁둥이 쪽의 사타구니살에(사실은 항문이겠지만) 대고 성교한다는 뜻으로 비역질이라고 했다. 이것이 남자들끼리 하는 동성 간의 성행위를 일컫는 의미로 바뀐 것이다. '○○질'이라고 할 때 '질'은 바람직하지 못한 행실 뒤에 붙는 접미사다. 사냥질, 도둑질, 강도질 등이 그 예이다.(35년 전에 필자가 태능중학교 교사 시절에 학부형이 "선생질하시느라 고생이 많습니다."라고 해서 난감했던 적이 있다)

다음으로 여성들끼리 하는 성행위를 일컬어 '**밴대질**'이라고 한다. 여기서도 역시 '질'이라는 접미사로 마무리했다. 썩 바람직하지 않은 행위라는 의미다. 그렇다면 밴대질의 의미는 어디서 시작되었을까? 이것은 '밴대보지'에서 유래했다고 본다. 사전적 의미로는 '음모가 나지 않은 어른의 x지' 혹은 '거웃이 나지 않은 어른의 x지'라고 되어 있다. 이런 류의 성기는 남성들에게 환영받지 못했다. 그래서 여성들끼리 음부를 맞대고 성적 욕구를 해소했고, 이 행위를 밴대질이라고 하게 된 것이다. 여성끼리 섹스파트너로 살면서 사실혼 관계에 있는 사람들을 **맷돌부부**라고 하고, 이들이 하는 성행위를 **가위치기**라고도 한다. 처음에는 '거웃이 없는 여성들의 성교'를 뜻하던 것이 의미확장을 통해 여성들 간의 성행위를 일컫는 말로 바뀐 것이다. 언어는 이렇게 항상 변한다.

　조선시대의 속담 중에 '젊은 무당년 같다.'는 말이 있다. 벌이가 잘 안 될 때 젊은 무당은 몸을 팔면서 생계를 꾸려나갔다고 한다. 이 때 여인에게 몸을 파는 것을 밴대질이라고 했다. 한편 남사당패 중에 여성에게 몸을 파는 경우가 있었는데, 이것을 '남창(男娼)질'이라 하고, 남자에게 몸을 파는 것을 '비역질'이라 불렀다. 이렇게 본다면 동성 간의 성행위의 유래가 오래 된 으로 보인다. 그럼에도 불구하고 겉으로 드러나지 못했던 것은 바람직하지 않은 행위였기 때문이리라. 그런데 요즘은 동성 간의 성행위를 양지로 내놓고 축제로 즐긴다고 한다. 참으로 이상한(queer) 일이다. 아무리 출산장려해도 모자라는 판에 이들의 축제를 권장하는 이유를 모르겠다. 그러다 보면 소수성애자들을 다 인정해야 할 때가 곧 다가올 것이다. 노인성애자, 유아성애자, 동물성애자, 사물성애자 등등을 모두 용납한다면 사회는 누가 지키나? 군대 내에서 항문성교를 허용한다면 나라는 독수리오형제를 불러서 지켜야 하나?

　꼰대소리 소리 듣지 않으려고 부단히 노력하지만 어쩔 수 없이 꼰대가 되어가는가 보다.

빈축(嚬蹙)과 수염(鬚髥)

오랜만에 한자놀이를 해 보는 것도 의미가 있을 것 같아 한자어에서 유래한 우리말을 알아보기로 한다. 조금 어려운 말일 것 같은데 '빈축을 사다'라는 말이 있다. 그 뜻은 "눈살을 찌푸리고 얼굴을 찡그린다는 뜻으로, 다른 사람으로부터 받는 비난이나 미움을 이르는 말"이다. 예문으로는 "한때 철없는 일부 유학생들이 짧은 기간 동안 유흥가에 엄청난 액수의 돈을 뿌리고 가 뜻있는 사람들의 빈축을 많이 샀던 적도 있었다."와 같이 쓸 수 있다. 요즘은 정치인들이 말실수로 빈축을 사는 일이 많아졌다. 원래 '빈(嚬)'은 '양미간을 찌푸리는 것'을 말하고, '축(蹙)'은 '이마를 찌푸리는 것'을 말한다. 그러니까 얼굴을 찡그리며 불쾌함을 나타내는 표현이라고 하겠다. 이 말은 원래 <맹자>에도 나오고 <장자>에도 나온다. 먼저 <맹자>에 나오는 예화를 보자. 제(齊)나라의 진중자(陳仲子)라는 청렴한 선비가 있었다. 어느 날 고위 관리로 있는 형의 집에 들렀다가 누군가 형에게 거위를 주는 것을 보고 뇌물이라고 생각해서 얼굴을 찌푸렸다. 며칠 뒤 어머니가 거위를 잡아 밥상에 올렸는데, 알고 보니 그때의 거위였다. 그래서 밖에 나와 다 토해 버렸다고 한다. 또한 비슷한 시기인 <장자>에도 빈축에 관한 고사가 전한다. 이것은 효빈(效嚬)이라는 고사와도 함께 전한다. 때는 중국 전국시대(B.C. 286년)였다. <장자(莊子)>「천운편(天運篇)」에 다음과 같이 나온다. 춘추시대 월(越)나라에 서시(西施)라는 아주 유명한 미녀가 있었다. 서시는 가끔 위장병으로 고통을 받았는데, 증세가 나타나기만 하면 손으로 심장 근처를 누르고 눈살을 찌푸리곤 했다. 그런데 서시가 아픔을 참으려고 눈살을 찌푸리는 모습까지도 사람들은 아름답다고 했다. 그러자 이웃 마을에 동시(東施)라고 하는 아주 못생긴 여자가 살았는데, 어느 날 서시를 보고는 그녀의 흉내를 내며 두 손으로 심장을 누르고 눈살을 잔뜩 찌푸린 채 마을을 돌아다녔다. 마을 사람들은 이 모습을 보고 놀라서 다들 달아나거나 숨었다고 한다.(네이버 지식백과) 이와 같이 두 개의 이야기가 전하고 있는데, 우리에게는 <장자>의 것이 많이 알려져 있다. 아무튼 미간을 찌푸리는 것을 빈(嚬)이라 하고 이마를 찌푸리는 것을 축(蹙)이라고 한다. 이것이 변하여 현대에 와서는 '눈살을 찌푸리고 얼굴을 찡그린다는 말로 남을 비난하거나 미워하는 것'을 의미하게 되었다.

　여기서 유래한 효빈(效嚬)이라는 말을 직역하면 '눈살을 찌푸리는 것을 본뜬다'는 말인데, 함부로 남의 흉내를 내는 것을 이른다. 서시가 눈을 찡그리고 이마를 찌푸리자 그것이 아름다운 것인 줄 알고 못난 여자들이 눈을 찡그리면 아름답게 보이는 것인 줄 알고 따라서 눈을 찡그리고 다녔다는 것에서 기인한 말이다. 예문으로는 "심지어 부모의 핏줄을 타고난 까만 머리털까지 노랗게 물들여 가면서 효빈을 일삼는 판이니 세상이 참으로 개탄스럽구나."라고 할 때 쓰는 것과 같다.

　이런 종류의 단어가 우리말에는 참으로 많다. 수염(鬚髥)도 그 중의 하나다. 원래 수염은 그 지시하는 바가 각각 다르다. 수(鬚)는 턱수염을 일컫는 말로 '동물의 입언저리에 난 뻣뻣한 긴 털, 옥수수의 낟알 틈에 가늘고 길게 난 털'을 일컫는 말이다. 염(髥)은 우리말로 하면 '구레나룻'을 말한다. 즉 귀밑에서 턱수염 언저리까지 난 털을 '염'이라고 한다. 나이가 지긋한 독자들은 엘비스 프레슬리의 구레나룻을 생각하면 쉽다. 이와 같이 수(鬚)와 염(髥)은 지시하는 바라 다른데, 우리나라에서는 그것을 합하여 "성숙한 남자의 입주변이나 턱 또는 뺨에 나는 털"을 지칭하게 되었다. 과거 우리나라에서는 나이 70이 넘은 어른에게는 '수염'이라는 표현도 쓰지 않았다. 고희가 넘은 어른에게는 그냥 '염(髯)'이라고만 했다. 수염이라고 하면 불경스러운 표현이었다. 그러나 지금은 수와 염의 구분도 없고, 경과 불경의 의미도 없이 그냥 얼굴이나 입 언저리에 나 있는 털을 모두 '수염'이라고 하고 있다.

우리말은 한자어에서 유래한 것이 많기 때문에 수시로 한자어를 익히면 어휘공부에 상당한 도움을 준다. 다행스럽게 요즘은 한자능력검정고시를 어린 학생들이 응시한다고 한다. 상당히 고무적인 현상이 아닐 수 없다.

사달과 사단

우리말 중에서 정말로 많은 사람들이 헷갈리는 것이 '사단과 사달'의 차이와 '애먼과 엄한'의 구별이다. 사실 이 단어들은 한국어를 전공한 사람들도 잘못 쓸 때가 많다. "왜 엄한 사람 잡고 그래?"라는 표현을 참으로 많이 들었다. 이것은 "왜 애먼 사람을 잡고 그래?"로 바꿔써야 한다. 이에 관해서는 이미 오래 전에 집필한 것이 있어서 이 정도만 하고, 앞으로는 우리 독자들이 틀리게 쓰지 않길 바랄 뿐이다. 또 하나 엄청나게 많은 사람들이 헷갈리는 것이 바로 '사단과 사달'의 구분이다.

TV에 나오는 출연자들도 많이 틀리고 있는 것이라 오늘은 이에 관해 낱낱이 예문을 들어가면서 살펴보기로 한다.

예문을 먼저 보기로 하자.

ⓐ개성공단 전면 중단이라는 큰 사단이 났다.
①개성공단 전면 중단이라는 큰 사달이 났다.

ⓑ불안하더니 결국 사단이 났군.
②불안하더니 결국 사달이 났군.

위의 네 문장을 보면 ⓐ과 ①이 비슷한 것 같지만 다르고, ⓑ와 ②도 의미가 다르다는 것을 알 수 있다. 답을 먼저 말하자면 ①과 ②가 문맥상 바른 것이다. 발음이 비슷하다는 이유로 구별하지 않고 쓰는 사람들이 많은데 그 의미는 전혀 다른 것이니 이제는 제대로 구별해서 써야 한다.

우선 '사달'의 뜻을 먼저 보기로 하자. '사달'의 사전적 의미는 "일어난 사건이나 사고", 혹은 "사고나 탈"을 의미한다. 위의 예문을 살펴보면 '뭔가 일을 그르친 경우'가 문장의 중심에 있음을 알 수 있다. 이와 같이 '사고나 탈이 났을 때'는 반드시 '사달'이라고 해야 한다.

한편 사단은 우리가 학교에서 윤리 시간에 많이 들어 본 바가 있다. '사단칠정(四端七情)'이라는 철학적인 용어에서 시작하여 윤리학의 기초인 사단(四端 : 유학(儒學)에서 인간의 본성(이성, 덕)을 가리키는 말로, 측은지심(惻隱之心)·수오지심(羞惡之心)·사양지심(辭讓之心)·시비지심(是非之心)을 이른다.)을 기억하는 사람들이 많을 것이다. 인의예지(仁義禮智)라는 사덕(四德)의 근원이 되는 말이다. 즉 사단(四端)이라고 할 때 단(端)은 '실마리'를 말하는 것으로 어떤 일이나 사건의 첫머리를 뜻한다. '단서(端緒)를 찾는다.'고 할 때 많이 쓰고 있다. 비슷한 말로 사단(事端)을 들 수 있다. 여기서 말하는 사단(事端)아 바로 '일이나 사건의 실마리'를 말한다. 사단(事端)의 예문으로는

> 지섭으로서는 문화제의 성격과 관련하여 행사의 주제나 종류 따위를 윤곽 지어 놓는 일과 그 사단을 구하는 작업이 우선 중요했다.(이청준의 『춤추는 사제』에서 인용)

와 같이 쓸 수 있다. 또 하나 사단(私斷)이라는 단어가 있는데, 그것은 "개인의 판단"이라는 뜻이다. 예문으로는 "이 문제에 대해서 이제는 각자의 사단보다는 중론을 모아 한 가지 방법을 내세울 때입니다." (<국립국어원>자료집에서 인용)라고 쓸 수 있다. 사단이라는 단어를 사전에서 찾으면 사단(史丹), 사단(史斷), 사단(四斷), 사단(四端) 등

과 같이 28개의 단어가 나온다. 쓰고 보니 남자들은 군대에서 '사단(師團)'이라는 말 많이 들었을 것 같다. 연대 위에 있는 그 사단을 말한다. 그러므로 글을 쓸 때는 문맥에 맞는 단어를 골라서 써야 한다.

일이 잘못되었을 때를 표현하는 것이라면 반드시 순우리말인 '사달'이라고 써야 한다.

사리와 곤이(鯤鮞, 고니)

아주 오래 전의 일이다. 문학을 하는 계수씨와 막내 동생이 식당에서 언쟁을 하였다. 지금은 기억이 나지 않지만 둘 중의 한 명이 '사리'가 일본말이라고 우기고, 한 명은 우리말이라고 우기면서 싸우다가 필자한테 전화를 했었다. 필자가 단호하게 '우리말'이라고 하면서 싸움은 싱겁게 끝이 났다. 많은 사람들이 냉면집에 가면 '사리 하나 추가' 하는 일이 많을 것이다. 사리를 사전에서 찾아보면 '1. **국수, 실, 새끼 등을 헝클어지지 않도록 *사리어* 감은 뭉치** 2. **떡볶이나 냉면 따위의 기본 음식 위에 덧얹어 먹는, 국수나 라면 따위의 부가 *음식*,** 3. **수 관형사 뒤에서 의존적 용법으로 쓰여, 국수, 실, 새끼 등의 뭉치를 세는 *단위*를 나타내는 말**'이라고 나타나 있다. 사리의 어원이 '사리다'에서 유래한 것임을 알 수 있다. '(무서워서) 몸을 사리다' 할 때 동사로 사용된 '사리다'에서 온 말이다. '**사리다**'는 짐승이 겁을 먹고 꼬리를 내리거나, 뱀 등이 똬리처럼 몸을 동그랗게 감은 모양새를 나타낸다. 거기서 유래하여 '국수, 새끼, 실 등을 동그랗게 포개어 감다'라는 뜻이 되었고, 그렇게 만들어 놓은 것이 '사리'다. 지금은 '냉면 사리' '국수 사리' '라면 사리'처럼 쓰이고 있다(이재경; 사리가 일본말이라고요?) 결국 '사리'는 '사린 것'의 의미를 포함하고 있음을 알 수 있다.

보통 사전을 찾아보면 사리는 1. 사물의 이치, 2. 부처나 승려 등을 화장해서 나오는 물질, 3. noodles<네이버 어학사전>와 같이 나와 있다. 3번의 어원을 좀 더 자세히 알아보면 원래 사리란 '가늘고 긴 한 해

살이 풀'을 의미하였다. '고사리'에서 그 어원을 찾을 수 있다. 싸리(荊 - 회초리 형)나무의 고형이 '사리'였으며, 어근은 '살'이다. 일본어 seri(芹 미나리 근)의 어근 sel도 '살(sal)'과 동일한 어원을 갖고 있을 것이다.(서정범, 새국어어원사전) 국수가락이 가늘고 긴 것에서 '사리'와 어형이 비슷하고, 여기에 '사리다(국수나 새끼, 실 따위를 동그랗게 포개어 감다)'라는 동사의 어근 '살(sal)'에 명사형 어미 '~이'가 붙어서 이루어진 단어다. 그러므로 사리는 일본어가 아니고 우리말임이 분명하다.

다음으로 식당에 가면 매운탕을 먹을 때 '곤이(고니) 하나 추가요.'라고 하면 보통은 '흰색 묵 같은 덩어리'를 가지고 온다. "'애'를 주세요." 하면 갈색의 덩어리(간)를 주는 것이 보통이다. 우선 곤이(鯤鯉)는 '물고기 뱃속의 알, 물고기의 새끼'를 말한다. 鯤 (물고기 뱃속의 알, 곤), 鯉 (물고기 알, 이)는 한자어에서 유래한 것으로 큰물고기의 알을 뜻하는 단어다. 요즘은 그것이 잘못 알려져서 수컷을 정소를 의미하는 것으로 바뀌었다. 그러나 수컷의 정소는 이리(魚白) 혹은 백자(白子)라고 하며 곤이와는 다르다. 그러므로 물고기의 알을 **곤이**라고 해야 한다. 그것이 요즘 식당의 안내판에는 '고니'라고 쓰고 있다. 일본어로 알고 있으나 역시 한자어에서 유래한 우리말이고 **고니**는 **잘못된 표현**이다.

한편 식당에서 물고기의 간을 애라고 하지만 정확한 표현은 아니다. 애라는 것은 보통 "애간장을 태우다"와 같이 간장의 의미로 쓰이기도 한다. ('애'에 관해서는 이미 본지 4월 7일 <'애, 밸, 막창이 뭐여'>에서 상세히 논했음) 아직도 '애'라고 하면 '간'으로 생각하는 독자가 많아서 조금 더 보강해 본다. 사전에서 '애'는 창자(애간장 : 애를 강조하여 이르는 말, 애간장을 태우다 => 1.worry very much, 2. rend one's heart)를 이르는 말이고 합해서 '애간장을 태우다'라고도 많이 사용하고 있다. 애와 간장을 동일시하는 것은 바람직하지 않다고 본다. 다만 간의 의미도 일부 포함하고 있으며 중심의미는 창자라고 보아야 한다.

일본의 고어(古語)는 대부분이 백제어나 신라어였다. 그러므로 일본어와 어원이 같은 것이 많다. 물론 터키어와 어원이 같은 것도 2000개나 된다고 한다. 같은 알타이어 계통이니 당연한 말이겠지만 동족어를 검토하면 어원을 찾는데 도움이 되기도 한다.

이제는 자신 있게 우리말로 '냉면 **사리** 하나 추가' 해서 먹어 보자.

(이렇게 냉면 사리 좋아하다 남산보다 높아진 똥배는 어이할고? 오호 애재라!)

사이비(似而非)와 근사(近似)

사이비라는 단어를 다루기에는 요즘의 사태가 만만치 않다. 어디까지 사이비고 어디부터 정통이라고 하는지 구분이 쉽지 않기 때문이고, 잘못 사이비라고 했다가는 여기저기서 뭇매질을 당하기 십상이다. 그러므로 여기서는 사이비의 어원과 유래 등에 대해서만 이야기하며 마무리하려고 한다. 오래 전에 읽은 마이클 샌델(1953~) 교수의 <정의란 무엇인가?>라는 책이 생각난다. 참 재미있게 읽었던 기억이 있다. 어디까지 정의라고 해야 하는지 정의하기가 참으로 어려운 일이다. 장사하는 사람이 500원 짜리를 600원에 팔면 그저 그렇게 판 것이고, 1,000원에 팔면 잘 판 것이고, 1,500원에 팔면 아주 잘 판 것이고, 20,000원에 팔면? 그러면 도둑놈이 되는가? 어디서부터 도둑놈이고 어디까지 잘 판 것인가? 참으로 난감한 문제다. 사이비를 논하는 길이 정의의 기준을 마련하는 것처럼 어렵다.

우선 사이비(似而非)란 말은 사전에 의하면 '겉으로는 비슷하나 완전히 다른 가짜'라고 설명하고 있다. 사이비가 들어가는 말로는 사이비종교가 대표적이고 사이비기자, 사이비의사(돌팔이의사?) 등 사양하다. 그 어원을 자세히 보면 '같을 사(似)', '말이을 이(而)', '아닐 비(非)'자로 이루어져 있다. 즉 '같은 것 같지만 그른 것'을 말한다. 원문은 <맹자>의 [진심장구하(盡心章句下)]에 나오는 말로 "공자께서 말씀하시길 '나는 비슷해 보이지만 (실제로는 군자와) 다른 자들을 미워한다.'(孔子曰惡似而非者)"에서 유래한다. 다른 표현으로 '사시이비

(似是而非)'라고도 한다. 그 뜻은 역시 "'언뜻 보기에는 옳은 것처럼 보이나 사실은 그름', 혹은 '겉으로는 비슷하게 보이나 실제로는 완전히 다름'"을 말한다.

위에 나온 <맹자>를 인용해 본다.

어느 날 만장이 그의 스승(맹자)에게 물었다. "온 고을이 그를 향원(점잖은 사람)이라 하면 어디를 가나 향원일텐데, 공자께서는 그를 덕의 도적이라고 하신 것은 무슨 까닭입니까?" 하니 맹자가 답하였다. "비난을 하려고 해도 비난할 것이 없고, 공격을 하려 해도 공격할 것이 없다. 시대의 흐름에 함께 휩쓸리며 더러운 세상과 호흡을 같이 하여 그의 태도는 충실하고 신의가 있는 것 같으며 그의 행동은 청렴하고 결백한 것 같다. 모든 사람이 그를 좋아하고 그 자신도 스스로 옳다고 생각하고 있다. 그러나 그와 함께 참다운 성현으로 들어갈 수 없다. 그래서 덕의 도적이라고 말하는 것이다. 공자는 말씀하셨다. 나는 비슷해 보이지만 (실제로는 군자와) 다른 자들을 미워한다.'(孔子曰惡似而非者)라고.

위에서 보는 바와 같이 겉으로는 선비나 도덕군자인 것 같지만 세상과 함께 시류에 휩싸여 지내거나 겉으로만 청렴해 보이는 것 같은 사람을 사이비라 칭하였다. 결국 사이비는 가짜라는 말이다.

필자는 6·25전쟁이 끝나고 얼마 지나지 않아서 태어난 세대다. 그때는 정말 가짜가 많았다. 그저 미제라면 좋아서 정신없이 쫓아다녔던 기억이 있다. 그때 하던 말 중에 "그것 참 근사하네!"라는 말을 많이 했다. 그 당시에는 그것이 "참으로 멋있구나." 혹은 "참 좋은 것!"이라는 뜻인 줄 알았다. 아마 독자 중에 50년대에 태어난 사람들은 지금도 그렇게 생각하고 있을 것이다. 그러나 실제로 그 뜻을 살펴보면 황당하지 않을 수 없다. 당시는 가짜가 워낙 많다 보니 가짜 같은 가짜도 많고, 진짜 같은 가짜도 많았다. 이른 바 짝퉁시대였다. 군복을 뒤집어서 다시 옷으로 개조하기도 했다(당시에는 그것을 '우라까이'라고 했다.). 그 많은 가짜 중에서 진짜 같은 가짜가 '근사한 것'이었다. 근사하다는 말은 한자어로 '近似하다'라고 쓴다. 그 뜻은 앞에서 살펴본 바와 같이 '같은 것에 가깝다'는 말이다. 즉 짝퉁이라는 말인데 그것을 우리는 **'좋은 것'**으로 잘못 알고 있었던 것이다. "야! 그거 근사(近似)한데~~" 라고 하면 결국 가짜라는 말이다.

사이비(似而非)나 근사(近似)한 것이나 모두 가짜라는 말이다.

요즘은 종교를 직업(혹은 가업)으로 삼는 사람들이 너무나 많다. 이들은 모두 예수(석가)장사꾼들이다. 그런데 그 기준을 정하기가 어렵다. 적어도 필자의 세대는 목사나 스님은 성직으로 여겼는데 참으로 아쉽다. 마이클 샌델 교수나 포청천을 불러다가 정의해 달라고 해야 할까 보다.

상갓집과 역전앞

요즘 신문에 상갓집 얘기가 많이 나온다.

"대한민국에서 바나나 못먹나? 반대되는 사람은 여기서 촬영 못하냐고요."
"박원순 시장님을 지하철에서 많이 뵀어요. 이상한 얘기를 했다면 딸이 어떻게든 못나가게 말렸어야죠."
"아는 사람도 아닌데 자꾸 눈물이 나요."
"(분향소 설치가) 2차 가해 아닌가요."
"조용히 해. 여기 상갓집이야."
"아줌마나 조용히 해"

위의 글은 사진과 함께 오늘 '다음뉴스' 첫화면에 실렸던 문장이다. 서울시장(서울市葬)으로 해야 하는지 말아야 하는지에 대한 논쟁인데 아마도 분향소 앞에서 논쟁을 벌였던 모양이다. 필자는 여기서 서울시장이나 국민장 등을 논하자는 것은 아니다. 물론 개인적인 의견은 있지만 이미 다른 곳에 의견을 표출했기에 그에 대한 이야기는 그것으로 대신하고 우리말의 허와 실에 대한 이야기를 해 보려고 한다. 자주 말하는 것 중의 하나가 한국어 표준어 규정에 관한 것이다. 현행 표준어 규정은 "1988년 1월 19일 문교부 고시 제 88-2호로 고시되었고, 1년간의 홍보, 준비 기간을 거쳐 1989년 3월 1일부터 시행되고 있다. 표준어 사정 원칙의 총칙에서 '표준어는 교양 있는 사람들이 두루 쓰는 현대 서울말로 정함을 원칙으로 한다.'고 규정하고 있다. 그런데 서울 사는 교양 있는 사람들이 두루 쓰는 말이 때로는 표준어가 아닌 것(예를 들면 '짬뽕' 같은 것. 짬뽕은 일본어에서 유래한 것으로 '초마면으로 부르기를 권장하고 있는 비표준어임) 것도 있고, 비표준어인데 그들이 두루 사용하다 보니 표준어가 되는 것도 있다. 위에 인용한 글을 보면 '물음표'가 들어야가 할 부분에 '마침표가' 찍힌 것도 있고, 대화체로 이루어지다 보니 주어가 생략된 것이 많다. 특히 '상갓집'이라는 말은 다른 글에서도 누차 얘기했던 것인데, 다시 한 번 강조하지 않을 수가 없다. '상갓집'을 사전에서 찾아보면 "사람이 죽어서 장례를 치르는 집"이라고 나타나 있다. 같은 말로 '상가(喪家)'를 찾아보면 "사람이 죽어 장례를 치루는 집, 또는 상제가 있는 집"이라고 나타나 있다. 결국 상가나 상갓집이나 똑같은 말이다. '상갓집'이라는 단어는 '喪家＋집'으로 이루어진 말이다. 그러므로 '家와 집'이 동시에 쓰인 것이다. 마찬가지로 '처갓집'은 "아내가 시집오기 전에 살던 집"이라고 나타나 있다. 그러니까 여기서도 '집과 家'를 동시에 써놓은 것이므로 동의어(同義語)를 반복해 놓은 오류를 범하고 있다.

　처갓집이나 상갓집은 모두 표준어들이다. 동의어를 겹쳐 쓰고 있음에도 불구하고 '서울에 사는 교양 있는 사람들이 두루 쓰다'보니 표준어로 자리 잡은 것이다. 그러나 '역전앞'을 찾아 보면 "역전(驛前)의 비표준어"라고 되어 있다. 그러니까 상갓집은 표준어이고 역전앞은 비표준어라는 말이다. 서울 사는 사람들도 거의 다 "역전앞에서 만나자."고 하는데 왜 이것은 비표준어이고 상갓집은 표준어일까? 표준어를 정함에 일관성이 없다.

　신문이라는 것은 신뢰를 기본으로 한다. 과거에는 "이거 봐. 신문에 났잖아."라고 하면 무조건 신뢰했다. 활자로 인쇄된 것은 믿을 수 있는 명제가 되었었다. 그러나 지금은 신문에 실린 것도 믿지 않고 유튜브만 신뢰하는 시대가 되었다가 이제는 그나마도 믿지 않게 되었다. 김정은 사망에 관련된 글이 하도 많아서 필자도 믿을 뻔 했던 적이 있다. 그리고 그 사건 후 유튜브도 끊었다. 이제는 믿을 것이 없는 시대가 되었다. 언론에서 보도한 무조건 믿을 수 있는 시대가 되어야 한다. 가짜 뉴스를 양산하는 사람은 일벌백계해야 하고, 언론은 가능하면 표준어를 사용해야 한다. 상갓집은 표준어이기는 하지만 국립국어원에서 다시 고려해야 할 사항임을 과제로 던진다.

서리와 쓰리

어린 시절의 참외서리는 항상 가슴을 뛰게 한다. 어떤 면에서 보면 필자는 새가슴이다. 간이 콩알보다도 작다. 친구들이 서리해 온 참외를 먹을 때는 1등이지만 서리하러 갈 때면 항상 꼴찌다. 꼴찌일 뿐만 아니라 서리도 못한다. 친구나 형들이 참외밭을 누비고 다니고, 때로는 남의 참외 마구 밟아 뭉개고 다녀도 필자는 그저 망을 보든가, 도망갈 궁리만 하였다. 그래서 그런지 달리기는 참 잘 했다. 고등학교 때까지 육상부에서 활동했으니 잘 뛰었던 모양이다. 아마도 참외 서리하면서 도망가던 실력이 남아서 그런 것은 아닌지 모르겠다.

'서리하다'를 사전에서 찾아보면 "주인 몰래 훔쳐 먹는 장난을 하다" 혹은 "떼를 지어 남의 과일, 곡식, 가축 따위를 훔쳐 먹는 장난을 하다"라고 나타나 있다. 여기서 핵심은 '장난으로 훔쳐 먹다'라는 말이다. 서리하는 친구들도 먹을 만큼만 훔쳐야지 지나치게 많이 훔쳐 가면 안 된다. 인터넷에서 본 시가 기억난다. 제목 ← 참외서리하다 잠이 들었다.〉 "깨어보니 / 원두막에서 이불을 덮고 있었다. / 주인이 안고 왔나보다. / 반 쯤 먹던 참외가 / 머리맡에 있었다.", 제목 ← 참외서리하다 들켰다.〉 "주인은 / 하루 종일 일만 시켰다. / 집에 올 때 주인은 / 잘 익은 참외 4개를 주었다. / 아빠두, 엄마두, 동생두 / 참외를 맛있게 먹는다. / 어디서 났는지 이야기를 하지 않았다."(인터넷카페, http://cafe.daum.net.dujulc) 이런 시를 읽다 보면 자연스럽게 어린 시절의 추억에 잠긴다. 적당히 나무라고 먹을 것을 챙겨주는 주인의 마음이 우리네 이웃 어른들의 마음이었다. 요즘은 서리하다 걸리면 밭떼기로 물어줘야 한다고 하니 참으로 어려운 세상이다. 서리가 아니고 도둑질이 되었다.

'서리'는 '친구들과 여럿이 몰래 훔쳐 먹는 장난'이다. 옛 문헌을 보면 "다 자심을 기다려 설고 시자(侍子) 찬물(饌物)을 설어 별실(別室)에 놓아 두어든" <家禮諺解, 인조10년, 1632>이라는 글이 보이고, 또 "추인을 설며(撒芻人" <練兵之南, 광해군4년, 1612>) 등에 나타나 있다. 여기서 '설다'는 '설겆다, 걷어치우다'의 뜻이다.(서정범, 새국어 어원사전) 이러한 단어에서 '설거지'란 말도 유래하였다. 즉 설거지는 '그릇을 씻어 제 자리에 두는 일', '비가 올 때 물건을 거두어 들이는 일'등을 일컫는다. 이렇게 '급하게 거두어 들이는 일'이 '서리'가 되었고, 이 말은 다시 '훔치다'의 의미를 담아 전해졌다고 본다. 예를 들면 "밥상을 훔쳐라.", "방바닥을 훔쳐라."할 때도 빠르게 치우라는 의미가 담겨져 있음과 같다. '서리하다'는 '훔치는 것'을 말하지만 장난(놀이)의 의미가 강하다. 주인 역시 놀이의 일종으로 생각해서 혼을 내기는 하지만 위의 시에서 보는 바와 같이 안아다 원두막에 재워주기도, 잡아서 벌로 종일 일을 시키기도 하지만 갈 때는 보상으로 훔친 것을 주기도 하였다. 정월 대보름은 '밥 훔쳐 먹는 날'로 집집마다 부뚜막에 훔쳐갈 밥을 장만해 놓기도 하였다. 그러면 서리해온 밥을 모두 한 곳에 넣고 참기름을 잔뜩 부어 비벼 먹곤 하였다. 가끔은 '닭서리'해 오는 녀석도 있어서 백숙으로 만들어 소금 찍어 먹기도 하였다. 과거 먹고 살기 힘든 시절에 아이들의 서리는 눈 감아 주는 것이 상사였다.

한 편 '쓰리'는 별로 기분이 좋지 않게 들린다. 흔히 쓰리꾼('소매치기'의 비표준어)이라는 말로 더 알려져 있다. 시골에서 서울(성남)로 처음 유학(?)갈 때 주변 사람들이 모두 "서울에 가면 쓰리꾼이 하도 많아서 눈 감으면 코 베어 간다."고 하며 걱정해 주었다. 그래서 책밖에 없는 가방일지라도 앞가슴에 안고 다녔던 기억이 있다. '쓰리'는 일본어다. '소매치기'라고 번역하는 것이 어울릴 것이다. 그 일본어의 어원이 suri로 우리말 '서리'와 같다고 본다. 우리말 '서리'는 '훔쳐 먹는 장난'인데 비해 일본어 'suri(쓰리)'는 '훔치는 행위'에 방점을 찍은 단어다. 어원은 같지만 일본사람들은 훔치는 행위에 의미를 부여한 것이 다르다. 아마도 우리말이 일본으로 가는 도중에 도둑맞은 일이 많았던 모양이다.

이 가을에는 마음을 서리당하고 싶다. 가을은 정녕 남자의 계절인가 보다.

설레발치니 어수선하잖아

우리 주변에서 흔히 '설레발떨다', '설레발놓다', '설레발치다' 등의 표현을 많이 한다. 어느 것이 맞는 것일까? '설레발'은 '몹시 서두르며 부산하게 구는 행동'이라고 정의되어 있다. '설레발이털다'는 '몹시 서두르며 부산하게 굴다'라고 사전에 나와 있지만 비표준어이다. 그러면 '설레발이'는 도대체 무엇일까? 답부터 말하면 **설레발이**는 **돈벌레**다. 설레발이는 어둡고 습기찬 곳에 사는데, 몸길이는 25밀리미터 정도, 몸빛은 어두운 황갈색에 얼룩무늬가 있고, 19개의 마디로 되어 있고, 각 마디마다 발이 두 개씩 달린 절지동물이다(다음백과). 우리가 흔히 알고 있는 돈벌레가 바로 '설레발이'다. 다리가 무지하게(?) 많아서 방바닥을 기어가는 모습을 보면 정신이 없다. 징그럽기도 하고 몸이 가려워지는 것 같기도 하다. 이 설레발이가 가는 모습을 보면 '많은 발을 움직이며 이동'하기 때문에 그 행동이 몹시 부산해 보입니다. 거기서 유래하여 '설레발치다'라고 하면 '몹시 서둘러서 부산을 피우다'라는 뜻이 되었다.

국립국어원 표준어사전에 의하면 '설레발치다(몹시 서두르며 부산하게 굴다)'와 '설레발놓다(몹시 서두르며 부산하게 굴어 대다)'는 표준어이지만 '설레발이떨다'나 '설레발이치다', '설레발떨다' 등은 비표준어다.

돈벌레는 다리가 많아서 징그럽게 보이지만 사실은 우리에게 이로운 동물이다. 이를 익충(益蟲)이라고 한다. 생긴 것은 혐오스럽게 보이지만 착한 절지동물이다. 우리가 제일 싫어하는 바퀴벌레의 알을 먹고, 모기, 파리, 날파리 등의 작은 해충을 잡아먹는 방역충이다. 그러니 이제는 돈벌레를 돈처럼 사랑해야겠다. 이 돈벌레가 설레발이라는 것을 모르는 독자들이 훨씬 많아서 오늘은 '설레발'을 먼저 들고 나왔다.

사람들이 설레발치고 다니면 어수선하게 마련이다. 이 '**어수선하다**'는 말도 그 어원을 찾기가 쉽지 않다. 먼저 '수선스럽다'는 '1) 정신이 어지럽게 떠들어 대는 듯하다. 2) 시끄러워서 정신이 어지러워지는 듯하다'라고 사전에 등재되어 있다. '어수선하다'는 '사물이 얽히고 뒤섞여 가지런하지 아니하고 마구 헝클어져 있다'라고 나와 있다. 둘 다 형용사로 '뭔가 정리되지 않고 정신이 어지러워지는 것' 같은 느낌이 있음을 알 수 있다. '어'자가 붙어서 뭔가 조금 더 정신없어지기도 한다. 이 단어는 한자와 한글이 합성된 것이라 그렇다. 일반적인 단어와 차이가 있다. "'어(於)'는 '어조사로서 ~에, 있음.'"이라는 뜻이다. 한자어의 예를 들면 '어언간(於焉間 = 於焉之間) : 어느덧. 어느 사이.', '어중간(於中間) : 거의 중간쯤 되는 데', '어지간(於之間) : 그 사이에 있음, (어떤 정도나 수치에) 들어갈 정도에 있음, (어떤 정도나 수치) 사이에 끼일 정도' 등과 같이 자주 쓰이고 있다. 한자어끼리 어울리는 것은 제법 많은데 한자와 한글이 결합된 예는 흔치는 않다. 사전에 '어지간(於之間)하다'는 '어떤 표준에 거의 가깝다'라고 나와 있다.

이렇게 어조사가 붙어서 의미를 더해주는 역할을 한 것이 '어수선하다'라고 본다. 간략하게 '수선'은 명사로 '사람의 정신을 어지럽게 만드는 부산한 말이나 행동.'을 일컫는 말이고 예문으로는 "**별것**(別것)도 아닌 일에 수선을 떨고 있네." 등이 있고, '어수선하다'의 예문은 "1) 방 안에는 여기저기 어수선하게 책이 펼쳐져 있다.", "2) 사회가 **어수선**

한 틈을 타 불량배나 소매치기들이 날뛰고 있다."등이 있다.

평소에 잘 알고 있는 우리말 같지만 깊이 들어가 보면 이리송한 것들도 많다. 오늘은 많이 쓰면서도 그 어원을 찾기 힘든 '설레발'과 '어수선'에 관해 알아보았다. 이제는 설레발과 돈벌레가 같은 것이고 이로운 동물이니 함부로 죽이지 말고 예뻐해 주자. 집안이 어수선하다고 아이들 혼내기 전에 솔선수범해서 정리정돈 잘 하는 부모가 되자. 우리가 흔히 쓰는 '설레발떨다'는 비표준어이니 '설레발치다'나 설레발놓다'라는 바른 표현을 쓰면 훨씬 멋진 한국인이 될 것이다.

성폭력, 성폭행, 성추행, 성희롱 구분하기

　필자는 한국어학과 교수로 오랜 기간 근무했다. 우리말에 관해서라면 일가견이 있음에도 불구하고 뉴스에 나오는 법률용어로 인해 헷갈릴 때가 종종 있다. 제목에 열거한 것들이 모두 필자의 정신을 어지럽히는 용어들이다. 도대체 어디까지가 성희롱이고, 어디까지를 추행이라고 하는지 알 수가 없다. 사실 언어에서 경계를 논하는 것이 쉽지는 않다. 논밭이나 주택처럼 측량을 해서 금을 그을 수도 없는 것이고, 사람에 따라 느낌이 다른 것이 언어인데, 이것을 정의하는 것이 쉬울 수는 없다.

　언어에는 상위어와 하위어라는 개념이 있다. 예를 들면 '비행기, 버스, 트럭, 기차' 등의 단어는 '교통수단'이라는 단어의 하위어가 된다. 다시 말하면 상위어는 '교통수단'이다. 하나 더 살펴본다면 상위어로 '옷'이라는 단어를 든다면, 하위어는 '점퍼, 팬츠, 바지, 반바지' 등이 될 것이고, '꽃'이라는 단어의 하위어로는 '장미, 해바라기, 라일락, 코스모스' 등이 된다. 이런 이야기를 길게 하는 이유는 성폭력에 관한 법률을 살펴보면서 상위어와 하위어의 개념으로 풀어야 쉽게 설명할 수 있을 것 같아서 밑밥을 깔아 보는 것이다. 예전에는 강간이니 간통이니 하는 말을 썼기 때문에 쉽게 이해할 수 있었는데, 요즘은 완곡어법이라고 해서 듣기 좋은 말로 바꾼 것인데, 필자 수준에서도 이해하기 힘든 것이 많다. 완곡어법이란 듣는 사람들의 심기를 불편하게 하지 않기 위해서 부드럽게 표현하는 방법을 말한다. 예를 들면 '변소'를 '화장실'이라고 표현하는 것이다.

그러면 각각의 개념을 먼저 살펴보고 상위어부터 정리해 보기로 하자.(개념은 <한국어사전>에 있는 것을 중심으로 한다.)

성폭력(性暴力) : 심리적, 물리적, 법적으로 성과 관련되어 이성에게 위해를 가한 폭력적 사태를 통틀어 이르는 말
성추행(性醜行) : 다른 사람을 성적으로 희롱하거나 폭행함
성희롱(性戱弄) : 상대방의 뜻에 어긋나게, 성과 관계되는 말이나 행동으로 불쾌하고 굴욕적인 느낌을 줌
성폭행(性暴行) : '강간'을 완곡하게 이르는 말

성폭력과 관련한 법률은 2010년 4월 15일 법률 제10258호로 제정되었다. 제1장 총칙, 제2장 성폭력범죄의 처벌 및 절차에 관한 특례, 제3장 신상정보 등록 등의 4장과 전문 44조, 부칙으로 이루어져 있다. 주요한 내용으로는 주거침입과 야간주거침입절도, 특수절도 등의 범죄를 저지른 사람이 강간이나 유사강간을 행할 경우 무기징역 혹은 5년 이상의 징역에 처한다는 것, 13세 미만의 사람을 강간한 경우 최소 징역 10년에 처한다는 것 등이 있다.(<다음백과>에서 재인용)

설명이 길다 보니 오늘은 필자의 의견을 적을 공간이 매우 줄어들었다. 표현이 애매한 것이 있기는 하다. 어디까지를 성희롱으로 보는가 하는 문제다. 이성이 기분 나쁘다면 성희롱이겠지만 시대가 바뀌는 만큼 기성세대도 여기에 맞추면서 살아야 하지 않을까 한다. 아무튼 정리해 보니 성폭력이 가장 상위의 개념이고 이 속에 '성추행, 성희롱, 성폭행'이 들어 있는 것으로 보아야겠다. 우리말이지만 참 어렵다.

소나기와 가랑비

겨울이 오면 여름이 그리워진다. 그렇게 무덥던 여름이 금방 가고 늦가을인가 싶더니 벌써 금산의 기온이 −5도로 내려갔다. 입동이 지났으니 겨울이라고 해도 좋을 것이다. 그래서 오늘은 지난 여름을 생각하고 '소나기'와 '가랑비'에 대해서 이야기 해 보고자 한다.

"더운 여름날 퍼붓는 소나기는 시원하다.", "소를 두고 내기한 비를 소나기라 한다." 등과 같이 '소나기'는 '시원한 맛'을 지닌 단어다. 소나기의 어원이 "소를 두고 내기한 비"라고 한 것은 순수한 민간어원설이다. 이는 전혀 근거가 없는 말이다. [소낙비, 소나기, 소내기, 쏘내기] 등으로 지방마다 다르게 부르고 있는데, '소나기'가 표준어이다. 사전에는 "갑자기 세차게 내리다 그치는 비, 백우(白雨), 취우(驟雨)를 소나기라 한다."고 나타나 있다. 지역마다 다른 발음을 1936년 표준말을 정할 때 '소나기'만을 표준어로 삼고 나머지는 버리기로 하였다. 황순원의 <소낙비>도 <소나기>로 일러지는 것이 바로 표준어에 의한 개제(改題)로 말미암은 것이다.(박갑수, 우리말의 허상과 실상) 우리말에는 소나기가 들어가는 단어가 많다. '소나기밥, 소나기술' 등과 같이 '소나기술을 마시는 사람은 애주가라고 할 수는 없고 폭주가'라고 해야 한다.

<훈몽자회 상3>에 의하면 과거에는 '쇠나기 동(涷)(涷 俗稱驟雨)'라고 한 것으로 보아 '쇠나기'라고 했음을 알 수 있다. 그러므로 '쇠나

기>소나기'의 과정을 거쳐 정착된 것이다. '쇠'는 '소이'가 줄어든 말로 '솓>솔>솔이>쇠이>쇠'가 되었다고 본다.(서정범, 우리말 어원사전) 그렇게 본다면 '쏟다'에서 유래하여 '물을 쏟아 붓듯이 내리는 비'라고도 할 수 있지만, '쇠나기'와 약간의 괴리가 생긴다. 또한 '나기'는 '비, 물'의 뜻을 지닌다.

그렇다면 '쇠나기'는 무슨 의미를 지녔을까 하는 것을 먼저 살펴야한다. 전체적인 뜻을 헤아린다면 '갑자기 세차게 내리는 비'라는 의미가 있으니 과거의 문헌에 그런 뜻이 있는가를 먼저 살펴야 한다. <번역소학9>에 보면 "쇠 병한 저기 아니어든"이라는 문장이 있다. 그 원어를 보면 "非甚病"이라 하였으니 '몹시, 심히' 등의 의미를 지니고 있다고 볼 수 있다. 또한 <언해두창집요 상>에 보면 "물이 쇠고(漿老)"라고 하였으니 "미음이 오래 돼서 상했다."의미가 있고, <석보상절>에는 "나물 쇠다(柴了)"라고 하였으니 철이 지나 뻣뻣해졌음을 말한다. 그래서 병도 오랜 기간이 지나면 뻣뻣해지고, 나물도 세월이 지나서 심해지면 딱딱해 짐을 말한다. 여기서 '쇠(釗)'의 어원이 발생한 것으로도 유추할 수 있다. 그렇다면 '쇠나기'는 '거센 비', '심한 비', '뻣뻣한 비' 등의 의미를 지니고 시작되었다고 본다.

한편 '가랑비'는 그 어원이 확실하게 나타나 있다. '가랑비'는 '가늘게 내리는 비'다. 이슬비, 보슬비와도 의미가 비슷하다. 좀더 자세히 말하면 "이슬비보다는 굵으나 잘게 내리는 비"라고 사전에 실려 있다. 한자로는 세우(細雨)라고 한다. '가랑비'는 '가루비'가 변한 말이다. 즉 가루(분(粉))처럼 내리는 비를 말한다. <월인석보>에 보면 "가라비 : 무색계에 눈물이 가랑비같이 나리다"라고 나타나 있으며, <역어류해 상>에 보면 '가라비'라고 하여 분(粉)과 우(雨)의 합성어임을 밝히고 있다. 그러므로 '가루'는 나중에 '작다(소(小))'는 의미를 담으면서 변한다. '녹두가루, 밀가루'라고 할 때 가루는 '작다'는 의미다. 이렇게 작은 것을 뜻하는 말로는 '가랑니(1. 서캐에서 깨어 나온 지 얼마 안 되는 작은 이, 제주 방언으로 젖니를 일컫는 말)'가 있고, '잔가랑니(아주 가늘고 작은 가랑니)'와 같은 말들이 있다.

　우리말은 상당히 다양한 의미를 담고 있다. 이슬비, 가랑비, 보슬비 등을 세분하여 말하기도 하며, 가랑니, 잔가랑니와 같이 작은 것을 더 쪼개어 표현하기도 하였다. 외국인들과 대화할 때 가장 힘든 것 중의 하나가 이런 말들을 번역하는 것이다. 한국인이 아니면 이해하기 힘든 우리문화어를 어떻게 잘 표현하는가 하는 것이 관건이다.

수냉식과 수랭식

필자가 사는 곳에는 각종 잡화점이 많다. 뒷골목으로 들어가면 각종 집기류부터 연어 종류, 혹은 빵 굽는 기계 파는 곳 등 다양한 물품이 많다. 그 중에서 눈에 띄는 것이 있는데, 바로 고냉지 배추로 김치를 만들어 파는 곳이다. 필자가 보기에는 당연히 고랭지라고 써야 맞지만 간판에는 그렇지 않다. 아마도 많은 사람들이 그렇게 부르고 있는 모양이다. 한자를 쓰던 사람들은 두음법칙을 잘 알고 있다. 로인이라 하지 않고 노인이라고 하는 것 등이 이에 해당한다. 리발소도 이발소라고 하는 것이 이와 같은 이유에서다. 북한에서는 문화어라고 해서 김일성 시절부터 두음법칙을 없애버렸다. 그래서 북한에서 나오는 신문을 보면 <로동신문>, '로인', '녀자' 등과 같이 쓰고 있는 것이다.

과거 우리의 부모 세대에는 지금보다 두음법칙을 더욱 엄격하게 적용했다. 어떻게 보면 어두에서는 'ㄴ'이나 'ㄹ'을 발음하지 못하도록 혀가 굳었는지도 모른다. 가까운 예로 필자의 선친께서는 라면을 항상 '나면'이라고 하셨고, '라디오'를 '나지오'라고 발음하셨다. 두음법칙과 구개음화현상을 정확하게 구사하셨던 것이다. 그럼에도 불구하고 수십 년이 지난 지금에는 두음법칙의 의미가 없어진 것도 사실이다. '라디에타', '라디오', '라이언 킹' 등에서 보는 바와 같이 두음에서 'ㄹ'을 자연스럽게 발음할 수 있다. 그러므로 두음법칙은 이제 재고해야 할 때가 되기도 하였다. 그러나 두음에서 발음을 하지 못하던 것도 단어 중간에 들어가면 자연스럽게 본음을 찾아가게 마련이다. 그러므로 첫

음절에 나오는 것만 두음법칙의 적용을 받는 것이지 중간에 들어가 있는 글자는 본음을 그대로 읽어 주어야 한다. 그러므로 '고냉지 배추'가 아니라 '고랭지 배추'라고 해야 한다. 마찬가지로 '수냉식'이 아니고 '수랭식'(水冷式 : 물로 식히는 것)이라고 써야 하고 그렇게 발음해야만 한다. 찰 冷자를 쓰기 때문이다. 역시 두 번째 음절이라 두음법칙과 관계없이 '랭'으로 발음해야 한다.

학생들에게 한자를 조금 가르친 다음 시험을 보면 재미있는 현상이 나타난다. 그저 그들이 알고 있는 글자만 가지고 다 표현하려고 하는 경향이 있다. '신음'을 한자로 쓰라고 했더니 대부분이 '呻音'이라고 썼다. 아마도 아는 것이 '소리 음(音)'자 밖에 없었든지, 끙끙대는 소리를 '읊조리는 소리'로 착각을 한 모양이다. 끙끙대는 소리는 '呻吟'이라고 써야 한다. 아프다고 끙끙대는 것이기에 '읊을 吟'자를 써야 한다. 즉 "앓는 소리를 냄, 고통이나 괴로움으로 고생하여 허덕임."을 뜻하기 때문에 읊을 음(吟)자를 쓰는 것이다.

다음의 예문을 보자.

심란(心亂) : 마음이 어지럽다.(최 교수는 마음이 심란스러워 줄담배를 피워댔다.)
심난(甚難) : 심히 어렵다.(태호가 위축되고 심난할수록 정호는 더욱 의기양양했다.)

두 문장을 보면 정확하게 의미가 다름을 알 수 있다. '마음이 어지러운 것'과 '심히 어려운 것'은 다르다. 그러므로 '심란하다'와 ' 심난하다'는 구분해서 써야 한다. 필자가 외국인들에게 한국어를 지도할 때는 반드시 짧은 글을 짓도록 해서 그 의미를 바르게 알고 있는가를 확인하는 습관이 있다. 문장을 만들어 보면 그 뜻을 바르게 알고 있는지 금방 알 수 있다. 한글 전용하자고 하지만 우리말은 한자어의 영향하에서 성장했으므로 한자를 무시하고 우리말로 바꾸는 것은 불가능하다. 그러므로 '숙맥'(菽麥 : 콩과 보리도 구분할 줄 모르는 아둔한 사람 (그 친구 진짜 숙맥 아니야? 이것도 '쑥맥'이라고 쓰는 사람이 많다.)) 이 되지 않으려면 어려서부터 한자어를 익히는 것이 좋다.

수소와 해님

나이 먹은 사람들에게는 참으로 어려운 것이 하나 있는데, 그것은 바로 지나치게 자주 바뀌는 맞춤법이다. 필자 같은 전공자도 어려운데 초등학교 졸업한 지 오래 된 친구들은 얼마나 힘들까 걱정이 되기도 한다. 개중에는 "틀리면 어때? 알아보기만 하면 되지." 하고 옛것을 고집하는 친구들도 있다. 그렇게 이해하고 읽기는 하지만 나중에 손주들과 대화를 할 때는 괜찮지만 숙제 봐 준다고 하다가 곤욕을 치를 것 같은 불길한 마음이 들기도 한다. 과거에 '자장면'과 '짜장면'을 가지고 어느 것으로 표준어를 삼느냐 하는 문제가 불거졌던 적이 있다. '자장면'이 표준어가 되었다가 세인들의 말이 많으니까 다시 '짜장면'도 표준어로 하자고 해서 복수표준어가 되었다. 서울에 사는 교양있는 사람들 대부분이 '짜장면'이라 하기 때문이다.

우리가 어려서 동화책을 읽을 때면 '햇님과 달님'이라고 되어 있었지만 지금은 '해님'이 표준어다. '사이시옷'은 합성어의 경우에만 사용할 수 있기 때문에 '해+님 = 해님'이 되는 것이 맞다. 왜냐하면 뒤에 오는 '님'은 접미사이기 때문이다. 우리가 선생님, 선배님, 어머님 등에서 보는 바와 같이 '님'은 상대방을 높이는 의미를 지닌 접미사다. 그러므로 해와 님이 합친 단어는 합성어가 아니기 때문에 '해님'이라고 쓰는 것이 맞다. 나이 많은 분들은 아직도 '햇님'을 고집하는 것을 보았다. 단순한 것이지만 고칠 것은 빨리 고치는 것이 낫다.

우리가 많이 틀리는 것이 바로 이 '사이시옷'의 문제인데, 오늘은 그 일부만 살펴보기로 한다. 과거에 황소를 말할 때 잠시 언급한 적이 있다. 황소는 수소를 말하는데, '한쇼'에서 온 것으로 '큰 수놈의 소'를 말한다고 했다. 이 수놈의 소를 쓸 때 '숫소'라고 쓰는 사람들도 많다. 과거에 그렇게 써 왔기 때문이기도 하고, '수소'라고 하면 산소, 불소, 탄소, 수소 등으로 생각하는 경향이 있을까 봐 '숫소'라고 쓰는 것 같았다. 마찬가지의 예로 수염소가 맞는지, '숫염소'가 맞는지 헷갈리는 사람들도 많다. 그래서 오늘은 간단하게 이에 관한 정리를 하려고 한다. 우선 표준어 규정 제 7항에 의하면

수컷을 이르는 접두사는 '수'로 통일한다

라고 나타나 있다. 그러므로 모든 것은 수로 써야 한다. 좀더 예를 들어 보자면 수꿩, 수고양이, 수나사, 수은행나무 등과 같이 '수'를 쓰는 것이 맞다. 그러나 모든 것이 이와 같이 하나로 통일되면 얼마나 좋을까? 항상 예외는 있는 법이다. 여기도 또한 예외가 존재한다. 같은 표준어 규정에 들어 있는 예외를 살펴보면

다만 양, 염소, 쥐는 접두사 '숫'을 사용하여 '숫양, 숫염소, 숫쥐'로 표현한다.

라고 되어 있다. 동일한 발상에서 '숫용'도 허용된다. 그러므로 위의 예외만 기억하고 나머지는 모두 수를 쓰면 된다. 이러한 예외 규정은 발음으로 인한 것이다. 숫염소[순념소], 숫양[순냥], 숫쥐[수쮜] 등으로 발음하기 때문에 어쩔 수 없이 '숫'을 인정한 것이라고 생각하면 된다. 다만 여기서 또 하나 반드시 기억해야 할 것이 있다. 바로 발음으

로 인한 표준어의 문제인데, 수벌이 맞느냐 수펄이 맞느냐의 문제가 있다. 다음의 경우는 소리나는 대로 적는다. 수캉아지, 수키와, 수캐, 수평아리, 수탉, 수퇘지, 수탕나귀 등은 거센소리로 발음하고 그렇게 적는 것을 표준어로 삼았다. 수키와만 빼면 나머지는 식탁에서 주로 볼 수 있는 것들이니 그렇게 기억하면 좋을 것이다.(수캉아지로 인해 문제가 될 것 같지도 한 발언이지만 기억을 돕기 위한 것이니 이해하리라 본다.)

그러면 정리해 보자. 수컷을 표기하는 것은 모두 '수'를 쓰는 것을 원칙으로 하고, 염소, 쥐, 양만 '숫'으로 쓴다고 기억하고, 식탁에 올라갈 수 있는 동물(개, 돼지, 닭 등)은 거센소리로 발음하기 때문에 수캐, 수탉, 수평아리 등으로 표기한다.

수입산(輸入産)과 국내산(國內産)

우리말 명사 중 근 80%가 한자어라는 것은 두루 아는 사실이다. 사실 외래어가 범람하기는 해도 아직도 주변을 둘러보면 거의 다 한자어임을 알 수 있다. 지금 글을 쓰는 주변에 보면 책장, 책, 액자, 문, 창문, 형광등 등의 보이는데, 이는 모두 한자어로 형성된 단어다. 아니면 컴퓨터, 오디오, 키보드 등 외래어도 많이 보이기는 한다. 순우리말로 된 것을 찾으면 별로 없다. 물론 부사나 형용사는 주로 우리말이지만 명사는 거의 한자어가 주를 차지하고 나머지는 외래어로 되어 있는 현실을 무시할 수는 없다. 그래서 오늘은 한자어 공부 좀 해 보려고 한다.

한때 우리는 외국산 제품을 엄청 선호했던 적이 있다. 필자가 자라던 시절에 미제라면 사족을 못 쓰는 부류가 꽤 많았다. 사실 그때는 옷도 변변한 것이 없어서 '우라까이'(일본어로 裏返 : 미군복등을 뒤집어서 다시 지은 옷, 현재는 기자들의 은어로 다른 기자가 작성한 기사를 적당히 바꾸어 자신의 기사로 만드는 행위를 말한다.)한 옷을 입고 다녔다. 여기서 유래한 말이 '근사(近似)하다'는 말이다. 한때는 근사하다는 말이 '좋다, 멋있다' 등의 의미로 쓰였다. "너 옷 참 근사한데!"라고 하면 "옷이 괜찮다."는 의미로 사용했지만 사실은 그 속에는 가짜라는 의미가 담겨 있다. 왜냐하면 가까울 근(近)에 같을 사(似) 자를 쓰는 것으로 '진짜에 가까운 가짜'라는 말이다. 요즘 말로 하면 짝퉁이다. 우라까이(?)한 옷이라도 미군복으로 만든 것이 새 것 같아서 좋았던 기억이 있다.

　요즘에는 다행히 신토불이(身土不二)라고 해서 국산을 애용하는 것 같아서 기분은 좋다. 사실은 농산물을 애용하자는 의미에서 나왔지만 외국에 나가 보면 '메이드인 코리아'를 굉장히 선호하는 것을 볼 수 있다. 중국에서도 한국산 화장품이 최고의 인기를 끄는 것이 현실이다. 초창기에 한국에 유학왔던 제자들 중에서 한국산 화장품을 인터넷으로 판매하다가 대박(?)이 난 아이들도 있다. 그만큼 한국산 제품이 세계적으로 호응을 얻고 있다는 말이다. 이런 의미에서 국내산(國內産 : 자기 나라에서 생산함, 또는 그 물건)은 의미 있는 제품들이다. 컴퓨터도 세계적인 제품이고, 휴대전화도 세계 어느 나라에 가지고 가도 부끄럽지 않다. 오히려 자랑스럽게 사용한다. 트럼프가 한국산 휴대전화기로 통화하는 것을 보고 기분이 몹시 좋았던 것을 기억한다. 프라하에 갔을 때 삼성 깃발이 온통 도시를 메우고 있었던 것을 보고 얼마나 뿌듯했는지 모른다. 이제는 한국산제품이 세계 일류의 물품이 되었음을 실감한다.

　문제가 되는 것은 바로 수입산(輸入産 : 외국에서 사들인 물건을 아울러 이르는 말)이다. 필자가 문제로 삼고자 하는 것은 단어의 뜻이다. 중국어로는 수입산품(輸入産品 : 수입한 물건)이라고 한다. 중국어로는 크게 문제가 될 것이 없지만 우리말로 표기하는 수입산에는 문제가 있다. 보통 국산(國産)이라고 하면 국내서 생산된 물건(상품)을 이르는 말이다. 원래 '--산'이라는 단어는 '지역 혹은 지명을 나타내는 말 뒤에 붙어서 거기에서 산출(생산)된 물건임을 뜻하는 접미사'이다. 그렇다면 그 앞에는 지역명이 들어가야 한다. 즉 미국산, 영국산, 터키산 등으로 표기하는 것은 전혀 무리가 없다. 그러나 수입산이라고 쓰는 것은 문제가 있다. 왜냐하면 '수입'이라는 단어는 지명이 아니기 때문이다. <표준국어대사전>에 접미사의 개념을 설정할 때 이와 같이 '—

-산'앞에는 지명이 들어가야 한다는 것을 자연스럽게 밝혀놓았음에도 불구하고 요즘 뉴스에 나오는 것들을 보면 전혀 그렇지 못하다. 아무 생각 없이 "국산 돼지고기는 붉은색이 선명하지만 수입산은 검붉은 색입니다.", "마늘은 뿌리가 있는 것이 국산, 뿌리 부분이 매끄럽게 잘린 것이 수입산입니다."(강재형, 강재형의 말글살이, 재인용)와 같이 쓰고 있다. 위의 글은 "어느 나라 돼지고기가 검붉은 색이고, 어느 나라 마늘이 매끄럽게 잘린 것"인지 명확하게 해야 한다. 그냥 수입산이라고 하면 말이 되지 않는다. 차라리 '외국산'이라고 하는 것이 훨씬 바람직하다.

언어는 그 사람의 인격과 같다. 한국어는 우리 민족의 얼이다. 바른 말을 써야 세계의 으뜸 민족이 될 수 있다.

스승, 선생, 교사

　금년에도 어김없이 스승의 날이 다가오고 있다. 과거 중등학교에 있던 시절에는 스승의 날이면 잔치하는 날 같았다. 아이들의 장난도 받아주고 선물도 한 아름 안고 집에 들어오면 가족들은 선물 고르면서 즐거워하곤 했다. 김영란법의 영향으로 교실에서 스승의 날 행사가 사라진 것이 꽤 된 듯싶다. 금년에는 축제기간이라 홀가분하기도 하다. 과거에 나름대로 인기 있던(?) 교사 시절에는 스승의 날이면 어깨에 힘주고 선물 꾸러미 잔뜩 안고 귀가했는데, 요즘은 생화도 안 된다고 하니 조금 아쉬운 감이 없지 않으나 몇 년 그렇게 지나고 보니 그러려니 한다. 우리과 제자들은 그래도 뭔 날이라고 교수들을 한 강의실에 오라고 해서 **깡, *터칩, 바바나 등을 먹으며 스승의 날 노래도 불러주고 조화도 달아준다. 금년엔 조용히 지날 것 같다. 어떻게 보면 다행인지도 모른다. 선물 많이 받던 시절에는 몰랐지만 소외받던 교사들도 있었고, 이제 늙으니 아이들도 어려워해서 연구실에도 자주 안 온다. 오호 애재라!

　스승이라는 말에는 종교적인 의미가 있다. 한자로 볼 때 '스승 무(巫), 화랑이 격(覡)'이라고 한다. 즉 무당 중에서 여자무당을 스승이라고 하고 남자무당을 화랑이라고 한다는 말이다. 어쩌다가 여자 무당이 스승이 되었을까? 그 유래는 신라시대까지 거슬러 올라간다. 신라시대에는 여자가 제사장을 할 정도로 여성의 지위가 높았다.(참고로 신라시대에는 여왕도 3명 있었다.) 남해차차웅이 왕위에 올랐을 때 박혁거세를 모시는 사당을 짓고 '아로부인'을 제주로 삼아 제사를 지냈다는 기록이 있다.(졸저, 문학과 성) 아로부인은 남해차차웅의 누이이며, 박혁거세의 딸이다. 남해왕이 스스로 제주의 직분을 누이에게 넘겨준 것은 여성의 권위가 높았음을 시사한다.(<朝鮮巫俗考>, 南解次次雄 以其親妹阿老 主祭始祖廟) 그리하여 왕의 스승 노릇도 할 수 있다.(阿老亦必是巫) 과거에 유행했던 <선덕여왕>이라는 극중에서 미실의 역할이 이에 해당한다. 또한 옛날에는 중(스님)을 '사승(師僧)' 또는 '사(師)님'이라고 높여 불렀다. 여기서 '사(師)'의 중국 발음이 '스'라는 점으로 미뤄 '사승'이 '스승'으로, '사님'은 '스님'으로 변했다는 설도 있다.(최기호, <어원을 찾아 떠나는 세계문화여행(아시아편)> 그러므로 스승이라는 말은 종교적인 색채가 강한 영적 지도자를 의미한다고 보아야 한다.

다음으로 선생이라는 말은 한유의 <사설(師說)>에 처음 등장한다. "옛날에 배우는 사람은 모두 반드시 스승을 두었나니, 스승이라는 분은 이른바 도를 전하고, 업을 전수하고, 의혹을 풀어주는 분이다. 나보다 먼저 태어나서 그 도를 들음이 진실로 나보나 먼저이면 내가 좇아서 그를 스승으로 섬긴다.(生乎吾前하여 其聞道也 固先乎吾면 吾從而師之)"라고 하였다. 여기서 '선생(先生)'이라는 단어는 '도를 먼저 듣고 후학에게 전하는 사람'의 뜻이다. 도라는 것은 결국 종교적인 의미도 있으나 인생 전반의 진리를 말하는 것이다. 도를 전하고, 수업을 하며, 미혹한 것이 있을 때 말끔하게 해결해 줄 수 있는 능력이 있는 분이 선생님이다. 고려 때에 선생이란 말은 과거에 급제한 사람에 대한 존칭이다. 조선조 중엽 때 기록인 <해동잡록(海東雜錄)>에 보면, 당시 선비들은 술 마시며 글 짓는 문주회(文酒會)에서 벼슬이 높거나 낮건 간에 서로 선생 호칭을 하였다.(에듀넷) 아이들에게 모범이 되고 인생의 멘토가 될 수 있는 지도자의 면모를 갖춘 분이 선생님이다. 그러므로 선생은 도를 닦고 과거에 급제한 덕망 있는 사람을 칭하는 말이었다.

끝으로 교사는 사전적 의미로 볼 때 세 가지로 나눌 수 있다. 우선 '스승으로서의 교사', '전문 직업인으로서의 교사', '교원으로서의 교사'로 나눌 수 있다. 오늘날에는 스승이나 선생의 개념보다는 전문직업인이나 교원의 신분을 나타내는 경우가 더 승한 느낌이 있다. 근자에 들어 스승으로서의 이미지보다는 전문 직업인으로서의 교원의 성격이 더 강해진 느낌을 지울 수 없다.

스승의 그림자도 밟지 않던 시절이 있었다. 아이들이 잘못하면 "너 선생님께 이를 거야"라고 하면 만사형통하던 시절도 있었다. 지금은 교권이 땅이 떨어지다 못해 땅속으로 들어가고 있는 실정이다.

오호 통재라! 집안에 아버지의 권위가 사라지면 가정이 무너지고, 학교에서 교권이 무너지면 나라의 미래가 사라지는 것을 어찌 모르는가?

신문(訊問)과 심문(審問)

　필자가 대학에 다니던 시절에는 통금시간이라는 것이 있었다. 통행금지를 줄여서 통금이라고 했다. 1982년 1월 5일에 야간 통행금지가 해제되었다. 통행금지는 국가 안보와 치안유지라는 명분으로 1945년부터 37년간 지속되었다. 그러니까 필자가 교단에 서기 직전에 통행금지가 해제된 것이다. 대학에 다니던 시절에는 통행금지라는 것이 있어서 친구들과 곤욕을 치른 적이 몇 번 있다. 특히 술에 취한 친구들 집에까지 데려다 주고 성남에 있는 집까지 오려면 보통 어려운 것이 아니었다. 할 수 없이 친구집에서 본의 아니게 폐를 끼친 적도 많았다. 지금은 거의 퇴직했지만 그때의 친구들은 술을 마시면 필름(?)이 끊길 때까지 마셨다. 그런 친구들 뒤치다꺼리하자면 보통 어려운 것이 아니었다. 버스를 몇 번 갈아타고 성남에 가려면 공수부대 출신의 친구는 버스 안에서 노래를 크게 부르곤 했다. 군대 노래는 다 알시다시피 음란함의 극치를 달린다. "여대생 미스 리"라는 노래 개사한 것을 매번 불러서 필자를 괴롭혔던 친구가 있었다. 노래 부르면서 필자에게 모자를 벗어서 구걸하도록 장난을 치는 것이다. 이런저런 연유로 해서 파출소에 가면 조서를 쓰고 훈방되어도 통행금지가 풀려야 집으로 돌아간다. 전두환 정권하에서 과외 지도하다가 걸려서 경찰서에 가서 신문을 받기도 했고, 1980년인가 서울의 봄이라고 하는 민주화(?) 데모하다가 혼줄나기도 했다. 그럴 때마다 신문(訊問)을 받고 조서를 다 쓴 후 훈방되곤 하였다. 그 당시만 해도 학생들이 민주화 투쟁, 전두환 퇴진 등을 이유로 이모저모로 서울역에 많이 나갔는데, 시경에 끌고 가도 학생이라는 이유로 그리 혹독하게 대우하지는 않았다.(물론 나중에 박종철 고문사건이나 이한열 사건 등이 있기는 했지만 그것은 후배들 때의 일이다.)

각설하고 이렇게 신문(訊問)을 받는 것과 심문(審問)하는 것의 차이가 있는데, 지금 젊은이들한테 물었더니 별로 아는 친구가 없었다. 그래서 오늘은 신문과 심문의 차이를 자세하게 풀어보려고 한다.(신문을 많이 당해 봤으면 잘 알 텐데, 착한 학생들이라 공부만 해서 잘 모르는 모양이다.) 신문(訊問)이란 "1. 알고 있는 사실을 캐어 물음, 2. (법률용어)법원이나 기타 국가 기관이 어떤 사건에 관하여 증인, 당사자, 피고인 등에게 말로 물어 조사하는 일"이라고 사전에 나와 있다. 예문으로는 " 봉학이는 수문(守門)하는 관원으로 궐문 밖에서 대신 댁 계집 하인을 붙들고 희롱하였다고 신문을 받았다."(홍명희, <임꺽정> 중에서)와 같이 쓸 수 있다. 그러니까 말로 물어보든지, 수사기관에서 '캐묻는 것'을 말한다. 요즘은 뜻이 확장되어 신문자에 의해 통제되는 조건에서 직접 질문의 방법으로 대상자로부터 첩보를 획득하기 위한 체계적인 노력이라고 표현하기도 한다.(다음사전)

그렇다면 심문(審問)은 무슨 의미를 담고 있을까? 우선 사전적 풀이를 보면 "1. 자세히 따져서 물음, 2. (법률용어) 법원이 당사자나 그 밖에 이해관계가 있는 사람에게 서면이나 구두로 개별적으로 진술할 기회를 주는 일"이라고 나타나 있다. 그러니까 심문이 더 법률적인 성격이 강한 말이다. 여기서는 '통제하지 않고 질문하는 것'에 방점을 찍어야 한다. 즉 임의적인 질문이라고 할 수 있다. 우리나라는 민사소송법상 '심문은 서면 또는 구두로 당사자 기타의 이해관계인에게 개별적으로 진술할 기회를 부여하는 것'을 말한다.(다음 백과) 즉 신청인의 상대방 혹은 그 밖의 이해관계인으로부터 사정을 들어 그 이익을 고려하기 위해 행해지는 것이다. 그러니까 법률적인 의미가 강하다는 말이다. 예문으로 "공판이 시작되자 재판장은 O 사장에 대해 인정심문을 시작했다.", 혹은 " 검찰은 그를 밤새워 심문하였지만 새로이 알아낸 사실은 없었다."와 같이 쓸 수 있다. 두 번째의 문장은 '신문'과 유사하게 볼 수 있으나 공식적으로 검찰에 소환되어 법률적으로 조사를 받고 있는 것을 말한다.

사실 많은 사람들이 신문(訊問)과 심문(審問)을 구별하지 않고 사용하고 있는 것이 현실이다. 수사기관이 캐묻는 것이 신문이고, 검찰이나 법원에서 '자세히 묻는 것'이 심문이라고 생각하면 이해하기 쉬울 것이다.

신뻥이라 삐까번쩍해!

어린 시절에 많이 쓰던 말이다. 신뻥이라고도 했고. 새뻥이라고도 했던 기억이 있다. 설날이 되면 설빔을 입고 자랑하고, 친구들이 추석이 되어 추석빔을 입고 나오면 "삐까번쩍하다."고 친구들의 옷을 칭찬했었다. 그리고 그것이 순우리말인 줄 알았다. 이 글을 읽고 있는 60대의 친구들은 필자의 이 말에 공감할 것이다. 설날이 되어도 설빔을 입는 것이 그리 쉽지 않은 시대였기 때문이다. 그저 입던 옷을 깨끗하게 빨아서 잘 다려주면 그것으로 최고였는데, 새 옷을 사다 주면 얼마나 날아갈 것 같았을까? 초등학교(예전엔 국민학교라고 했다.) 저학년 때였던 것으로 기억하는 슬픈 얘기를 하나 해야 겠다. 필자는 별로 투덜거리지 않았고, 언제나 "예"라는 대답밖에 할 줄 모르는 아이였다. 추석 전후였던 것 같은데, 기억은 가물가물하다. 장날 장에 다녀오시는 어머니를 마중나가는 일은 설레임과 기대로 가득 찬 즐거운 일이 아닐 수 없었다. 무엇을 사 오실까 궁금하기도 했고, 뭔가 새로운 것에 대한 기대감으로 충만했었다. 계란 몇 꾸러미 가지고 가셨으니 그것하고 바꿀 것이 얼마 되지는 않았을 것이다. 하나 둘 장보따리를 푸는데, 기대했던 것이 없었다. 큰형, 작은형, 막내의 물건은 있었는데, 내 것은 하나도 없었다. 얼마나 서운했던지 몰래 장독대 옆에 가서 울었다. 뭐 사 달라 소리는 못했고, 하얀 고무신이나 하나 사 줬으면 했는데, 그것도 없었다. 후에 6학년이 되니 20리길 타고 다닐 자전거가 생겼다. 그래서 그 자전거 뒷바퀴에 고무신을 대고 마구 돌렸더니 펑크가 났다. 어머니한테 "고무신이 빵꾸(?)났으니 다음 장날 사주세요."라고 했더니, 다음 장날 결국은 구멍난 곳을 때워가지고 오셨다. 내 팔자야! 그래서 결국 난 신삥(?)은 한 번도 입어보지 못했던 것이 슬픈 기억으로 남아 있다. 대학에 입학했을 때 처음으로 아버지께서 경남약복총판에 가서 양복 한 벌 사 주신 것이 처음이었다. 신삥은 필자와는 거리가 먼 얘기였다. 큰형에서부터 작은형이 물려받고 필자까지 내려오는 것이 상례였다. 오늘은 필자의 신세타령하다 보니 쓸데 없이 길어졌다.

　신삥(しんぴん)은 '신품(新品)'을 의미하는 일본어다. 그럼에도 불구하고 우리는 늘 이 말을 써 왔다. 아직도 이 단어를 쓰는 친구들을 많이 보았다. 이제는 '새 것'이라고 하든지 '신품'이라고 해도 좋은데, 습관적으로 신삥이라고 하는 것 같다. 그만큼 새 것이 귀하던 시절이었다. 이와 함께 많이 쓰는 말이 '삐까번쩍'이다. 이 말은 일본어도 아니고 우리말도 아닌 잡탕어다. 일본어로는 '삐까삐까(ぴかぴか)'라고 한다. 이걸 우리말로 한다면 '반짝반짝'이라고 해야 한다. 그런데, 이상하게 앞에는 일본어를 쓰고 뒤에는 우리말을 붙여서 '삐까번쩍'이라고 한다. 그리고 그렇게 사용한 것이 상당히 오래 되었다. 그냥 '반짝반짝'한다고 해도 좋을 것을 왜 이렇게 이르기 시작했는지 모르겠다. 이런 단어는 우리말에서 자주 볼 수 있다. 모두 필자의 어린 시절의 이야기다. "차들이 나래비 서서 간다."는 표현도 자주하였다. "줄 맞춰 서라."라고 하지 않고, "나래비(나라비ならび)서라."고 하였다. '나와바리'는 어깨 넓은 엉아들(?)이 자주 쓰는 용어다. "감히 나의 나와바리에서 까불어!"와 같이 폭력영화에서는 우리말처럼 쓰고 있고, 젊은 친구들도 그 영향인지는 몰라도 우리말처럼 쓰고 있는 것이 바로 이 단어다. '나와바리なわばり(縄張り)'는 우리말로 하면 '관할구역'이라고 하면 좋을 것이다. 어깨 넓은 엉아들(?)은 '영역'이나 '내 구역' 쯤으로 인식하는 것 같다. 나의 영역에 와서 까불지 말라고 할 때 이런 표현을 많이 쓰는 것을 보았다. 하기야 '기쓰き ず'가 우리말인 줄 알고 있는 대학생도 많으니 누굴 탓하겠는가? 잘못 가르친 필자를 탓하는 것이 합당할 것이다. "차에 상처가 났다."는 말을 "차에 기스가 났어." 혹은 "내 차에 스크래치 생겼어."와 같이 표현하는 것이 현실이다. 오호 애재라!

  어린 시절에는 그것이 한국어인 줄 알고 썼지만 이제는 바로잡아야 할 때가 되었다. 우리말에 일본어의 흔적이 많은 것도 사실이지만, 이제는 영어나 프랑스어 등이 분별없이 들어와 자리잡고 있어서 걱정이다. 아름다운 우리말을 사용하는 교양있는 사람들이 되자.

실랑이와 실갱이와 승강이

　세월이 많이도 흘렀다. 금천고등학교에 근무하다가 사표를 내고 중부대학교에 갔다. 금산이라는 곳이 외진 곳이기도 하고, 아는 사람이라곤 한 명도 없는 곳인데 무작정 안양 집 팔고 대전으로 이사갔다가 진산면의 산골로 들어갔다. 처음 대학에 근무하게 되니 참으로 자유롭고 좋았다. 더군다나 학교 근처 전원(농가)주택에 사니 학생들도 자주 오고 밤낮으로 채마밭 가꾸는 일이 참으로 좋았다. 가끔 이야기하지만 필자는 술을 거의 마시지 못한다. 체질이 그렇기 때문에 한 잔 마시면 병원에 실려간다. 1997년 MT 때였던 것으로 기억한다. 이른바 신고식을 해야 하는 시간이 왔다. 당시 학생들은 술을 트럭에 싣고 갈 정도로 많이 마셔댔다. 처음부터 술을 마시지 못한다고 했지만 아이들은 들어주질 않았다. 아마도 95학번 제자들이 이 글을 읽는다면 그때 일이 기억날 것이다. 코펠에 소주 한 병을 붓고, 나머지는 맥주로 채웠다. 요즘 말로 하면 소맥이다. 그때 이미 이 녀석들은 소맥을 즐기고 있었다. 문제는 그것을 입을 떼지 않고 한 번에 마셔야 한다는 것이다. 오기가 도져서 한 번에 다 마셨던 것으로 기억한다. 그리고는 기억이 없다. 아마 쓰러지기 싫어서 조용히 일어나 내 방으로 건너가 토하고 잤겠지 하는 것이 전부다. 그래도 다음날 일찍 일어나 아이들 깨워서 바닷가를 달렸다.
　신고식이라는 것은 "1. 어떤 집단이나 조직에 처음 온 사람이 그 조직에 소속되기 위하여 원래 있던 사람들에게 자신을 알리려고 치러야 하는 의식 또는 절차, 혹은 2.맡은 일을 공식적으로 처음 하는 것을 비유적으로 이르는 말"이다. 신고식에 해당하는 우리말이 바로 '실랑이'다. '실랑이'를 사전에서 찾으면 "서로 자기주장을 고집하여 옥신각신하는 일"이라고 나와 있지만 원래는 '신래위(新來位)'에서 유래한 말이다. 과거 시험에 합격한 후 임금 앞에 나가는 행사가 있는데, 이때 부르는 말이 "신래위!"다. 그 의미는 "과거에 새로 급제한 사람"이라는 뜻이다. 이후 급제자는 '호신래(呼新來)'라는 과정을 거쳐야 한다. 그저 관행으로 하는 괴롭힘이라고 보면 된다. 요즘 말하는 신고식이 바로 그것이다. 과거에 급제한 사람을 집밖으로 불러내서 장난을 한다. 먹칠을 하기도 하고, 옷을 찢기도 하며 갖은 모욕적인 행동을 다 한다. 그야말로 신고식이다. 그러니까 이것이 변해서 '남을 못살게 구는 행동'을 '신래위'라 하고 이것이 변해서 '실랑이'가 되었다. 그러니까 요즘 말하는 것처럼 "서로 자기 주장을 하면서 옥신각신하는 것"이 아니라 일방적으로 한 쪽을 괴롭히는 것이었다.

이런 말이 다시 변해서 '실갱이'라는 비표준어로 많이 쓰이고 있다. '옥신각신할 때', 많은 사람들이 '실갱이한다'고 표현한다. 그러나 이것은 실랑이의 비표준어일 뿐이다. 이 말은 '실랑이'와 '승강이'가 합쳐서 와전된 것이 아닌가 한다. '승강이'라는 말은 한자어 '昇降이'에서 유래한 것이다. 즉 '오르락내리락' 하듯이 "서로 자기주장을 고집하여 옥신각신하며 다툼"을 이른다. 이렇게 본다면 '실랑이'와 '승강이'가 거의 같은 의미로 쓰이고 있음을 알 수 있다. 그러나 깊이 그 의미를 따져 본다면 근본적으로는 다른 유래에서 비롯되었음을 알 수 있다. '승강이'는 화가 나서 혈압이 오르내리거나 주먹이 오르내릴 수 있을 정도로 논쟁이 오락가락하는 것을 말함이고, '실랑이'는 '신고식'과 같은 의미를 지닌 것으로 일방적으로 한 쪽을 괴롭히는 것에서 유래했다. 이렇게 근본이 다른데 세월이 흐르면서 두 단어가 '실갱이'처럼 하나로 합쳐지는 현상이 나타나게 되었고, 그 의미도 비슷하게 굳어버렸다. 참으로 애석한 일이다. 언어가 시작할 때는 그 본래의 의미가 있었는데, 잘못된 전달로 인해 우왕좌왕하다가 같은 의미가 되었으니 변해도 지나치게 변했다.

본래의 의미를 한 번 더 살펴 보면 '실랑이'는 과거에 급제한 사람을 선배들이 괴롭히는 것에서 비롯된 것으로 '일방적으로 남을 못살게 구는 것'이며, '승강이'는 한자어 '昇降이'에서 유래한 것으로 논쟁이 심각해서 혈압이 오르락내리락할 정도로 심각하게 자신의 주장이 옳다고 옥신각신하는 것을 말한다. '실갱이'는 '살랑이'와 '승강이'가 합쳐진 것이나, 지금은 비표준어이다. 현재는 '실랑이'와 '승강이'가 다 "서로 자기 주장을 고집하며 옥신각신하는 것"으로 나타나 있다.

아삼륙과 삼팔따라지

학창시절에는 알지도 못하는 말을 그냥 써 왔다. 남들이 말하면 멋이 있어 보이는 것도 있었고, 또 그들이 하는 말이 다 맞는 말인 것 같아서 그 의미를 살피지도 않고 사용했던 용어들이 많았다. 그 중에서 친구 간에 '아삼륙'이란 단어를 자주 사용해 왔고, 북한에서 월남한 부모를 둔 친구들에게는 '삼팔따라지'라는 말을 해 왔다. 그것이 모두 노름판에서 사용하는 용어라는 것은 한참이 지난 후의 일이다. 꽤 오래 전에 '대박'이라는 단어가 노름판에서 나왔는데, 요즘은 일상어가 되었다는 말을 한 적이 있다. 요즘 아이들은 자주 쓰는 말이 아니지만 베이비부머 세대는 '아삼륙'과 '삼팔따라지'라는 말을 많이 썼을 것으로 안다. 오늘은 노름판에서 나온 이 말들이 어떻게 일상용어가 되었는지 어원을 통해 살펴보기로 한다.

태호는 밥 먹을 때와 잠잘 때를 빼고는 철수랑 늘 같이 다니며 아삼륙으로 지냈다.

위의 예문에서 보는 바와 같이 아주 절친한 사람을 말할 때 '아삼륙'이라는 표현을 쓴다. 사전적 정의는 "1. 서로 꼭 맞는 짝을 비유적으로 이르는 말, 2. 골패의 쌍진아, 쌍장삼, 쌍준륙의 세 쌍"을 이르는 말이다. 어쩌다가 이렇게 되었을까 살펴보기로 하자. 사실 필자는 노름을 잘 못하기 때문에 서책에 의존하여 설명하는 수밖에 없다. 위에 있는 사전적 정의 중 2번을 보면 '골패의 쌍진아, 쌍장삼, 쌍준륙'이라고 했는데, 이것이 무엇인지 잘 모른다.(슬프게도 필자는 어린 시절(?)에 민화투, 육백, 고스톱까지밖에 못 배웠다.) '쌍진아·쌍장삼·쌍준륙'은 골패에 나오는 말로 이렇게 맞추면 끗수를 세 곱으로 쳐준다고 한다. 그래서 서로 잘 어울리는 짝을 이를 때 '아삼륙(么三六)'이라고 한다. 중국의 마작 용어에 이삼륙(二三六, 얼싼류)이 변한 것이라고도 한다.(장진환, <신문 속 언어지식>) 골패라는 것이 무슨 노름인지는 모르지만 마작과 비슷한 종류가 아닌가 한다. 아삼륙을 다른 말로 '쌍비연(雙飛燕)'이라 이라고도 한다. 짝이 맞는 패가 합하여 시너지 효과(전체적 효과에 기여하는 각 기능의 공동 작용이나 협동)를 올리듯이, '서로 뜻이 맞아 꼭 붙어 다니는 친구'나 '서로 꼭 맞는 짝'을 비유할 때 쓰는 말이다.

따라지라는 말도 노름판 용어다. 도리짓고땡(다섯 장의 패 가운데, 석 장으로 열 또는 스물을 만들고, 남은 두 장으로 땡 잡기를 하거나 끗수를 맞추어 높은 쪽이 이기는 화투 노름)에서 유래했다. 학창 시절에 친구나 후배들이 입으로 중얼거리며 '장삼칠, 이팔장, 얼구장(일구장)' 등등을 말할 때 무슨 뜻인지 몰라 물었던 적이 있다. 친구들은 "애들은 몰라도 되는 거야." 하면서 웃고 넘길 때 자존심이 상했지만 지금 생각하니 정말로 몰라도 되는 것이 맞았다. 도리짓고땡에서서는 '열 끗짜리 두 장(장땡)을 잡은 것이 제일 높은 것'인데, 우리 일상생활 속에서도 '장땡'이라는 표현은 자주 쓴다. 서민들의 삶에서 가장 좋은 수는 '장땡'이다. 그럼에도 불구하고 더 높은 것이 있는데, 그것이 바로 삼팔광땡이다. 사실 사전에는 '광땡'이라는 용어는 나타나지 않는다. 나중에 규칙을 일부 변형하여 광땡을 만들어낸 것이 아닌가 한다. 아무튼 삼광과 팔광을 갖고 있으면 장땡보다 높은 것으로 인정하는 것이 필자 세대의 추세였다. 그러나 삼이나 팔이 광이 아니라면 의미가 달라진다. 끗수를 더하면 1밖에 되지 않기 때문에 아무 짝에 쓸모없는 패가 된다. 더군다나 우리나라는 삼팔선(휴전선 이전에 남과 북을 나누던 선)이 있어서, 6·25 전쟁이후 혈혈단신 월남한 사람들이 많이 있었으니 당시 사람들이 이들을 낮추어 부를 때 '삼팔따라지'라고 하였다. 사전에도 나오지 않는 단어를 만들어서 광땡으로 확장하기도 하고, 하찮고 따분한 처지를 의미하는 용어로 '따라지 신세'라고 하기도 하였다. '따라지 목숨'이라는 말도 생겼다. "남에게 매여 보람 없이 사는 하찮은 목숨"이라는 뜻이다. 월남해서 살기도 힘들었을 텐데, 속어로 '삼팔따라지'라 불렸으니 얼마나 속이 상했을까?

알게 모르게 우리말에는 노름판에서 유래한 것이 의외로 많다. 가려 쓰는 지혜가 필요하다.

아저씨, 아주머니 그리고 아줌마

가끔 여행을 하다 보면 휴게소에 관광버스가 들어오고, 아줌마들이 떼 지어 내린다. 그들은 화장실이 급하면 남자화장실에 쳐들어가서 볼일을 본다. 남자가 여탕(?)에 들어가면 '불법무기소지죄(?)'가 되지만 아줌마가 남탕(?)에 들어오면 죄가 되지 않는 모양이다. 가끔 고속도로 휴게소에서도 여성들이 아무 거리낌 없이 들어와서 청소하는 것을 본다. 요즘은 이력이 생겨서 그냥 자연스럽게 볼 일을 보지만 예전에는 조금 불편한 것이 사실이었다. 한국의 아줌마는 제3의 성이라고 한다. 이런 아줌마들의 근성이 있었기에 아이들을 지극정성으로 키우고 오늘의 대한민국을 이룬 것이 아닌가 한다.

제번하고 아줌마와 아주머니, 그리고 아저씨의 어원을 살펴 가면서 이야기를 진행해 보기로 한다. 사실 아줌마보다는 아주머니가 조금 위엄 있게 들린다. 아줌마라고 하면 뭔가 모르게 천박(?)한 느낌이 나기도 하지만 원래부터 그랬던 것은 아니다. 그냥 일반적인 호칭으로 아줌마를 많이 써 왔다. '아줌마'는 원래 친족 여성을 부르던 호칭이다. 그러던 것이 일반화되었다. 지금도 식당에 가면 아줌마라고 부르기도 하고 '이모'라고 부르기도 한다. 아마도 친근감의 표현으로 이리 변한 것이 아닐까? 즉 개념이 확대된 것이다. 친족 여성만을 이르던 것이 대중화되었다. '이모' 또한 마찬가지다. 어머니의 자매를 '이모'라고 하지만 요즘은 식당에서 일하는 여성을 부를 때 쓰는 말로 바뀌었다. 이런 경향은 우리의 형제국이라는 터키도 동일하다. 거기서도 젊은이들이 식당에서 여성을 부를 때 '떼이제' 하고 부르는데, 이것이 이모라는 뜻이라고 한다.

'아줌마'는 고문헌에는 '아자마(아ᄌ마)'로 나와 있다. 이 '아자마'는 '아자(소(小))'와 '마(모(母))'가 결합된 것이다.(조항범, 우리말 어원이야기) 그것을 현대식으로 풀이한다면 '작은 어머니' 정도가 되겠다. 그렇다고 정말로 작은 어머니가 아니고 호칭(항렬상) 체계에 있어서 어머니항렬에 있는 여성을 일컫는 말이다. 우리가 작은아버지라고 했을 때 정말로 덩치가 작거나 왜소해서 작은아버지라고 부르는 것이 아니고 아버지보다 손아랫사람을 지칭하고 있다는 것은 누구나 알고 있다. 큰아버지도 마찬가지다. 어머니에 비해 같은 항렬이지만 손아래사람(혹은 부차적인 사람)이라는 의미가 들어 있다. 즉 고모나 이모, 숙모, 백모 등을 두루 지시할 수 있는 평칭이었던 것이다. 이 '아자마'가 "아ᄌ마>아주마>아줌마"로 변한 것이니, 과거 '어마'가 '엄마'로 바뀐 것과 같다. 이렇게 친족어였던 것이 세월이 흐름에 따라 의미확장의 과정을 거치면서 동네 여인을 모두 칭하게 되었다. 파출부 아줌마, 가게 아줌마, 옆집 아줌마 등으로 변하면서 일반적인 여성을 지칭하게 되었고, 그것이 요즘은 제3의 성을 나타내는 파격적인 단어로 변한 것이다. 그래서 요즘은 '아줌마'라고 부르면 기분 나쁘게 생각하는 여성들이 많다. 반면에 근성으로 똘똘 뭉친 성장의 동력으로 파악하는 부류도 있다. '줌마부대'라든가, '줌마축제'(대전 안영동 농협에서는 가을에 아줌마 축제를 한다.) 등과 같이 한국의 전형적인 여인상을 의미하기도 한다.

아줌마에 비해 '아주머니'는 조금 더 품위 있는 느낌이 든다. '아자미 수(嫂)', '아자미 고(姑)'와 같이 쓰였으나, '아주머니'는 '아자마님'에서 유래한 것으로 '아자미'의 존대어가 된다.(서정범, 새국어어원사전) '아자미'의 '미'는 '할미, 어미'라고 할 때의 '미'와 같이 여성을 지칭하는 말이다. '머니'는 어머니의 '머니'와도 같다. '심마니, 똘마니'라고 할 때 '마니'도 사람을 지칭하지만 '아주머니, 할머니, 어머니'라고 할 때 '머니'는 여자에게만 쓰인다.

한편 아저씨는 위에서 살펴본 바와 같이 작다는 의미의 '앗(아자 소(小))'과 '다음, 버금 (차(次))'의 의미에 '씨(氏)'를 합한 것이 아닌가 한다. 우리는 흔히 '아기씨, 아저씨, 아가씨' 등과 같이 다양하게 '씨'를 활용하고 있음을 본다. 그러므로 '아저씨'도 아버지 항렬의 친족어였는데, 아줌마와 마찬가지로 일반화되었다고 보아야 한다.

아줌마의 힘이 있었기에 우리나라가 이렇게 발전한 것이라고 생각한다. 아저씨 또한 대한민국을 세우는데 혁혁한 공을 세웠지만 이제는 세월에 밀려 꼰대(?)가 되고 있으니 안타깝다.

나는 자랑스럽게 이 나라의 '아저씨'가 되련다.

(그런데 이상하게 다들 할아버지라고 부른다. 투덜투덜)

안갚음과 앙갚음

　대학 시절에 설촌(雪村) 김상홍(金相洪) 선생님께 <진정표(陳情表)>라는 글을 배웠다. 그 당시에도 참으로 눈물을 많이 흘리며 읽던 글인데, 오늘 다시 읽어 보니 여전히 눈물이 나올 정도의 명문이다. 선생님께서는 말씀하시길 "<출사표(出師表)>를 읽고 눈물을 흘리지 않으면 충신이 아니요, <진정표(陳情表)>를 읽고 눈물을 흘리지 않으면 효자자 아니다"라고 하셨다. 흔히 반포지효(反哺之孝)로 잘 알려진 글이 바로 이밀의 진정표라는 글이다. 일부분만 인용해 보면

　"유 씨(할머니)는 목숨이 서산에 걸린 해와 같아서 숨결이 가물가물하고, 인명이 위태로워 아침에 저녁 걱정을 할 수 없습니다. 저는 할머니가 없었으면 오늘에 이르지 못했을 것이고, 할머니는 제가 없으면 남은 생을 마칠 수가 없습니다. 할머니와 손자가 서로의 목숨이 되어 주고 있습니다. 이러한 구구한 변명으로 능히 할머니를 두고 떠날 수가 없습니다. 저는 금년에 나이가 마흔 네 살이고 할머니 유 씨는 아흔 여섯입니다. 제가 폐하께 충성을 다할 날은 아직 많이 남아 있고, 할머니께 보답할 날은 얼마 남지 않았습니다. 까마귀의 (반포보은하고자 하는) 정으로 바라옵고 바라옵나니 할머니가 돌아가실 때까지만 봉양하도록 애원하옵나이다.(劉日薄西山, 氣息奄奄, 人命危淺, 朝不慮夕. 臣無祖母, 無以至今日, 祖母無臣, 無以終餘年, 母孫二人, 更相爲命, 是以區區不能廢遠. 臣密今年四十有四, 祖母劉今九十有六, 是臣盡

節於陛下之日, 長, 報劉之日, 短也. 烏鳥私情, 願乞終養)

라고 하였다. 이 구절에서 눈물이 흐르지 않을 수가 없었다. 이러한 반포의 효를 일컬어 '안갚음'이라고 한다. 많은 독자들이 의아할 것이다. 앙갚음을 잘못 쓴 것이 아닌가 하고 다시 질문을 할 수도 잇다. 그러나 절대 그런 것이 아니다. 이 두 단어는 받침 하나의 차이로 정반대의 뜻을 지니고 있다. 발음도 비슷해서 착오를 일으키기 십상이다. 진나라의 무제가 동궁의 스승이 되라는 명령을 내렸는데도 거절하면서 올라가지 못한 이유가 바로 할머니를 봉양하기 위함이었으니 이밀의 할머니에 대한 효도가 가히 본받을 만하다. 안갚음을 사전에서 찾아보면 "1. 까마귀 새끼가 자라서 늙은 어미에게 먹이를 물어다 주는 일. 2. 자식이 커서 부모를 봉양하는 일."이라고 나타나 있다. 예문으로는 "새들도 안갚음을 하는데, 사람임에랴!", "이제는 안갚음할 나이가 되었다."(<고려대 한국어대사전>에서 인용)라고 쓸 수 있다. 그러므로 자식이 커서 부모를 봉양하는 일을 '안갚음하다'라고 표현한다.

'앙갚음'이라는 단어는 우리가 두루 알고 있는 바로 그 말이다. "남이 저에게 해를 준 대로 저도 그에게 해를 줌."이다. 같은 말로 '보갚음(남이 해를 주었을 때, 저도 그에게 해를 주는 일)'이라는 단어가 있다. 예문으로는 "그동안 내가 받아온 멸시와 모욕에 대한 앙갚음으로 단단히 혼쭐을 내 줘야지."(<표준국어대사전>), "기표가 무서워서, 그의 안하무인한 앙갚음이 두려워서 제적을 못 시켰다는 그런 이야기는 할 수 없을 것이다."(<표준국어대사전>, '전상국, 우상의 눈물'에서 재인용)와 같은 것이 있다.

그러니까 앙갚음과 안갚음은 의미상 대척점에 있다고 볼 수 있다.

똑 같이 되돌려 주는 것은 같지만 하나는 보복을 하는 것이고, 다른 하나는 보답을 하는 것이다. 앞에서 말한 '안갚음'에서 '안'은 '마음'이라는 의미가 있다. 절대로 '아니'의 준말이 아니다. '마음을 다해 키워준 은혜에 보답한다.'는 뜻으로 이의 상대어는 '안받음'이라는 말이 있는데, 이것 또한 "부모가 자식의 봉양을 받는다."는 뜻인데, 요즘은 잘 사용하지 않는다. 기본형이 '안받다'이니 '안 받다'와 헷갈리기 딱 좋은 단어다. 안갚음, 앙갚음, 안받음 등의 세 단어는 생소하지만 구별하여 쓰면 좋은 순우리말이다.

애먼과 숙맥(菽麥)

요즘 카카오 톡이라는 것으로 소통하는 사람들이 많다. 좋은 점은 빠르게 소통할 수 있다는 것이고 아쉬운 점은 잘못된 어휘들이 지나치게 난무하다는 것이다. 그 중 하나가 '엄한 사람'과 '애먼 사람'의 구분이 없다. 많은 사람들이 '애먼'을 '엄한'으로 잘못 쓰고 있는데, 중요한 것은 '엄한'이 옳다고 믿고 있다는 것이다. 예를 들어 보기로 하자.

① 왜 엄한 사람 잡고 그래?
② 왜 애먼 사람 잡고 그래?

이 두 문장을 놓고 바른 것을 고르라면 대부분이 ①번을 고른다. 물론 문맥상으로는 둘 다 맞는다. 하지만 우리가 생각하고 있는 '엉뚱한 사람', '애매한 사람'의 의미로 쓰는 단어는 ②번의 **애먼 사람** 맞다. 우선 ①번의 엄한 사람은 '엄(嚴)한 사람'으로 ⓐ 규율이나 규칙을 적용하거나 예절을 가르치는 것이 매우 철저하고 바른 사람, ⓑ 어떤 일이나 행동이 잘못되지 아니하도록 주의를 단단히 하는 사람, ⓒ 성격이나 행동이 철저하고 까다로운 사람 등으로 풀 수 있다. 그렇다면 우리가 생각하는 '엉뚱한 사람'과는 다른 의미임을 알 수 있다.

'엄한(嚴寒)'이라는 단어도 있다. 글자 그대로 엄동설한(嚴冬雪寒)을 줄여서 엄한이라고도 한다. 매우 추운 겨울 날씨를 엄한이라고 하지만 흔하게 쓰는 말은 아니다.

보통 우리가 '애매한 사람'이나, '엉뚱한 사람'이라는 의미로 쓸 때는 '②애먼'이 맞다. 그 뜻을 살펴보면 "ⓐ **일의 결과가 다른 데로 돌아가 억울하게 느껴지는**, ⓑ **일의 결과가 다른 데로 돌아가 엉뚱하게 느껴지는**"으로 나와 있다. "애먼 사람에게 누명 씌우지 마."와 같이 쓰는 말이다. 결국 '애먼'의 뜻은 "**아무 잘못이 없는데 꾸중을 듣거나 벌을 받아 억울한**"이다. 순우리말 '애매한'에서 유래한 것으로 본다. '애매한>앰한>애먼'의 과정을 겪은 것으로 본다.

다음으로 많이 틀리는 것이 숙맥(菽麥)이다. 흔히 발음은 '쑥맥'이라고 한다. 숙맥은 "콩(菽)과 보리(麥)도 구분하지 못한다. 너무 우둔해서 상식적인 일조차도 모르는 것"을 비유하는 말이다. 이 이야기는 ≪좌전(左傳) <성공(成公) 18년>≫에 나오는데, 주자의 형이 콩과 보리도 분간하지 못한다는 '불변숙맥(不辨菽麥)'에서 유래했다. 춘추시대, 진(晉)나라의 귀족들이 치열한 권력 쟁탈전을 벌였다. 당시 진나라 왕 여공(厲公)은 서동(胥童)을 편애하여 국권을 그에게 일임했다. 서동이 전권을 휘두르자 대신들의 불만이 점점 커졌고, 결국 난서(欒書), 중항언(中行偃) 등의 대신들이 서동을 죽인 다음, 여공까지 죽여 버리고 말았다. 그리고 양공(襄公)의 증손자인 14세의 주자(周子)를 왕위에 앉혔는데, 이이가 바로 도공(悼公)이다. 난서 등은 이처럼 주자를 꼭두각시 왕으로 세워 놓고 주자가 총명하고 출중하다고 칭찬하는 한편, 주자의 형은 아둔해서 왕으로 세울 수가 없었다고 소문을 내고 다녔다. 「주자에게는 형이 있었지만 지혜가 없어서 콩과 보리도 분간하지 못하였으므로 임금으로 세울 수 없었다.(周子有兄而無慧, 不能辨菽麥, 故不可立).」(다음백과사전)

흔히 우리는 '바보'라는 말로 대신한다. 이 '바보'는 '어리석고 못난 사람'이다. '떡보', '울보', '잠보', '술보'에서 보는 바와 같이 'O보'는 '00

에 빠진 사람'의 뜻을 담고 있다. '바보'는 '밥보'에서 'ㅂ'이 탈락한 것이다. 결국 '밥만 먹는 사람'으로 아무 일도 못한다는 뜻을 지녔다. 흔히 흥부와 놀부라고 하지만 원래는 흥보와 놀보였다. 일본어에서도 어린아기를 'akambo'라 하고 잠꾸러기를 'nebo'라고 한다.(서정범, 새국어어원사전) 이 또한 우리말이 일본에 영향을 주었음을 밝히는 단어다.

한 때는 '바보'라는 말이 유행했다. 김수환 추기경도 스스로를 바보라고 했다. 숙맥 같은 바보와 김 추기경 같은 바보는 의미가 다르다. 김 추기경 같은 바보가 되고 싶다.

어리둥절하다와 어리다

 필자는 일요일만 빼고 매일 한국어나 한자성어를 SNS로 지인들에게 보낸다. 요즘은 조금 더 바빠졌다. 띄어쓰기에 관해 많은 독자들이 관심이 많아 답하기에 정신없다. 특히 다른 전공 교수들의 질문이 많다. 평상시에 알던 것과 다르거나, 60년대에 공부한 학자들은 맞춤법이 바뀐 것을 잘 모르고 예전의 문법 체계에 맞춰 쓰다 보면 틀리는 것이 나오기 때문이다. 퇴직 교원들도 관심이 많았고, 일반인들 중에도 질문을 하는 분들이 많이 생겼다. 고무적인 일이 아닐 수 없다. 필자가 바빠졌다는 것은 그만큼 독자들이 우리말에 관심을 갖게 되었다는 것이니 행복한 고민을 한다.

 오늘은 필자도 잘 모르는 얘기를 해보려 한다. TV를 보면 어법에 맞지 않는 자막이 지나치게 많다. 어제 어느 방송의 자막에서도 "00둥절"이라고 써 있었다. 아마도 '어리둥절'과 주인공의 이름을 합성한 것이 아닌가 한다. 꼬마가 아버지의 의중을 헤아리지 못하고 멍하니 있으니까 자막으로 그 아이의 이름 두 글자와 합성하여 그렇게 표현하였다. 사실 어리둥절은 명사가 아니다. '어리둥절하다'라고 써야 한다. "무슨 영문인지 잘 몰라서 얼떨떨하다"의 어근(단어의 가장 기본이 되는 부분)으로 '어리둥절'이라는 표현을 하지만 어근만으로 사용하는 경우는 거의 없다. 그러므로 '어리둥절하다'라고 써야 한다. 다만 오락 프로그램이다 보니 재미를 더하기 위하여 언어의 유희로 사용한 것이라고 생각하지만 지나치게 어원을 벗어난 말은 자제하는 것이 좋다고 생각한다.

 그렇다면 '어리둥절'은 어떻게 생겨난 말일까 알아 볼 필요가 있다. 이 단어의 의미를 바르게 알고자 많은 어원사전을 뒤졌지만 확실한 답을 얻지는 못했다. 그래서 할 수 없이 필자의 의견으로 대신할 수밖에 없다. 과거에 어리바리에 관한 글을 쓴 적이 있는데, 혹시 이것과 연관이 있을 것 같아서 그것을 먼저 찾아보았지만, '바리'는 순수한 우리말 '사람'이라는 접사이고 '어리'는 어리석다의 어근이라는 것만 알 수 있었다. 그러니까 '어리석다'와 '바리'(군바리, 악바리할 때의 '바리'는 사람이라는 뜻이다)가 합쳐진 단어이지 '어리둥절'과는 관계가 없었다.
 그렇다면 '어리둥절'의 어근은 무엇일까? 자세히 뜻과 문장(단어)의 의미를 분석해 보면서 설명하기로 한다. 필자의 견해를 피력한다면 '얼이 돈절(頓絶 : 편지나 소식 따위가 딱 끊어짐)', '얼이 두절(杜絶 : 교통이나 통신 따위가 막히거나 끊어짐)'에서 비롯된 것이 아닌가 한다. 왜냐하면 '어리둥절하다'의 뜻이 "무슨 뜻인지 잘 몰라서 얼떨떨하다."이기 때문에 "얼이 막히거나 끊어진 상태"와 같은 뜻으로 볼 수 있다. 그러므로 '얼이'가 연음되어 '어리'로 표기되었고, '두절'과 합하여 '어리두절'로 된 것인데, 발음하기 편하도록 '어리둥절'로 변한 것이 아닌가 한다. 사실 이렇게 추측하는 표현을 필자는 선호하지 않는다. '이것이다'라고 단정하거나 정의를 내려야 독자들도 시원할 터인데, '어리둥절'만큼은 아무리 고어사전을 뒤져도 적당한 것이 없었다. 그래서 할 수 없이 추측의 표현으로 마무리하고 좀 더 연구할 것을 약속한다.
 '어리다'라는 단어도 우리를 헷갈리게 하는 말 중의 하나다. '어리다'의 어근 '얼'은 명사라 하겠다. 일본어 osani(幼)의 어근 os(ot)와 동원어(同源語)일 것이다.(서정범, <새국어어원사전>) 시간적인 면에서는

'해(日)'일 것이며, 인간적인 면에서는 사람(人)의 뜻이 된다. 그래서 몽골어의 ori(幼)와 모두 동일한 어원을 지니고 있다고 본다. 그래서 이것이 '나이가 적다'는 의미로 쓰이고 있다. '올벼(早稻)', '올밤(早栗)', '올콩(早豆)' 등에서 보는 '올'은 모두 '이르다'라는 의미가 있다. 그래서 지금은 '어리다'가 모두 '나이가 적다'는 뜻으로 사용하고 있지만, 또 한편으로 조선시대에는 '어리석다'는 의미로도 쓰였다. 서화담(서경덕: 1489년(성종 20)~1546년(명종 1)의 시조에 "마음이 어린 후하니 하는 일이 다 어리다(마음이 어리석으니 하는 일이 다 어리석구나.)"와 같이 쓰였고, 세종대왕의 훈민정음 서문에도 "어린 백성이 이르고자 하는 바가 있어도(어리석은 백성이 말을 전하고자 하는 바가 있어도)"와 같이 '어리다 = 어리석다(愚)'의 뜻으로 썼다. 어린아이는 행동이 어리석기 때문에 같은 어원을 지니고 있다고 본다.

단어 중에는 생긴 것은 비슷해도 의미가 전혀 다를 수 있다. 생긴 것은 같아도 시작은 전혀 다른 것이 '어리둥절하다'와 '어리다'이다.

어제, 오늘 그리고 내일(하제)

　사실 우리는 생활하면서 언어에 대한 고민을 하는 사람은 많지 않다. 그것이 필자가 밥 먹고 살 수 있는 이유이기도 하다. 필자는 우리말의 어원에 관심이 많고 언어(어휘)를 가르칠 때 어원을 중심으로 풀어주는 경우가 많다. 그래야 오래 기억되고 다시 응용해서 쓰기에 편하기 때문이다. 가끔은 학생들과 토론하면서 엉뚱한 질문을 던지기도 한다. 오늘의 주제와도 관계가 있는 것인데, 왜 내일(來日)만 한자어인가 하는 질문을 한다. 그렇다면 순우리말로 내일이라는 단어가 없단 말인가? 오늘은 조금 어려운 이야기지만 우리가 알아야 할 것 같아서 내일의 순우리말을 고찰해 보기로 한다. 과거 한국국어교육학회에 갔을 때 당시 진태하 교수의 <계림유사>에 관한 연구를 듣고 충격에 빠진 적이 있다. 그 분은 한국어와 중국어에 능통한 분인데, 중국의 고어 발음을 어찌 저리도 잘 알고 있을까 하는 경외감에 빠져 논문발표를 들었다. 사실 필자는 한문 번역이나 좀 하는 편이고, 중국어 번역은 쬐끔(?) 한다. 그런데 한문 번역과 송나라 때 중국어의 발음 문제는 전혀 다르다. 계림유사는 송나라의 손목이 고려의 조제(朝制)·풍속·구선(口宣) 등과 함께 고려어 약 360어휘를 채록하여 편찬한 견문록이다. 즉 우리나라의 어휘를 중국식으로 표기한 어휘집이다. 그래서 그것을 제대로 풀어보려면 중국어 중 송나라의 발음에 정통해야 한다. 그 예를 들면서 내일의 순우리말이 무엇인지 살펴보기로 하자.

前日 曰 記載 (전일을 그제라 한다.)
昨日 曰 訖載 (어제를 흘제라 한다.)
今日 曰 烏載 (오늘을 오제라 한다.)
明日 曰 轄載 (내일을 할재라 한다.)

<계림유사> 중에서 인용

　위의 인용문에서 유추하는 방법밖에 없다. 우선 '그제'는 '기재(記載)', '어제'는 '흘재(訖載)', '오늘'은 '오날(烏捺, 烏載)', '내일'은 '할재(轄載)', '모레'는 '모로(母魯)'라는 식으로 우리말과 그것을 읽은 한자어를 병기해 놨다.(진태하, <계림유사 연구> 재인용) 여기서 주의해야 할 것이 '흘제', '할제' 등의 발음을 어떻게 할 것인가 하는 것과 과거에 송나라에 정말로 그렇게 발음했을까 하는 문제가 있다. 예를 들면 '햅쌀'을 그 책에서는 '漢菩薩(한브살>해ㅂ살>햅쌀)'과 같이 표기하였으며, '아들'은 '了妲(료달)(원래 丫妲(아달)이라고 써야 하는데 송목이 잘못 필사하면서 丫>了로 바뀌었다.)'로 표기하였다. 그러니 송목의 책에도 오자가 많이 있을 수 있다. 구름은 '屈林(굴림-雲 曰 屈林)'이라 표기하고 있다. 또 한 가지는 고려시대의 표준어는 개성말이다. 신라는 경주어, 조선은 한양어가 표준어가 된다. 그러므로 개성의 방언으로 '내일'에 해당하는 순우리말을 찾는다는 것이 쉬운 일은 아니다.

　다음으로 할(轄)을 송나라에서 어떻게 발음하였는가 하는 것이 관건이다. 우리말에서 'ㅎ'은 여러 가지로 변한다. 이것은 'ㅎㅎ'으로 표기되기도 하여 때로는 'ㅆ(썰물)'으로, 혹은 'ㅋ(칼)'으로, 때로는 'ㅎ(홍(洪))'으로 변하였다. 그렇다면 '할'의 발음은 어떻게 변했을까 하는 것이 문제다. 실제로 터키어에 'gelecek(겔레젝)'이라는 용어가 있는데 '미래'라는 뜻이다. 우리말로 '걸제'라고 읽을 수 있다는 방증(傍證)

이다. 왜냐하면 터키어와 우리말은 고대로 갈수록 비슷한 어휘가 많다. 우리말로 '100'이 '온'인데, 이것이 터키어에서는 '10'을 뜻한다. 이런 식으로 하면 '걸제(혹은 갈제)'로 발음할 수도 있다. 그러나 평이하게 변화했다고 하면 '할제'로 발음했고, 현대어로 바뀌었다면 '하제' 정도가 아닐까 한다.

우리말에서는 그끄제, 그제, 어제, 오늘, 내일, 모레, 글피, 그글피 등 많이 있다. 유독 내일만 한자어로 되어 있는데 이제부터는 '하제'라고 하면 어떨까 한다. 사실 터키어로 본다면 '걸제나 갈제'도 가능하다고 하겠지만 이미 할(轄)의 발음이 'ㅎ'으로 굳었기에 '하제'가 그나마 적당한 발음이라 하겠다.

이제부터는 내일(來日)이라는 한자어보다는 '하제'라는 순우리말을 쓰는 것은 어떨까 한다.

언니 이야기

　베이비 부머 세대는 기억하는 노래가 있다. 졸업식 날 부르던 노래 중에 "빛나는 졸업장을 타신 언니께 꽃다발을 한아름 선사합니다."라는 구절이 있다. 아마도 나이 지긋한 독자들이 이미 가슴 속에서 이 노래를 부르고 있을 것이다. 노래가 끝날 때 쯤 되면 여기저기서 흐느끼는 소리도 들렸다. 초등학교(당시에는 국민학교라고 했다)를 졸업하고 20리가 넘는 중학교를 다니려면 고생문이 훤하기도 했고, 교복입고 광내는 것이 어른스러워지기도 했기 때문이리라. 필자도 초등학교 졸업할 때까지 형을 언니라 불렀다. 다른 집 아이들은 다 형이라고 부르는 것이 이상하기도 했지만 아무 생각 없이 그렇게 부르곤 하였다. 그리고 중학교에 가서부터 형이라고 불러야 하는 것으로 알고 어렵게 고친 기억이 있다.

　그런데 이상한 것은 <흥부전>에서도 형을 언니라고 부른다. "전라 경상 지경에 두 사람 사니 / 놀부라는 짝 업시 모진 **언니**와 / 흥부라는 어질기 한 업는 아우 / 두 '동생'의 압뒤 일 볼만하도다 / 어버이 돌아갈 때 끼친 세간을 / 놀부 혼자 가지고 아우 흥부는 / 구박하야 한데로 내어떠리고"라는 말이 있다. 여기에 보면 놀부를 '언니'라고 칭하고 있음을 볼 수 있다. 지난 5월 27일 자 칼럼(이상하다. 형도 동생(同生)인데)에 보면 형도 동생과 같은 말이라고 하였다. 같은 배에서 태어난 사람을 동생이라고 하고 형도 같은 어머니를 두고 있으니 동생이 맞는 말인데 어의(語義)가 축소된 경우라고 설명하였다. 위의 예문에도 "두

언니 이야기　●●　293

동생의 앞뒤 일 볼만 하도다."라고 하여 형제를 일컬어 동생이라고 하였다. 오늘의 주제는 '언니'라는 단어다. 어찌하여 형을 '언니'라고 부를까? 왜 과거에는 형을 언니라고 했는데, 지금은 자매 간에만 '언니'라는 호칭을 사용할까 하는 것이다.

혹자는 일본어 '어니'에서 유래한 것이라고 하지만 이것은 낭설이다. 물론 일본어에서 남성이든 여성이든 동성(同性)의 손위 사람에게 폭넓게 적용하고 있는 것은 사실이다. 지금도 '형님'이라는 단어를 여성들 간에도 사용하는 것과 같은 이치로 생각할 수 있다. 필자의 아내도 친한 형님의 아내 중 나이가 많은 사람에게는 '형님'이라는 호칭을 사용한다. 이와 같이 '어니'도 두루 사용되기도 하였으나, 이것은 일본어의 영향이라고 보기에는 무리가 있다. 19세기 말의 문헌에는 '언이'로 나타나 있다. 예전에 불린 동요 중에 <싀집간 언이>라는 노래가 있는데 그 가사에 보면 "언이가 멀리 싀집가든 날"이라고 표기되어 있다. 여기서는 여성으로 한정되어 나타난다. 이것이 20세기에 들면서 '언니'로 기록되었다. 그렇다면 그 이전에는 '언이'라는 단어가 나타나지 않았을까 하는 것을 먼저 살펴보아야 한다.

50~60대의 동래 정씨 양파공파(陽坡公派) 남성들은 어려서부터 '형'이라는 말을 쓰면 꾸중을 들었다고 한다. 나이가 들어서도 여전히 '형' 대신 '언니'를 쓰고 있다고 한다. 동래 정씨는 알아주는 명문가다. 이런 가문에서 '형' 대신 '언니'를 쓴다는 것은 그 유래가 자못 오래 되었음을 알 수 있다.(조항범, 우리말 어원이야기) 언니의 어원을 거슬러 올라가면 아주 멀리까지 갈 수 있다. 인도 드라비다어족 타밀어는 형, 언니, 오빠, 누나를 모두 '**안니**'라고 한다.(우리말로 외국어 어원풀기. 다음카페) 고대로 올라갈수록 어원은 비슷하게 나타난다. 필자가 한국어학과인 관계로 우리 과에는 유학생들이 많다. 요즘은 우즈베키스

탄을 비롯한 중앙아시아에서도 많이 온다. 우즈베키스탄의 언어에도 '오빠(어빠opa [어파])'라는 단어가 있는데, 이것은 누나, 누이, 누님, 매씨(妹氏), 형(兄), 자씨(姊氏)를 두루 칭하는 말이다. 우즈베키스탄의 언어도 우리와 같은 알타이어 계통이다. 이를 통해서 볼 때 어빠나 오빠가 지금은 우리나라에서는 손위 사람을 칭하지만 과거엔 상당히 폭넓은 의미였다고 본다. 그러므로 고대의 알타이어가 우리나라를 거쳐 일본으로 들어가 다시 역이민 하듯이 들어와 의미확장과 어의 축소 과정을 두루 거친 것이다. 일제강점기하에 들어 왔다면 <흥부전>에서 형을 '언니'라 한 것을 어찌 설명할 수 있겠는가? 또한 동래 정씨와 같은 명문가에서 지금까지도 '형'을 '언니'라고 지칭할 수가 있는가? 원래는 남녀 가릴 것 없이 손위 사람을 지칭하던 말이 의미가 축소되어 손위 여성만을 지칭하는 것이 되었다고 보아야 한다.(일부 학자들은 과거에 남자를 언니라고 부른 것은 잘못이라 하기도 한다. 그에 대한 논의는 지면 관계상 차후로 미루기로 한다. 본고에서는 일단 일본어의 유래가 아니라는 것에 방점을 찍는다.)

　언어는 마치 살아 있는 생물과 같다. 태어나고 성장하고 소멸한다. 처음의 의미를 그대로 지니고 있으면 좋을 텐데, 이렇게 자꾸 변하여 어렵게 하고 있다.(그 덕분에 필자도 먹고 살기는 하지만······아무튼 외화수입에 기여하는 필자는 확실히 애국자?)

에누리와 덤

예전에 장날이면 여기저기 구경하는 재미가 있었다. 장터에 가면 가장 많이 듣는 말 중의 하나가 "세상에 에누리 없는 장사가 어디 있냐?"는 말이다. 그러면서 물건 값을 흥정하는 모습을 보는 것이 장날 하굣길의 재미였다. 내용상으로 볼 때 물건을 살 때 깎아주는 일을 일컫는 것처럼 들린다. "세상에 깎아 주지 않는 장사가 어디 있느냐?"라고 해석하는 사람이 많다. 사실 필자도 어린 시절에 그렇게 생각하고 자라왔다. 그러나 '에누리'라는 단어의 뜻은 '물건을 팔 때 받을 값보다 더 많이 부르는 것'을 뜻한다. 고객이 깎을 줄 미리 알고 그 만큼 가격을 보태서 말하는 것이 '에누리'다. 그것이 변해서 요즘은 '물건 값을 깎는 일'이나 '어떤 말을 더 보태거나 축소시켜 이야기 하는 것'을 가리키는 말로 사용되고 있다.(다음사전) '에누리'의 옛말은 '에히다(어히다)'에서 비롯되었다. '어히다'는 '베어내다(割), 잘라내다'의 뜻이다. '어히다>어이다'로 변했다가 다시 '에다>에이다'로 변했다. '에+누리(덩어리) = 에누리(잘라낼 것을 알고 미리 떼어낸 덩어리?)'로 완성된 형태로 본다. 그러니까 고객이 잘라낼 것을 미리 알고 덧붙여 부르는 가격을 말한다. 가격을 덧붙인 줄 알고 있으니 조금만 깎아달라고 흥정하는 중에 나오는 말이 '에누리 없는 장사 없다'로 정착한 것이다. 요즘은 "깎아주세요, 할인해주세요."라고 하고 있으니 '에누리'라는 말도 추억 속의 단어가 되고 있다.

반면에 흥정하고 나서 손님이 '덤'을 달라고 한다. 덤으로 주는 것이 있어야 흥정의 맛이 나고 사람 사는 정을 느낄 수 있다. '덤'이라는 것은 '물건을 팔고 살 때 제 값어치 외에 다른 물건을 조금 더 얹어 주는 것'을 말한다. 바둑을 둘 때도 집을 계산할 때 백(白)을 잡은 사람에게 더해 주는 규칙이 있다. 이것을 '덤'이라고 한다. 바둑은 먼저 두는 사람이 유리하기 때문에 나중에 두는 사람에게 그 불리함을 보상해 주는 규칙이다. 자두나무를 사면 작은 묘목을 하나 더 주는 것이 '덤'이다. 괘종시계를 사면 손목시계를 덤으로 주고, 트럭을 사면 승용차를 덤으로 주면 얼마나 좋을까?

그러므로 '에누리'와 '덤'은 반대의 개념이 들어 있다. '에누리'는 상인이 미리 덧붙이는 가격이고, '덤'은 사고 나서 손님이 더 달라고 해서 제 값 외에 얹어가는 물건이다. 요즘은 정찰제가 시행되면서 시장에서 흥정하는 재미가 많이 사라졌지만 "싸움은 말리고 흥정은 붙이라."고 했다. 시장에 가면 흥정하는 재미가 있어야 사람 사는 맛이 난다.

우리말은 아무 생각 없이 말하면 다 맞는 것 같고, 또 주의 깊게 생각하면 다 틀리는 것 같다. 언어라는 것이 통하면 되겠지 하면 그만이지만 또 다른 면에서 언어의 역할은 정보를 주고받는 중요한 기능을 한다. 정보는 정확성을 생명으로 한다. 요즘 가짜뉴스가 많다고 하는데, 어느 것이 진짜이고, 어느 것이 가짜인지 민초들이 판단하기는 쉽지 않다. 정확한 어휘로 정확한 정보를 제공하는 맑은 사회가 되었으면 좋겠다.

일본에게 사과를 요구하라(?)

　필자는 오랜(?) 세월을 외국인에게 한국어를 가르치거나, 외국인에게 한국어를 가르칠 사람들을 지도해 왔다. 주로 한국어 문화문법을 중심으로 지도하는 방법을 가르쳐왔는데, 요즘은 한자어와 한국어의 유래를 중심으로 가르치는 방법을 활용하고 있는데 이것이 효과를 보고 있다.
　우리말을 외국인에게 가르칠 때 어려운 것이 여러 가지 있다. 우선 존댓말이 어렵고, 조사와 어미를 지도하는 것이 어렵다. 이런 것들이 외국인에게는 낯선 문법이기 때문이다. 밥이라는 단어를 놓고도 '식사', '진지', '수라', '메' 그리고 가장 일반적으로 사용하는 '밥'이라는 단어까지 여러 가지가 있다. '죽다'라는 말은 완곡어법이 발달하여 무지하게 많다. '돌아가다', '졸하다', '붕어하다', '선종하다', '소천하다' 등등을 비롯해서, '골로 가다'와 같은 속어까지 합하면 스무 가지가 넘는다. 그러니 외국인들이 배우기가 얼마나 힘들겠는가 짐작할 만하다. 조사이 경우도 마찬가지로 외국인에겐 어렵다. 우리가 흔히 예로 드는 것이 "얼굴은 예쁘다.", "얼굴이 예쁘다.", "얼굴도 예쁘다.", "얼굴만 예쁘다." 등인데 외국인들이 구별하기는 쉽지 않다. 이러한 것들 중에서 가장 어려운 것이 바로 부사격 조사다. 이것은 한국인들도 어려워한다. 주격조사를 비롯해서, 목적격조사, 서술격조사 등은 그래도 쉽게 이해를 하는데 부사격조사는 종류도 많고 헷갈리기 십상이다. 이쯤 오면 독자들도 벌써 정신이 없어질 때가 됐다.

한국인도 어려운 부사격조사 중에서 오늘은 요즘 신문지상에서 자주 오르내리면서 많이 틀리고 있는 '~~에'와 '~~에게'의 용법에 대해서 알아보기로 하자.

위에 나와 있는 칼럼의 제목은 많이 본 문장일 것이다. 요즘 논쟁거리로 한창 뜨고 있는 글이다. 윗글을 보고 이상하게 느꼈다면 문법을 알고 있는 독자에 들고, 전혀 이상한 것이 없었다면 평범한 한국인의 대열에 있는 사람이라고 보면 된다. 왜 그런고 하면 위의 문장은 부사격조사를 잘못 사용한 예이기 때문이다. 문법용어로 유정명사와 무정명사라는 것이 있다. 우리 학교에서 어느 직원이 "총장님 말씀이 계시겠습니다."라고 했다가 필자의 지적으로 지금은 "총장님께서 말씀하시겠습니다."로 바꾼 경우가 있다. '말씀'은 사람이 아니기 때문에 높여서는 안 되는 단어다. 이런 것들을 '무정물'이라고 한다. 사람은 유정물이기 때문에 "네 어머니 집에 계시니?"라고 물을 수 있지만 "성경에 이런 말씀이 계십니다."라고 하는 것은 틀린 말이다. 이와 같은 맥락에서 부사격조사를 인식한다면 위의 단어(~에, ~에게)를 쉽게 이해할 수 있다. 즉

~~에 : 무정명사(식물이나 무생물처럼 감정이 없는 명사)에 사용하는 부사격조사
~~에게 : 유정명사(사람이나 동물 등 감정의 움직임이 있는 명사)에 사용하는 부사격조사

이다. 그러므로 위의 문장은

"일본에 사과를 요구하라."

라고 써야 한다. 하나의 예를 더 들어 보자. "닭에 사료를 주어라."와 "일본에게 공개사과를 요구하라."는 문장을 보자. 이 두 문장을 비교하면 어느 것이 옳고 그른 것인지 금방 답이 나올 것이다. 그러나 아마 대부분의 독자는 둘 다 맞는 것 같은데 하고 고개를 갸우뚱하고 있을지도 모른다. 실제로는 둘 다 틀린 문장이다. 왜냐하면 앞에서 설명한 바와 같이 닭은 유정물이기 때문에 "닭에게 사료를 주어라."라고 해야 하며, 일본은 나라이름이지 유정물이 아니다. 그러므로 정확한 문장은 "일본에 공개사과를 요구하라."라고 해야 한다. 유정명사와 무정명사에 사용하는 부사격조사가 다르므로 사용할 때 주의해야 한다.

물론 때에 따라서 무정명사가 유정명사의 역할을 할 때도 있다. 예를 들면 '회장'이 '회장이라는 직책을 맡은 사람'이라는 뜻으로 쓸 때도 있고, '직책'을 뜻할 때도 있다. 그럴 때는 "나는 회장에게 내 의견을 개진하는 편지를 보냈다."와 같이 쓸 수 있고, "그는 회장에 취임했다."와 같이 쓸 수도 있다. 상황에 따라 '~~에'와 '~~에게'를 적절히 사용하는 지혜가 필요하다.

연극가와 정치인

　필자의 지인 중에는 연극하는 사람이 의외로 많다. 아마도 문학을 전공했기 때문이리라. 학부에서 한문교육학을 전공하고 대학원에서 한국어를 전공하니 참으로 쉽게 연구할 수 있었다. 동료들은 한자의 어려움에 힘들어 하고 있었지만 필자는 거의 문리가 터 있는 상태라 그리 어려움이 없이 교수들을 대신하여 강독한 적도 많다. 얼마 전에 연극 포스터를 찍던 사진작가를 만났는데, 그 지인 중에 **연극가**라고 찍은 명함을 들고 다닌다고 하며 웃었다. 필자는 내심 놀라지 않을 수 없었다. 연극인 중에서 '연극가'라고 표현하는 사람을 보지 못했기 때문이다. 그의 표현에 의하면 "자신은 프랑스에서 제대로 연극을 배웠고, 대한민국에서 연극 연출에는 제일인자라고 생각한다."고 하였다 그래서 '연극가'라고 명함을 찍고 다닌다는 것이다. 참으로 대단한 사람이다. 뉴욕이나 모스크바에서 연극을 전공한 친구나 후배들도 이런 표현을 쓰지는 않았다.

　요즘은 많은 사람들이 정치가라고 하면서 자신을 소개하고 있다. 사실상 '가(家)'라고 하면 '일가식견(一家識見 – 이를 줄여서 '일가견'이라고 한다)'을 가진 전문가를 말한다. 그래서 '화가', '문학가', '예술가'와 같이 전문가에게 '가(家)' 자를 붙이는 것이다. 그러므로 그 연극인이 자신을 연극가라고 칭한 것은 대한민국에 하나뿐인 연극전문가라는 의미가 들어 있다. 다른 이들은 스스로 연극인이라고 하니 말이다. 정치인들이 스스로를 정치가라고 한다면 정치에 뭔가 일가견이 있어야 한다. 그럼에도 불구하고 그들은 스스로를 정치가라고 하지만 사실은 정치인이 더 많다. "정치는 바르게 하는 것(정(政)은 정야(正也))"이라고 공자가 말했기 때문이다.

참으로 이상한 것은 경제인 중에는 경제가라고 쓰는 사람이 없다는 것이다. 사실 전문가로 말하자면 각 그룹의 회장만큼 경제전문가가 어디 있겠는가? 그럼에도 불구하고 그들은 '경제인연합회'라고 하지 '경제가연합회'라고 하지 않는다. 아직도 사농공상의 계급(?)이 존재하는 것인지는 모르겠으나 그들도 전문가 그룹에 넣어야 하지 않을까 생각한다. 코미디언도 희극인이라고 하지만 사실 사람을 웃긴다는 것이 얼마나 어렵고 전문적인 기술이 필요한 것인가? 그런데 그들을 '희극가'라고 하면 뭔가 이상한 것을 느낀다. 이미 오래 전부터 희극인이라고 불러서 그것이 뇌리에 각인됐기 때문이다. 언어(어휘)를 만드는 사람들이 대부분 식자층임을 감안한다면 그 단어를 만들 때 이미 무의식적으로 계급의식이 자리 잡고 있었던 것으로 보인다. 지금은 상공인이 문학인보다 훨씬(?) 사회적 위상이 높은 것이 사실이다. 자본주의 사회에서는 금권이 권력(위상)이 되는 것이니 말이다.

한자 공부하는 김에 우리가 흔히 의식하지 않고 써 왔던 견문(見聞)과 시청(視聽)을 알아보자. 일반적으로 볼 때 '볼 견(見)'이나 '볼 시(視)' 자(字)는 같은 의미인 것으로 착각하기 쉽다. 마찬가지로 '들을 문(聞)'과 '들을 청(聽)' 자(字)도 같은 의미로 알고 있다. 겉으로 보기에는 같지만 속뜻을 보면 크게 차이가 난다. 예를 들면 TV를 '시청한다'고 하지 '견문한다'고 하지 않는다. 왜 그럴까? 답은 간단하다. "견(見)은 그냥 눈에 보이니까 보는 것"이고 "시(視)는 눈에 힘을 주고 바라보는 것"을 말한다. "문(聞)도 그냥 들리는 소리를 듣는 것"을 말하고 "청(聽)은 귀 기울이고 듣는 것"을 말한다. 사실 이것은 영어로 강의하면 훨씬 편하다. "견(見) = see", "시(視) = watch"와 같고 "문(聞) = hear", "청(聽) = listen"과 같다. 물소리 바람소리는 그냥 들리니까 듣는 것(hear)이고, 라디오나 TV는 눈과 귀에 힘(?)을 주고 주의해서 듣고(listen) 보는(watch) 것이다. 그러므로 라디오는 청취자가 되고, TV는 시청자가 된다. "전국에 계신 TV 견문자 여러분!" 하는 것보다 "전국에 계신 TV 시청자 여러분! 하는 것이 귀에 훨씬 와 닿는 이유다.

단어를 만들 때는 그 쓰임을 염두에 두고 만들어야 한다. 말은 자신을 중심으로 하기에 자기중심적이 될 수밖에 없으나 우리말은 상대방을 존중하는데 큰 의미가 있다. 어휘 하나로 상대방의 가슴을 후벼 팔 수가 있으니 항상 타인을 배려하는 입장에서 단어를 선택했으면 좋겠다.

제발 사회에 정치인보다는 정치가가 많았으면 좋겠다. 연극인도 연극가라고 부를 수 있는 사회가 되었으면 좋겠다.

참 이상하다. 그림 그리는 사람은 '화가(畵家)'라고 하는데 왜 시를 쓰는 사람은 '시인(詩人)'이라고 할까? 문학가가 따로 있어서 그런가? 참으로 어렵도다!

영부인(令夫人)과 어부인(御婦人, 御夫人)

필자 세대라면 다 기억하는 말이 있다. 이른바 '땡전뉴스'라는 말이다. 9시 뉴스를 시작할 때 항상 '땡땡땡' 하고 9시를 알리는 종소리가 나면 "전두환 대통령은…" 하고 시작하는 것을 말한다. 항상 그렇게 시작했었는데, 언제부터인가 전 대통령의 일정이 없으면 '땡땡땡' 하고 나면 "대통령 영부인 이순자 여사는…" 하고 시작했다. 그래서 많은 사람들이 헷갈리기 시작했다. "대통령의 부인을 영부인이라고 부르는구나."라면서 영부인의 개념을 바꾸기 시작한 것이다. 사실 '영부인'이라는 말은 '남의 아내를 높여 부르는 말'이다. 한자의 유래를 봐도 '특히 사회적으로 신분이 높은 사람의 아내를 높여 부른다.'고도 했다. 그러니까 대통령 부인을 영부인이라고 부르는 것이 틀린 것은 아니다. 다만 대통령의 부인만 지칭하는 것이 아니라 '남의 아내를 높여 부르는 말'이라는 뜻이다. 영(令)은 접두사로서 남의 가족을 경의를 표하여 부를 때 명사 앞에 붙이는 말이다. 그러므로 남의 앞에서 그의 부인을 높여 부를 때는 영부인(令夫人), 아들은 영식(令息), 딸은 영애(令愛)라 한다. 남의 부인을 높여 부를 때 흔히 사모님이란 호칭을 널리 쓰는데, 이 말의 본뜻은 스승의 부인을 높여 부르는 말이므로 아무에게나 사모님이라고 부르는 것도 썩 좋은 호칭은 아니다.(<다음백과>)

우리의 일상생활에서

"선생님 영부인께서는 건강하신가요?"

라고 하면 아주 정확한 문장이다. 굳이 대통령이 아니더라도 누구나 영부인이라는 용어를 사용할 수 있다.

세상에서 영부인이 대통령의 아내인 줄 잘못 알고 있다 보니 요즘에는 어부인이라는 말을 자주 듣게 된다. 우선 어부인(御夫人)을 사전에서 찾아보면 "영부인의 방언"이라고 나온다. 그러므로 표준어는 아니라는 말이다. 그렇다면 어디서 이런 말이 유래했을까 궁금하다. 위의 제목에 쓴 것을 보면 필자는 한자로 御婦人과 御夫人(어부인)을 썼다. 그 이유는 다음과 같다. 일단 부인(夫人)이라고 하면 "남의 아내를 높여 부르는 말", 혹은 "고대 중국에서 천자의 비 또는 제후의 아내를 이르던 말"이라고 되어 있고, 때로는 "예전에 사대부 집안의 남자가 자기 아내를 이르던 말"이라고 되어 있다. 그러므로 우리가 흔히 하는 '부인'이라는 말은 여기서 왔음을 알 수 있다. 한편으로 부인(婦人)이라는 말은 "결혼한 여자"를 일컫는 말이다. 며느리를 '자부(子婦)'라고 하는 것과 같다. 그래서 요즘은 남의 아내를 예스럽게 부를 때

"어부인은 안녕하신가?"

처럼 사용하는 경우가 많다. 그런데 위에서 밝힌 것과 같이 '어부인'이라는 단어는 국어사전에 등재된 것이 아니다. 즉 표준어가 아니라는 말이다. 그렇다면 어쩌다가 이런 단어가 우리의 일상에 젖어들게 되었을까? 그것은 바로 일제강점기의 문화가 남아 있는 까닭이다. 일본문화의 잔재다. 필자도 자주 쓰던 말이지만 이 글을 쓰면서 삼가기로 했다. 한자로 어(御) 자는 임금을 의미할 때가 많다. 어명(御命 : 임금의

영부인(令夫人)과 어부인(御婦人, 御夫人) ● ● ● 305

명령), 어가(御駕 : 임금이 타는 수레), 어의(御醫 : 임금의 주치의), 어진(御眞 : 임금의 화상) 등에서 보는 바와 같다. 이러던 것이 일본으로 넘어가면서 이 글자가 명사 앞에 붙어서 예스러운 표현으로 바뀌기 시작했다. 예를 들면 어사(御社 : 상대방의 회사를 예스럽게 부를 때)라고 하는 것과 같다. 그런 면에서 어부인이라는 말이 등장하게 되었다. 상대방의 부인을 높여 부르기보다는 예스러운 표현으로 사용하던 것이다. 그러므로 상대방의 아내를 말할 때 그냥 '부인(혹은 자네 부인)'이라고 해서 아무 이상이 없다. 억지로 사전에 없는 용어를 사용하기보다는 편한 우리말을 사용하는 것이 좋다.

오빠와 누나

얼마 전에 TV를 보는데 한국어를 전혀 모르는 금발의 여성이 한국 남자를 보고 "오빠!"라고 부르는 것을 보았다. 드디어 한국어가 세계화되는구나 하는 순간이었다. 사실 동남아의 골프장에서 "오빠"라는 말을 듣는 것은 비일비재하다. 한국의 남자들은 누구나 오빠라는 말을 좋아한다. 필자도 여동생이 없어서 그런지 오빠라는 말을 들으면 아직도 가슴이 설렌다. 이제 나이(?)가 들어서 그런지 오빠라는 말보다는 '오라방', '오라비', '오라버니' 등으로 부르는 여성들이 더 많아졌다. '오빠'라는 말보다는 '오라비'가 조금 거리감이 드는 것은 무슨 이유일까? 오늘은 언제 들어도 가슴이 설레는 '오빠'라는 단어의 유래에 대해서 알아보았다.

'오빠'를 사전에서 찾아보면 '연상의 남자 혈연을 호칭하는 말'이라고 나와 있다. 그 말의 시작은 '올아바'에서 비롯되었다. '올'은 접두사로 '이르다(早)'는 의미를 지니고 있다. 예를 들면 '올케(오빠의 아내, 남동생의 아내, 이른 어미(早母)', '올벼(제철보다 일찍 여무는 벼)', '올밥(아침밥, 아침 끼니로 먹는 밥)', '올배(제철보다 일찍 익는 배)', '올되다(일찍 되다)'에 나타난 것과 같다. '올'은 쉽게 풀이하면 '나이보다 일찍 지각이 나다.'는 의미가 있다. 이러한 접두사 '올'에 '압(아비 父)'이 합성된 것이다. '압'은 다시 '아바 = 압+아(호격조사)'가 되었고, 이것이 변하여 '올아바, 오라비, 오래비, 오라버니' 등으로 변한 것이다. ('올'이 '이르다'는 의미로 쓰이는 것은 일본어에서도 볼 수 있다.

'oritoki(晝寢 – 낮잠 = 이른 잠)'과 같이 '올'의 형태가 일본에 그대로 넘어갔음을 알 수 있다.)

'아바'가 처음 보이는 글은 고려시대의 노래 <처용가>다. "이런저긔 처용 아비옷 보시면 / 열병신이아 횟가시로다 / 천금을 주리어 처용아바 / 칠보를 주리요 처용아바"라고 되어 있고, <두시언해>라는 책에는 '오라비'라는 단어가 처음 보인다. "오라비 살육(殺戮)을 맛나니라(兄弟遭殺戮)"라고 나타나 있으니, 15세기에 처음 등장하였다. 또한 중국에서 조선어를 번역할 때 "조선에서는 여동생이 남자 형제를 부를 때 '올아바'라 한다(東俗女弟呼男兒 올아바 <華音方言字義解>"라 하였으니 원래의 말은 "올(旻)+압(父)+아(호격조사) = 오라바"였다고 본다. '오라바'는 19세기에는 '옵바'로 나오고, 다시 20세기 초반에 오면서 '업바, 오빠' 등으로 표기되기 시작하였다. 예컨대 1989년에 발간된 <한영사전>에는 "옵바 = Brother-used in relation to a sister"라고 되어 있다. 사실 우리 남성들이 모두 좋아하는 이 '오빠'라는 단어는 오라비의 어린이말(稚語)이다. '아버지'를 '아빠', '어머니'를 '엄마'라고 부르는 것이 치어(稚語-어린이 말)다. 요즘은 어머니는 '시어머니'를 가리키고 '엄마'는 '친정어머니'를 지칭한다는 우스갯소리가 있다. 그렇다면 '오빠'의 원래 의미는 무엇인가? '이른 아버지'라고 할 수도 있지만 '아직은 미숙한 아버지'라고 풀어볼 수도 있다.

'누나'는 어디서 유래한 것일까? 사실 누나에 대한 어원을 찾기가 그리 쉽지는 않았다. 어느 문헌에도 나오지 않기 때문이다. 사전에도 '누나 = 어린 사내 아이가 누이를 높여 부르는 말'이라고 나와 있을 뿐이다. 보통 사전을 보면 ①같은 부모에서 태어난 사이거나 일가친척 가운데 항렬이 같은 사이에서, 남자가 손위 여자를 이르거나 부르는 말, ②남남끼리 나이가 적은 남자가 손위 여자를 정답게 이르거나 부르는 말이라고 되어 있다. 그래서 필자의 견해를 밝힌다면 결국 '누이'에서 찾을 수밖에 없다. 고문헌을 보면 '누의님'이라는 단어가 나온다. 즉 '누이'에 존칭접미사 '님'을 붙인 것이니, 누나의 어원은 거기서 시작해야 한다. <癸丑日記(계축일기)>라는 책에 "누으님으란 어엿비 하고"라는 글이 있다. 이 책은 광해군 때 궁녀가 지은 것이니 1613년의 말이다. <계축일기>는 인목대비의 원통한 죽음을 기록한 책이다.

이러한 '누의(누이)'는 근대에 와서 '누니<1938, 조선어사전>'로 나타난다. 아마도 '누의님 > 누님 > 누니'의 형태로 바뀐 것이 아닌가 추측한다. '어마님 > 어머니, 아바님 > 아버니 > 아버지'의 형태로 바뀌듯이 '누의님 > 누니'로 바뀌었고, 후에 호격조사 '아'가 붙어서 '누나'로 굳었다고 본다. 누구나 누나를 부를 때는 "누나야!"라고 하지 않고 그냥 "누나!"라고 하는 것을 생각하면 그리 어렵지 않을 것이다. 누나라는 단어는 후기 중세국어에도 보이지 않고 근대국어에서 나타나기 시작하였으니 유래가 길지 않다고 본다.

누구나 좋아하는 단어, 듣기만 해도 가슴이 뛰는 단어인 '오빠'와 '누나'는 모두 호격조사를 동반한 단어들이다. 이와 같이 우리 민족은 가족적인 성향이 강하다. 조금 친해지면 바로 "형님, 아우"가 된다. 마찬가지로 "오빠, 누나"도 친근감의 표시로는 최고라고 할 수 있다. 참으로 모두가 한가족인 대단한 민족이다. 이런 우리나라를 사랑한다. (요즘은 지나치게 좌우로 갈리는 것 같아서 참으로 가슴이 아프다.)

오지랖과 마당발

우리나라 사람들이 마음이 넓은 것인지 필자가 속이 좁은 것인지 모르겠지만 얼마 전 신문에 김정은이 문제인 대통령에게 '오지랖이 넓다'는 표현을 쓰면서 한민족의 이익을 위해서 활동하라고 하는 말이 실린 것을 보았다.

(전략) 문재인 대통령은 **오지랖 넓은** 중재자 촉진자 행세를 할 것이 아니라 민족의 일원으로서 **제 정신을 가지고** 제가 할 소리는 당당히 하면서 민족의 이익을 옹호하는 당사자가 되어야 합니다.(2019년 4월 12일)

한 나라의 대통령에 쓸 수 있는 말인가 의문이 간다. 얼마나 대한민국을 우습게 보았으면 대통령에게 오지랖이 넓은 행세하지 말고 정신 차리라고 꾸짖는 투의 말을 할 수 있는가 싶다. 그것도 아들뻘밖에 안 되는 젊은 사람이 그런 표현을 쓴다는 것에 황당하기까지 하였다. 그 속 뜻을 자세히 보면 정신 차리라는 의미가 더 강하다. '**제정신을 가지고 제가 할 소리를 당당히 하라.**'는 말은 결국 정신 차리라는 소리가 아닌가? 참으로 정신 나간 오만한 젊은이다. 물론 남북한의 언어의 의미의 차이는 있을 수 있으나 오지랖이라는 단어의 의미는 남북이 비슷하다. 그래서 오늘은 오지랖의 의미에 대해 먼저 살펴보고자 한다.

잘 모르는 사람으로부터 "참 오지랖도 넓네."라는 소리를 들으면 약간 기분이 상한다. 아주 친한 친구가 할 때는 웃어넘길 수 있지만 모르는 사람이 그런 말을 하면 기분이 좋지 않은 것이 사실이다. 뭔가 모르게 빈정거리는 것 같은 느낌을 지울 수 없다. 그런데 몇 번 만나지도 않은 한 나라의 대통령에게 '오지랖'이라는 단어를 사용하는 것은 외교적 결례가 아닐 수 없다. 원래 '오지랖'이란 '웃옷이나 윗도리에 입는 겉옷의 앞자락'을 말한다. 따지고 보면 한복의 한 부분일 뿐이다. 이인직(1862~1916)의 신소설 '은세계'(1908)에 보면 '오질압'으로 나와 있다. 그 다음으로 최남선(1890~1957)의 시조 '<옹진에서>'(1926)에는 '오질압ㅎ'으로 나타나 있다. '옷자락의 압(앞)'이라는 주석이 달려 있다. '오질압ㅎ'이 1930년대 이후 문헌에는 '오질앞, 오지랖'으로 표기돼 나온다. '큰사전'(1957)에는 '오지랖'이 표준어로 올라 있으며, '옷질앞'이 그 비표준어로 제시되어 있다.(조항범, 우리말 어원이야기) 여기서 유래하여 '오지랖이 넓다'는 말은 '무슨 일이고 참견하고 간섭하는 사람'이라는 뜻으로 사용되고 있다. 웃옷의 앞자락이 넓으면 다른 옷을 감쌀 수 있는 것처럼 무슨 일이나 말이든 간에 앞장서서 간섭하고 참견하고 다니는 것을 비유한 말이다. 결국 쓸데없이 남의 일에 참견한다는 의미가 강하다는 것을 알 수 있다. 위에 김정은이 한 말의 전체적인 의미를 분석해 본다면 "문재인 대통령은 괜히 남의 일에 참견하면서 아는 척 하지 말고 한민족의 한 사람으로서 정신 차리고 우리 일이나 잘 하라."는 뜻이다. 자세히 알고 보면 속이 뒤집어지는 말인데 우리나라 외교관들은 묵묵부답이다. 입이 없는 것인지, 뇌가 없는 것인지 분간이 안 간다. 하기야 미사일을 미사일이라고 부르지 못하는 것이 오늘날 우리의 현실이 아닌가?

한편 '마당발'이라는 말이 있다. '마당발'의 본래 의미는 "바닥이 마당처럼 넓고 평평하게 생긴 발"이었다. 즉 평발이라는 말이다. 그것이 의미가 변하여 마당처럼 넓은 발을 가진 사람으로 바뀌었다. 사전을 찾아보면 1. 볼이 넓고 바닥이 평평하게 생긴 발, 2. 인간관계가 넓어서 폭넓게 활동하는 사람이라고 나타나 있다. 그런 의미에서 필자도 마당발에 속한다. 선거판에서 놀아본(?) 경험이 있어 아는 사람은 엄청나게 많다. 본래 평발을 의미하던 것이 '아는 사람이 많은(대인관계가 넓은) 사람'이라는 의미로 바뀐 것은 그리 오래 되지 않았다. 1994년에 표준국어대사전에 새로운 의미를 더할 때 등재했다고 한다.

오지랖과 마당발은 의미상 차이가 있다. 무슨 일이든지 나서서 참견하는 것과 대인관계가 넓어서 아는 사람이 많은 것은 다르다. 한 나라의 대통령에게 오지랖이 넓다고 표현하는 것은 결코 바람직하지 않다. 그럼에도 불구하고 침묵하고 있는 남한의 외교관들은 더욱 비굴해 보인다. 오죽하면 김정은이 우리 대통령 보고 정신 차리라고 했겠는가?

갑자기 가슴 한 편이 시리도록 아프다. 괜히 한국어 전공했나보다.

'옷이'와 '옷안'

계속 발음에 관한 글을 SNS로 보냈더니 의외로 질문이 많이 들어왔다. 무심코 사용했던 우리말이 발음이 알고 보니 그것이 아니었구나 하고 탄식하는 독자들도 많았다. 우리말의 발음이 생각보다 어려웠던 모양이다. '디귿이'의 발음이 왜 [디그시]가 되어야 하는지 모르고, '히읗이'의 발음이 왜 [히으시]가 되는지 모르는 사람이 더 많았다. 참고로 외국인들은 [디그지]라고 읽는다.

과거 다문화가정의 이주여성들을 가르칠 때의 일이다. '옷이'를 읽으라고 하면 누구나 [오시]라고 잘 읽는다. 하지만 '옷안'을 써 놓고 읽으라고 하면 100%가 [오산]이라고 읽는다. 왜냐하면 받침이 'ㅅ'으로 끝났으니까 그것을 그대로 뒷모음에 연결하여 발음하면 [오산]이 되기 때문이다. [오단]이라고 발음하는 여성들은 한 번도 본 적이 없다. 그것은 유학생들도 마찬가지다. 처음 입국한 사람들에게 자·모음을 가르쳐 주고 '옷안'을 읽으라고 하면 이들도 동일하게 [오산]이라고 발음한다.

문제는 다문화가정의 남편들이었다. 자기는 [오단]이라고 읽으니까 아내에게도 [오단]이라고 읽어야 한다고 가르친다. 그러나 왜 그렇게 발음해야 하는지, 이 이유를 물으면 아무도 대답을 하지 못한다. 참으로 어려운 문제다. "다들 그렇게 발음하니까 그렇게 해."라고 하는 것은 바른 설명법이 아니다. 무슨 이유로 그렇게 발음하는지 제대로 알려 주어야 한다. 한글맞춤법 통일안 제4장 제8항에 보면 "받침소리로는 'ㄱ, ㄴ, ㄷ, ㄹ, ㅁ, ㅂ, ㅇ'의 7개 자음만 발음한다."라고 되어 있다. 그러므로 'ㅅ'의 대표음인 'ㄷ'으로 발음하는 것이 순리다. '옷'이라고 쓰지만 발음은 '옫'이라고 한다. 이렇게 발음된 것이 뒤에 있는 모음과 연결되므로 [옫안>오단]으로 발음되는 것이다. 겹받침도 많이 있지만 그것들도 받침으로 발음할 때는 위의 7가지 이상으로 소리나지는 않는다. 예를 들면 '닭다[닥따], 키읔과[키윽과], 뱉다[밷ː다], 빚다[빋따]'와 같다. 우리말에서 '빗, 빚, 빛'과 같은 단어들도 발음은 [빋]으로 하나밖에 없다. 다만 뒤에 허사가 연결되면 원래의 발음이 그대로 연결되어 발음한다. 그러므로 '빗이[비시], 빚이[비지], 빛이[비치]'와 같이 발음한다. 그래서 '옷이'도 발음이 [오시]로 되는 것이다. 즉 '옷'이라는 명사 뒤에 허사(조사, 'ㅣ')가 연결되었기 때문에 '앞말의 받침이 그대로 뒤에 연결되어 발음'되어 그렇게 되었다.

받침의 발음에 대해 조금 더 공부해 보기로 하자. 우리말에는 겹자음이 참으로 많다. 과거 아나운서로 있는 제자와 긴 시간 논쟁을 했던 부분이기도 하다. 왜냐하면 필자는 "7종성법이라는 것이 있어서 우리말의 받침은 반드시 그 중 하나로 발음해야 한다."는 주장을 했고, 아나운서인 제자는 "그렇게 하면 발음이 맛깔스럽지 않으니 겹받침을 조금 살려주는 것이 더 바람직한 것이다."라는 말이었다. 그 말도 일리가 있기는 하지만 우리말에서 7종성법은 세종대왕부터 지금까지 내려온 법칙이다. 그러므로 반드시 지켜야 한다는 것이 필자의 견해였다. 예를 들면 '삶'이라는 단어를 읽을 때 필자는 [삼]이라고 읽어야 한다는 것이었고, 제자는 [사~ㄹㅁ]이라고 읽으면 발음이 더 맛있다(?)는 것이었다. 방송을 하는 입장에서는 그것이 맞을 수도 있으나 교과서적인 발음은 아니다. 그래서 "자네는 그렇게 발음하게. 난 [삽]'이라 하겠네." 하고 마무리했던 적이 있다. 예전에 대학에 다니던 시절 교수님과 논쟁하던 필자의 모습이 영상으로 떠올랐다. "자네는 [헌뻡]하게, 난 [헌법]하겠네." 하시던 스승님의 얼굴과 필자의 얼굴이 겹쳐 있었다. 그분의 말씀대로 효과[효과], 조건[조건] 등은 그대로 적용되었고, 헌법은 [헌뻡]으로 되었다. 어느 것이 가장 확실한 답이라는 것은 없다. 다만 언중(言衆)들이 가장 많이 발음하는 것이 표준발음으로 되는 것이 현실이다. '맛있다[마시따, 마디따]'가 그런 예라고 할 수 있다. 원래는 [마디따] (※ 참고로 맛없다[마덥따]와 비교하면 좋다.)가 옳은 발음이지만 서울 사는 교양있는 사람들이 두루 [마시따]로 발음하니까 그것도 표준발음으로 인정하였다.

　지나치게 학문적인 것도 어렵지만 지나치게 실용적인 것만 찾아도 문제는 있기 마련이다. 어느 시대를 막론하고 정답은 없는 모양이다.

와이로(わぃろ)와 와이로(蛙利鷺)?

카카오톡에 굉장히 긴 문장이 하나 왔다. 와이로의 유래라는 글이었다. 내용을 보면 언뜻 우리말인 것처럼 볼 수도 있겠다는 생각을 했다. 이규보의 글에서 유래한 것으로 백로가 개구리를 뇌물로 받아서 까마귀의 손을 들어주었다는 우화에서 비롯되었다고 한다. 참고로 그 내용을 요약하면 다음과 같다.

고려 의종 임금이 하루는 단독으로 야행을 나갔다가 깊은 산중에서 날이 저물었다. 요행히 민가를 발견하고 하루를 묵고자 청을 했지만, 집주인(이규보 선생)이 조금 더 가면 주막이 있다는 이야기를 하자, 임금은 할 수 없이 발길을 돌려야 했다. 그런데 그 집(이규보)대문에 붙어있는 글이 임금을 궁금하게 했다. "유아무와 인생지한(有我無蛙 人生之恨)"이라고 써있었다. "도대체 개구리가 뭘까?" 한 나라의 임금으로서 어느 만큼의 지식은 갖추었기에 개구리가 뜻하는 걸 생각해 봤지만 도저히 감이 잡히지 않았다. <중략> 그 내용은 다음과 같았다. 옛날, 노래를 아주 잘하는 꾀꼬리와 목소리가 듣기 거북한 까마귀가 살고 있었는데, 하루는 꾀꼬리가 아름다운 목소리로 노래를 하고 있을 때 까마귀가 꾀꼬리한테 내기를 하자고 했다. 바로 "3일 후에 노래시합을 하자"는 거였다. 백로를 심판으로 하고 노래시합을 하자고 했다. 이 제안에 꾀꼬리는 한마디로 어이가 없었다. 노래를 잘 하기는커녕 목소리 자체가 듣기 거북한 까마귀가 자신에게 노래시합을 제의 하다니, 하지만 월등한 실력을 자신했기에 시합에 응했다. 그리고 3일 동안 목소리를 더 아름답게 가꾸고자 노력했다. 그런데, 반대로 노래시합을 제의한 까마귀는 노래 연습은 안하고 자루 하나를 가지고 논두렁의 개구리를 잡으러 돌아 다녔다.

그렇게 잡은 개구리를 백로한테 뇌물로 가져다주고 뒤를 부탁한 것이었다. 약속한 3일이 되어서 꾀꼬리와 까마귀가 노래를 한 곡씩 부르고 심판인 백로의 판정을 기다렸다. 꾀꼬리는 자신이 생각해도 너무 고운 목소리로 노래를 잘 불렀기에 승리를 장담했지만 결국 심판인 백로는 까마귀의 손을 들어주었다. 한동안 꾀꼬리는 노래시합에서 까마귀에 패배한 이유를 알 수 없었다. 그러나 얼마 지나서 백로가 가장 좋아하는 개구리를 잡아다주고, 까마귀가 뒤를 봐 달라고 힘을 쓰게 되어 본인이 패배한 사실을 알게 되었다. 그 후 꾀꼬리는 크게 낙담하고 실의에 빠졌다. 그리고 "나는 있는데 개구리가 없는 게 인생의 한이다"라는 글을 대문 앞에 붙혀 놓았다고 한다. 이 글은 이규보 선생이 임금한테 불의와 불법으로 뇌물을 갖다 바친 자에게만 과거급제의 기회를 주어 부정부패로 얼룩진 나라를 비유해서 한 말이었다. 이때부터 와이로란 말이 생겼다. <중략> 그 후에 궁궐에 들어와 임시과거를 열 것을 명하였다고 한다. 과거를 보는 날, 이규보선생도 뜰에서 다른 사람들과 같이 마음을 가다듬으며 준비를 하고 있을 때 시험관이 내 걸은 시제가 바로 **"唯我無蛙 人生之恨"**이란 여덟 글자였다고 한다.

그러니까 이 글을 세상에 알린 사람은 와이로가 우리말이라는 의미에서 카카오톡에 쓰게 되었고, 이 글을 읽은 많은 사람들이 너도나도 할 것 없이 옮기기 시작했다. 필자의 손에 이르렀을 때야 비로소 멈추게 된 것 같다. 이 글이 와이로의 유래가 되기는 어렵다. 우선 독음부터가 틀렸다. 이로울 利자는 문두에 나올 때만 '이'로 읽을 뿐이고, 문

장 중간에 있으면 '리'로 읽어야 한다. 그러므로 발음은 '와리로'라고 해야 한다. 국립국어원에서는 와이로(わいろ)가 일본어이기 때문에 우리말로 순화할 것을 권장하면서 "뇌물"만 쓰도록 하였다. 굳이 이규보의 예를 들지 않더라도 '와이로'가 일본식 어휘라는 것은 누구나 쉽게 알 수 있다. 그런데 왜 굳이 되지도 않는 것을 유래라고 여기저기 옮기는지 알 수가 없다. 아마도 자신의 현학을 자랑하고자 하는 것이 겠지만 검증되지 않은 것을 전하는 것은 잘못이다. 요즘 가짜 뉴스라는 말이 인구에 회자되고 있다. 사실 필자도 가짜 뉴스에 시달리다가 화가 나서 유튜브를 끊고 산 적이 있다. 이제는 음악만 듣는다. 가짜 뉴스 같은 것을 보지도 않을뿐더러 카톡으로 오면 바로 삭제하고 만다. 너무 화가 나서 견딜 수가 없었다. 정확하지 않은 것은 전하지 말아야 한다. 우리말도 아닌 것을 우리말이라고 우기는 저의가 무엇인지 정말 화가 난다.

'왠지'와 '웬지'

거의 매일 아침이면 카카오톡으로 틀리기 쉬운 우리말이나 헷갈리는 우리말을 지인들에게 보낸다. 그러면 얼마 후 질문이 들어온다. 오늘 들어온 질문 중에 많이 틀리는 것이 있어서 설명하고 나니 칼럼에 올리는 것이 더 많은 사람들에게 유익할 것 같아서 정리하기로 했다.

우리나라 사람들이 많이 틀리는 것들을 정리한 것이 있어서 순서대로 나열해 보면 다음과 같다. (앞에 있는 것이 틀리게 쓰는 것이고 화살표(→) 뒤에 있는 것이 맞는 것임)

1. 어의없다 → 어이없다.
2. 병이 낳았다 → 병이 나았다.
3. 않하고, 않되요 → 안 하고, 안 되요
4. 문안하다 → 무난하다.(별로 어려움이 없다, 이렇다 할 단점이나 흠잡을 만한 것이 없다.)(어른에게 안부를 여쭈는 것은 '문안하다'라고 한다.)
5. 오랫만에 → 오랜만에
6. 예기를 하다 보니 → 얘기를 하다 보니('이야기'의 준말이므로 '얘기'가 맞음)
7. 금새 바뀌었네 → 금세 바뀌었네.
8. 왠일인지 → 웬일인지
9. 몇일 → 며칠

10. 들어나다 → 드러나다

많이 틀리는 것을 10 개 정리한 것을 보면 거의 대부분의 사람들이 앞에 있는 것이 옳다고 생각했던 것들이 많다. 이 중 '어이없다'를 비롯해서 대부분의 것들은 이미 설명한 것들이 많아서 생략하기로 하고 '왠'와 '웬'에 관해서 자세히 살펴보기로 한다.

우선 '왠지=why', '웬=what'으로 구분하면 제일 쉽다.(가끔은 한국어를 영어로 섞어서 설명하는 것이 쉬운 것은 무엇이라고 표현해야 하는지?)

예를 들어 설명하면

왠지 = 왜인지의 준말이다.
    예) 왠지 오늘은 기분이 좋아.
        은선만 보면 왠지 가슴이 떨려.
        왠지 모르게 눈물이 나네.

웬 = '정체 모르는, 어떠한, 어찌된'의 의미를 지님
    예) 웬 남자가 날 자꾸 쫓아와.
        웬 걱정이 그리 많아?
        웬 일로 벌써 왔니?

그러므로 '왠지'가 일반적으로 쓰는 말이고, '웬'은 관형어의 역할을 한다. 위에서 자주 틀리는 예문을 보면 많은 사람들이 "왠일인지"라고 쓰고 있는데, 그것은 "웬일인지"라고 할 때 쓴다. 의미가 "무슨 일인지"라는 것을 생각한다면 쉽게 이해할 것이다. 여기서 주의해야 할 것은 '웬'의 띄어쓰기 문제이다. '웬일'이라고 할 때는 '어떠한, 의외'의

뜻을 지닌 관형사처럼 보이지만 합성어의 일부분으로 쓰인 것이다. 이렇게 합성어로 쓰인 것은 '웬만하다', '웬만치', '웬만큼' 등이 있다. '웬'이 명사 앞에서 쓰일 때는 원칙적으로 띄어쓰기를 해야 한다.(위의 본문에 있는 문장을 보면 "웬 남자가 쫓아와." 하고 띄었음을 볼 수 있다. 그러나 '웬일', '웬걸' 등과 같은 것은 이미 두 음절이 합쳐서 독립된 단어가 된 것들이다. 그러므로 붙여 써야 한다.(우리 문법에서 단어는 띄어 쓰는 것을 원칙으로 하지만 합성어는 붙여 쓴다고 되어 있다.)

이 글을 읽다 보면 처음에는 쉬웠는데 갈수록 어렵다고 생각하는 독자가 많은 것이다. 그냥 '왜'와 '웨'만 공부할 때는 쉬웠는데, 띄어쓰기 나오면서 합성어라는 단어도 나오기 시작했으니 정신없을 것 같다. 필자도 먹고 살아야 하니 "그냥 그러려니…" 하시길 바란다.

유모차는 유모가 타나?

사장 차는 사장이 타고 서장 차는 서장이 탄다. 그렇다고 유모차는 유모가 타는 차인가? 가끔 우리말을 읽다보면 필자도 얼굴이 화끈 달아오를 때가 있다. 우선 '유모차'는 '어린아이를 태워서 밀고 다니는 수레'라고 사전에 정의되어 있다. 영어로는 흔히 'baby carriage'라고 한다. '어린아이를 태우고 다니는 수레'라고나 할까? 유모의 사전적 정의를 보면 "남의 아이에게 그 어머니 대신 젖을 먹여 주는 여자"라고 나타나 있다. '젖어미'라고도 한다. '그 어머니 대신 젖을 먹여주는 여자'가 타는 차가 유모차는 아니고, 그렇다고 유모가 운전하는 차는 더욱 아니다. 그렇다면 유모나 운전해야 하는 차인가? 아기의 아빠가 운전하면 안 되는 차일까? 남녀 차별해서 그렇게 한 것은 아닐 터인데 알 수가 없다. 또 한 가지 문제가 되는 것은 '차'의 개념이 애매하다. 무슨 말인고 하니 흔히 차(車)라고 하면 동력에 의존해서 움직이는 것을 말한다. 마차, 전차, 자동차 등은 인력으로 움직이는 것들이 아니다. 인력으로 움직이는 것은 거(車수레 거)라고 읽는다. 인력거, 자전거 등이 그 예다. 유모차는 동력으로 가는 것이 아니고 사람이 밀거나 끌어서 가는 수레인데 '차'라고 표현하는 것은 지나치다. 이런저런 예를 종합해서 본다면 유모차라는 말은 잘못되었다. 정확하게 한자어로 표현한다면 유아거(幼兒車) 혹은 유아용 수레라고 해야 옳다. 그러나 늘 이야기하듯이 서울 사는 교양 있는 사람들이 대부분 유모차라고 하니 그것으로 사전에 등재된 것이다. 이럴 때 가슴이 답답하다. 흔히 성급한 일반화의 오류를 범하고 있는 대표적인 예라고 할 수 있다.

여러 번 칼럼을 통해 이야기 해 온 것이 있다. 바로 '분리수거'라는 말이다. 아직도 너무나 많은 사람들이 잘못 사용하기 때문에 이번에도 한 번 더 확인하고 넘어가고자 한다. '분리'는 사전에서 찾아보면 '서로 나뉘어 떨어짐 또는 그렇게 되게 함'이라고 되어 있다. 우리가 종이, 깡통, 플라스틱으로 나누는 것은 '분리'가 아니고 '분류'라고 해야 한다. 물론 라벨과 플라스틱을 분리하는 것도 있지만 중요한 것은 종류별로 나눈다는 것에 방점을 찍어야하기 때문에 분리보다는 분류가 맞다. 또한 '수거(收去)'는 '거두어 감'이라는 뜻이다. 내가 밖으로 내 놓는 것인데 수거라고 표현하니 실소를 금할 수가 없다. '배출'이라고 해야 한다. 수거는 관공서에서 '가지고 가는 것'이고 우리는 밖으로 '배출'하는 것이 맞다. 그러므로 분리수거라 하지 말고 '분류배출'을 생활화해야 한다. 분류배출이 당연함에도 불구하고 거의 대부분의 국민들이 아직도 분리수거라 하고 있으니 이를 어찌 해야 옳은가? 이 모든 것이 성급한 일반화의 오류가 아닐 수 없다. 새로운 단어를 만들거나 일반화하고자 할 때는 전문가의 조언을 구하고 열 번이고 백 번이고 더 생각해서 발표해야 한다. 많은 사람들이 좋다고 해도 또 한 번 생각하고 발표를 해야 하는 것이다. 유치원 아이들이 개구리를 뱀이라고 우기고 있을 때 선생님이 와서 "그것은 뱀이 아니고 개구리란다." 라고 한 마디만 하면 평정된다. 민주주의라고 다 옳은 것은 아니다. 서울에서 강릉으로 갈 때 서족으로 가는 것이 좋다고 다수결로 나왔다고 서족으로 갈 수 있나? 다수결로 서쪽으로 가자고 결론이 나왔어도 지리전문가가 나와서 강릉은 동쪽에 있으니 동쪽으로 가야 한다고 하면 들어야 한다.

우리나라 사람들은 다 한국말을 잘 한다. 그렇다고 다 옳은 것은 아니다. 미국에 가면 거지들도 영어로 말한다. 말만 잘 한다고 다 되는 것은 아니다. 바른 말, 고운 말, 옳은 말을 해야 한다. 모두가 틀렸으면 바로 쓸 수 있게 전문가의 조언을 들어야 한다. 그래서 관공서나 각종 기관에는 한국어 전문가가 있어야 한다. 모두가 잘못된 것을 옳다고 할 때 누군가는 아니라고 가르쳐 주어야 한다. 한국어는 소중하기 때문이다. 남들이 다 한자어를 버리고 순한글만 쓰자고 할 때 누군가는 한자어를 가르쳐야 한다고 외쳐야 한다. 우리말 명사의 대부분이 한자에서 유래했기 때문이다. 한국어를 바르게 알기 위해서는 한자어 학습이 필수임을 알아야 한다.

그런데 참 이상하다. 닭장에는 닭이 살고 토끼장에는 토끼가 사는데 왜 모기장에는 사람이 살까? 설사약은 설사를 멈추게 하는 약인가, 설사하게 하는 약인가? 우리말은 참 재미있다.

육갑 떨고(?) 산통 깨고…

우리는 어려서 카타르시스하는 방법으로 욕을 많이 했던 것 같다. 필자는 4형제 중 셋째다 보니 생존본능(?)으로 욕을 많이 했던 것 같다. 교편 잡고 계셨던 선친께 많이 혼나면서도 욕을 버리지 못했다. 그 중 육갑떤다는 말을 자주했다. 사실은 육갑은 '떠는 것'이 아니고 '하는 것'이다. 흔히 "병신 육갑한다."고 한다. 이를 사전적인 의미를 찾아보면 '(비속하게) 어떠한 말이나 행동을 한다.'고 되어 있다. 왜 하고 많은 것 중에 육갑을 한다고 했을까? 하필이면 병신이 육갑한다고 했을까? 필자의 어린 시절에는 어른들이 서기 0000년이라는 표현도 썼지만 '기미년, 을미년, 을사년' 등의 용어도 많이 사용하였다. 주로 연세가 많은 노인들이 이런 육십갑자로 그 해를 표현하였다. 육갑이라는 것은 육십갑자의 줄인 말이다. 송창식의 노래 가운데 "갑자 을축 병인 정묘 무진 기사 경오 신미 에헤~~~" 하는 노래가 있다. 이렇게 천간(天干 : 갑을병정무기경신임계) 10개와 지지(地支 : 자축인묘진사오미신유술해) 12개를 합하여 육십갑자를 만든다. 이것을 줄여서 육갑이라고 한다. 그런데 왜 '병신 육갑한다'고 했을까? 당사주법이나 육십갑자 등을 헤아릴 때 보통은 손가락으로 셀 때가 많다. 검지손가락부터 마디를 세어 한 바퀴 돌아오면 12개가 된다. 즉 자축인묘진사오미신유술해로 딱 맞아 떨어지게 되어 있다. 그래서 육갑을 셀 때는 손가락 사용을 하는 것이다. 그런데 병신(신체적으로 어느 부분이 온전하지 못한 기형이거나 그 기능을 잃어버린 사람) 중에 손가락 마디가 없는 사람이 육갑을 헤아리면 맞을 수가 없다. 그러므로 그런 사람이 육갑을 하면 항상 틀리게 마련이다. 그래서 모자라는 행동을 하는 사람을 낮잡아 이를 때도 '병신'이라고 하고 그러한 행동을 할 때 '병신 육갑한다.'고 하였다. 그러나 '육갑 떤다'는 표현은 옳지 않은 것이다. '**육갑한다**'고 표현해야 한다.

이와 비슷하게 잘못 사용하는 말 중에 '꼴값 떨다'라는 말도 있다. 분수를 지키지 못하고 잘난 체 할 때 쓰는 말이다. 하지만 꼴값 역시 '얼굴값'을 일컫는 말이니 꼴값 떠는 것이 아니라 꼴값 하는 것으로 표현해야 한다. 즉 '얼굴값 한다'는 말이다. 격에 맞지 않는 아니꼬운 행동을 할 때 사용하는 말인데 이를 더 속되게 표현할 때 흔히 "꼴값 떤다."고 해 왔다. 그러나 그 표현은 속된 표현이지 바른 표현은 아니다. 얼굴이 잘 생겼으면 잘 생긴 대로 살 것이고, 조금 못났으면 못난 대로 사는 것이 맞다. 얼굴값하고 잘난 체 해 봤자 알아주는 사람은 없다.

또한 어떤 일을 그르치게 되거나 일이 뒤틀리게 되었을 때 '산통을 깬다'고 표현했다. 특히 친구들 사이에서 주로 사용하던 말이다. 산통점은 육효(六爻)점이라고도 한다. 산통(算筒)은 산가지를 넣은 통이다. 그러면 산가지는 무엇일까? 점을 칠 때 사용하는 향목을 말한다. 대나무나 향목 혹은 금속 등을 길이 10cm 정도 되게 잘라서 괘를 새긴 것을 산가지(산대)라 한다. 이 산대를 넣는 통을 **산통**이라고 한다. 점을 칠 때 보면 이 산통을 서너 번 흔든 다음 산통을 거꾸로 들거나, 산대를 한 개 씩 뽑는다. 이렇게 왼손으로 산가지를 세 번 집어내어 초, 중, 종의 각 괘를 만들어 길흉화복을 판단한다. 이 때 나온 산대의 괘로 점을 치는 것을 산통점이라고 한다. 그러므로 이 산가지를 넣는 통을 깬다는 것은 점쟁이의 일을 하지 못하게 하는 것이다. 이 산통을 깨뜨린다는 것은 어떤 일을 이루지 못하게 하거나 뒤틀어 버린다는 뜻이다. 어린 시절에는 산통을 깬다는 말을 주로 남을 속이기 위해 장난을 치고 있는데 들통나게 했을 때 사용했었다. 실제로 산통을 깬다는 말은 남의 일을 망치게 했다는 의미다. 요즘은 어떤 일을 이루지 못하게 하거나 뒤트는 것을 가리키는 말이 되었다.

우리는 말을 할 때 아무 생각 없이 늘 하던 대로 표현하는 경우가 많다. 자세히 알아 보면 '하는 것'과 '떠는 것'은 차이가 있다. 조금 더 속되게 표현할 때 '떤다'고 하지만 이는 옳지 않다. '육갑'이나 '꼴값'은 '하는 것'이고 산통은 '깨는 것'이 맞다. 이제는 육갑, 꼴값 떤다는 표현은 자제하자. 산통도 깨지 말고 함께 즐겁게 살아가는 사회를 만들었으면 좋겠다.

이상하다! 형도 동생(同生)인데

요즘 친구 자녀 혼사가 많다. 토요일이면 두어 군데 다녀야 하지만 대학원 수업을 토요일에 하다 보니 사람구실하지 못할 때가 많다. 늦게까지 강의하고 집에 오면 피곤해서 아무 생각 없이 잘 때가 많다. 요즘은 그나마 계좌번호를 적어 보내는 친구가 있어서 고맙게 생각한다. 회장이 똘똘(?)하면 혼주 계좌번호를 함께 보내준다.

흔히 우리는 말할 때 "장가들었나?", "시집갔나?"라고 표현한다. 어째서 장가는 들어가는 것이고 시집은 나가는 것일까? 물론 "장가갔느냐?"고 표현하는 것도 틀리는 것은 아니다. 하지만 과거에는 거의 대부분의 경우 장가들었다라고 표현하는 경우가 많았다. 어찌하여 장가는 들어가는 것이 되었을까? '**장가(杖家)'는 장인집**을 일컫는 말이다. 장인집에 들어간다는 말이라 과거에는 입장가(入杖家)라고도 했다. 혼인식은 장인집에 가서 하는 것이기 때문이다. 또한 과거 데릴사위제도가 있을 때가 있었는가 하면, 처가에 가서 머슴살이를 하다가 일기가 차면 혼인을 하는 제도도 있었다. 이런저런 연유로 해서 장인집에 들어가는 경우가 많았다. 그런가 하면 혼례를 장인집에 가서 지내는 것도 하나의 이유가 된다. 아들을 낳기 위해서는 장인집에 가서 혼인을 해야 한다. 아들을 낳을 수 있는 날을 장모가 알기 때문이다.(생리 후 5일 차에 만들어야 아들을 낳는다고 한다. 도끼날을 베고 자든가, 아들 많이 낳은 여자의 월경대를 훔쳐서 차거나, 천하장사의 샅바를 허리에 차는 등 아들을 낳는 방법이 많이 있었다.) 이런 여러 가지의 연유로 해서 아들을 만들기 위해서는 신부집에 가서 혼인을 해야 했다. 그래서 혼(婚) 자를 보면 '녀(女)+혼(昏) = 혼(婚)'임을 알 수 있다. 신부집에 가서 저녁에 혼사를 치른다는 뜻이다. 저녁에 혼례를 치르고 다음날 새벽 인시(寅時)에 아들 만드는 행사를 치러야 한다. 그래서 장가든다고 표현하는 것이 맞다. 장가간다는 표현 또한 맞는 말이다. 그러나 장가온다는 말을 할 수는 없다.

시집간다는 말 또한 시댁에 간다는 말이다. 한자로는 '시(媤)'라고 쓰는데 중국에는 없는 한자다. 혼례를 치른 후 3일이 되면 시댁으로 가는데 이것을 신행이라고 한다. 요즘은 신혼여행 다녀와서 처가에 가는 것을 신행이라고 하는데 이것은 잘못이다. 같은 가문에 시집온 여인들끼리 '동서'(동서(同壻))라고 부르는데 사실은 옳지 않은 표현이다. 사위 서(壻) 자를 쓰는 것은 남자들에게 해당한다. 그러므로 같은 집에 시집 온 여인들끼리는 사실 동시(同媤)라고 해야 옳다. 동서와 동시는 구분해야 함에도 불구하고 오랜 세월 동시를 동서라고 발음하다 보니 그것이 표준어가 되었으나 엄밀하게 분석한다면 동시라고 하는 것이 바른 말이다.(현재는 동서가 표준어임)

이런 식으로 음이 바뀌거나 의미가 축소된 단어는 또 있다. 동생(同生)이 그것이다. 원래는 한 배에서 태어난 사람들이라는 뜻으로 사용했다. 그러므로 형도 동생이다. 같은 어머니 배에서 출생했기 때문이다. 그러나 형(兄)과 아우라는 단어로 분화되면서 아우만 동생에 남아 있게 되었다. 이는 다시 세월이 흐르면서 동기 중에 나이가 어린 사람으로 바뀌었다. 즉 한 배가 아니더라도 동기 중에서 손아랫사람을 지칭하는 말로 의미가 확장된 것이다. 그러므로 동생의 의미는 축소되었다가 다시 확장되는 이상한 과정을 겪은 독특한 단어라고 할 수 있다. 요즘은 동기가 아니더라도 자기보다 나이가 어리면 '아우'나 '동생'이라는 표현을 자주 사용한다. 마찬가지로 나이가 많으면 형님이라는 호칭을 사용하여 친근감으로 나타내기도 한다. 단어의 의미가 점차로 확장되고 있는 추세다. 그럼에도 불구하고 장가든다는 말은 여전히 변하지 않고 있다. 예식장에서 15분 만에 마치는 결혼식이지만 표현할 때는 장가갔느냐고 한다. 재미있는 우리말이다.

   기성세대는 사회의 변화에 따라 바뀌는 언어의 의미와 새로운 단어를 따라가기 힘들다. 하지만 너무 모르면 세대차이로 꼰대(?)가 되는 상황을 맞이할 수 있다. 적당히 과거와 현재를 아우르며 사는 지혜가 필요하다.

욕심쟁이와 미장이

1987년까지는 '장이'와 '쟁이'를 구별하지 않고 사용하였다. 그래서 '욕심쟁이'나 '욕심장이'을 다 쓸 수 있었는데, 1988년 <표준어규정>을 만들면서 확실하게 구분하였다. 우선 '전문적인 기술자'에게는 '장이'를 쓰고, 그 외에는 '쟁이'를 쓴다고 하였다. 그럼에도 불구하고 어디까지 전문적인 기술자라고 하는지 구분이 애매할 때가 많다. 글을 쓰는 사람들은 스스로 '글쟁이'라고 많이 표현한다. 글을 쓴다는 것은 전문적인 지식이 아니면 쓰기 어려운 것임에도 불구하고 '장이'라는 표현보다는 '쟁이'라는 표현을 즐겨 쓰는 것을 볼 수 있다. 사진 작가인 동생도 항상 '사진쟁이'라고 해서 스스로 겸손함을 나타내곤 하는데, 필자가 보기에는 사진이야말로 전문적인 기술이 아닌가 할 정도로 다양한 기법이 숨어 있다. 글을 쓰는 사람들도 마찬가지다. 스스로 글쟁이라고 해서 겸손함을 보이지만 세상에 글을 쓰는 것만큼 전문적인 일이 또 있겠는가? 맞춤법과 문맥, 사상 전달하기 등이 얼마나 어려운 일인데 스스로 낮추어 '글쟁이'라고 하는지 모르겠다. 사전에서 '글장이'를 찾아보면 '글쟁이'의 비표준어라고 나타나 있다. 그러면서 "글쟁이 : 글을 쓰는 것을 직업으로 하는 사람을 얕잡아 이르는 말"이라고 나와 있다. 아마도 이런 부류의 단어들이 비일비재할 것으로 본다.

'쟁이'라는 단어는 '개인의 좋지 않은 버릇이나 독특한 성격 또는 행동이나 모양 등을 바로 알 수 있도록 관련된 명사 뒤에 붙여서 표현하는 방법'이다. 예를 들면 욕심쟁이, 거짓말쟁이, 겁쟁이, 허풍쟁이, 변덕쟁이, 비겁쟁이 등과 같다. 결국 사람의 행동이나 모양 따위를 지칭하면서 낮추어 말하는 기능을 한다.

한편 '장이'는 기술이 있는 사람이라는 뜻으로 '장인(匠人)'에서 유래했다고 본다. '장인(匠人)'은 '손으로 물건을 만드는 일에 종사하는 사람, 예술 작품을 만드는 사람을 비유적으로 이르는 말'이다. 그러므로 간판장이, 미장이, 대장장이, 양복장이, 땜장이 등과 같이 쓴다. 그렇다면 '점장이'가 맞을까 '점쟁이'가 맞을까 궁금해진다. 점을 치는 일은 전문가의 기술이 있어야 하는 일이니 만큼 '점장이'라고 해야 할 것 같으나, 사실은 '점쟁이'가 맞다. 왜냐하면 점을 치는 일은 특별한 기술이나 예능으로 보지 않기 때문이다.

과거에는 '개구장이'라고 써지만 지금은 '개구쟁이'라고 표기하는 것이 맞다. 예문을 통해 살펴보자.

> 심하고 짓궂게 장난하는 아이를 개구쟁이라고 한다.
> 개구쟁이였던 동생이 장부가 되어 나타났다.

와 같이 쓸 수 있다. 앞에서 말한 바와 같이 '글쟁이'는 글을 쓰는 것을 직업으로 하는 사람을 얕잡아 이르는 말이다. 예문으로는

> 책상 앞에만 앉아 있는 글쟁이는 세상 돌아가는 일을 알 수가 없지.
> 나는 무엇보다도 직업이 작가이며 프로 글쟁이다.
> (<다음 국어사전>에서 재인용)

와 같이 쓴다. 우리가 흔히 전문적인 것에는 '장이'를 쓰고, 행동이나 모양을 낮추어 표현할 때는 '쟁이'를 쓴다고 하지만 실제 생활에서 보면 아직도 별 차이가 없이 사용하고 있음을 볼 수 있다. 우리가 어법을 정할 때는 단어의 의미를 정확하게 하고자 하는데 목적이 있다. 하지만 언중들이 스스로 겸손하게 자꾸 사용하다 보면 표준어 규정(서울 사는 교양있는 사람들이 두루 쓰는 말)에 의해 표준어가 될 수밖에 없다. 규정을 가끔 바꿔줘야 언어학자들도 먹고 살 수 있는가 보다. 필자도 어려운데 일반인들은 얼마나 어려울까?

전세방과 전셋집

필자는 거의 매일 지인들에게 카카오톡이나 페이스북 등의 SNS를 통하여 한국어 중 틀리기 쉬운 것이나 헷갈리는 것들을 발송한다. 꽤 오랜 기간 보내다 보니 독자도 많이 늘었고, 여기저기 원고 청탁도 많이 들어온다. 사실 감당하기 어려운 점도 많지만 사회에 기여할 수 있는 방법이 그것밖에 없는 것 같아서 사명감을 가지고 쓰고 있다. 요즘은 띄어쓰기를 보내고 있으며, 그 전에는 사이시옷에 관한 내용을 발송했다. 우리말에서 사이시옷은 참으로 다루기 힘든 부분이다. 특히 한자어와 사이시옷의 관계는 애매한 것들이 많다. 예를 들면 치과, 문과, 이과 등은 사이시옷이 없이 표기하지만 발음할 때는 마치 사이시옷이 있는 것처럼 [치꽈], [문꽈], [이꽈] 등으로 발음한다. 한편 효과는 똑같은 상황임에도 불구하고 [효과]라고 발음한다. 그러니 한국어 발음을 배우는 외국인들은 얼마나 어려울 것인가 헤아리고도 남는다.

대학 4학년 때 '헌법'의 발음을 놓고 강의 시간 내내 담당교수님과 논쟁을 벌였던 기억이 있다. [헌법]으로 발음해야 하는지 [헌뻡]으로 발음해야 하는지를 놓고 세 시간 강의를 홀라당 날렸던 적이 있다. 지금은 국립국어원에서 교통정리를 했지만 그 당시만 해도 교통정리가 되지 않았던 시절인지라, 말도 많았고 탈도 많았다. '군밤'은 [군밤]이라고 발음하면서 왜 똑같은 조건하에서 '헌법'은 [헌뻡]으로 발음해야 하는가 하는 문제였다. 필자는 '구운 밤'이므로 앞의 단어가 수식하는 관계고, '헌법'은 한자로 법 憲자와 법 法자이므로 명사 두 개가 합쳐진 단어라는 주장을 했다. 지금은 [헌뻡]이 표준발음이다.

위의 제목에서 보는 바와 같이 전세방과 전셋집은 같은 듯하면서 다른 표기법을 채택하고 있다. 물론 둘 다 표준어이다. 그러면 왜 전세방은 '사이시옷'이 들어가지 않은 것일까 궁금할 것이다. 그것은 바로 표준어 규정 중에서 한자어의 경우에는 그 사이에 "사이시옷을 적지 않는다."는 규정 때문이다. 그러므로 앞에서 예시한 단어들과 같이 '사이시옷'을 쓰지 않았다. 한자어에서 사이시옷을 쓰는 경우는 "곳간(庫間), 셋방(貰房), 숫자(數字), 찻간(車間), 툇간(退間), 횟수(回數)" 등 여섯 가지밖에 없다. 다른 경우는 그냥 써야 한다. 그러므로 '제상((祭床): 제사 때 제물을 차려 벌여 놓는 상.)'이라고 쓸까, '젯상'이라고 쓸까 고민할 필요가 없다. 그냥 '제상'이리고 쓰면 된다.

필자 세대의 사람들은 대부분이 "초점(焦點), 대가(代價), 개수(個數), 내과(內科), 화병(火病), 소수(素數)" 등의 단어에 사이시옷을 써 왔다. 습관적이기도 하고 발음상 뒷말이 된소리로 나는 까닭으로 그렇게 써 온 것이다. 아직도 '소숫점'이라고 쓰는 친구들이 많다. 그럴 수밖에 없는 것이 학교 문법을 졸업한 지가 이미 40년이 넘었는데, 중간에 수 없이 바뀐 문법을 가르쳐 줄 사람도 없었을뿐더러 배울 시간도 없었다.

문제는 전세방은 그대로 쓰면 되는데, 왜 전셋집은 '사이시옷'을 쓰는가 하는 것이다. 일반인들이 이런 것을 외국인에게 설명하기는 어렵다. 전문가들도 어려운데, 다문화가정의 남편들이 아내에게 이런 것들을 설명하기는 너무 어렵다. 전세방과 전셋집의 차이는 왜 그런고 하니 예외 규정 때문이다. 즉 "뒷말의 첫소리가 된소리로 나거나 뒷말의 첫소리 'ㄴ, ㅁ'이나 모음 앞에 'ㄴ' 소리가 덧나는 합성어 중에서 '고유어+고유어(아랫집, 나뭇잎), 고유어+한자어(귓병, 깃발), 한자어+고유어(전셋집, 예삿일)' 방식에는 사이시옷을 적고, '한자어+한자어' 방식에는 사이시옷을 적지 않는다."고 하였다. 이 규정을 자세히 읽고 새겨둔다면 앞으로 사이시옷에 관한 규정은 헷갈릴 것이 없다. '전셋집'은 위의 규정 중에서 '한자어+고유어'의 관계에 해당한다.

    때로는 차라리 규정이 없었으면 좋겠다고 생각할 때가 있다. 그러나 어느 나라를 막론하고 법이 없으면 무법천지가 된다. 어려운 법일지라도 지키면 아름다운 사회가 되듯이 어려운 문법도 잘 지키면 아름다운 우리말이 완성될 것이다.

주책바가지와 대포

우리말을 강의하다 보면 재미있는 일이 많다. 수업 중에는 주로 학생들과 토론하는데 의견이 분분하고 엉뚱한 답도 많이 나온다. 그 중 하나가 '주책'이다. 주책이 있어야 좋은 것인지, 없어야 좋은 것인지 토론하면 엉뚱한 답이 많이 나온다. 싸가지(싹아지)도 마찬가지다. "싸가지가 있어야 좋은 것인지, 없어야 좋은 것인지?"를 놓고 토론하면 의견이 반반으로 갈린다. 한국어학과 학생 정도 되면 "싸가지는 있어야 좋은 것"이라고 답한다. 그것이 왜 그런 것인가를 알기 위해서는 그 어원을 찾아 밝혀야 한다.

오늘은 '주책바가지'에 대해서 살펴보기로 한다. 우선 주책이라는 말은 '주착(主着, 做着)'이 변해서 생긴 말이다. '주착(做着)은 잘못인 줄 알면서 저지른 과실, 주착(主着)은 1. '주책'의 비표준어, 2. 주책(일정한 생각이 없이 되는 대로 하는 짓)'이라고 나타나 있다. 원래 주착(主着)의 의미는 '마음에 무엇을 두다'라는 뜻이다. 그럼에도 불구하고 "참 주책없네."라는 표현과 "참 주책이야."라는 표현을 공히 쓰고 있다. 서로 반대되는 뜻임에도 불구하고 아무 거리낌 없이 사용하고 있는 대표적인 말이다. 그렇다면 주책은 있는 것이 좋을까, 아니면 없는 것이 좋을까? 아니면 어느 것이 맞는 표현인가? 결론 먼저 말하자면 "주책없다."라고 해야 맞는 표현이다. "저 친구 참 주책이야."라고 많이 쓰고 있는데, 이 말은 틀린 표현이다. "주책 떨고 있네."라는 표현도 많이 사용하고 있는 말이지만 역시 옳지 않다. 아마 주책(酒噴)이라고 생각해서 '술을 마시고 헛소리하는 것' 정도로 생각하고 말하는 것 같은데 옳지 않은 표현이다. 이제 주책이라는 단어는 한자어를 넘어서 완전히 한글화되었다. 초생달(初生달)이 '초승달'로 굳어진 것처럼 한글화된 단어다.

그렇다면 왜 사람들은 '주책바가지'라고 할까? 바가지는 '박아지'에서 유래한 단어다. 우물이나 항아리에서 물을 뜨는 도구를 '바가지'라고 한다. '박(匏)+아지= 박아지> 바가지'가 되었다. '아지'는 작고 귀여운 것에 붙은 접사다. 강아지, 망아지, 송아지 등에 사용하는 '아지'와 같다. 그런데 왜 작고 귀여운 바가지가 주책바가지가 되었을까? 주책을 바가지에 담고 있다는 말인가? 사실 그 말이 맞다. 주책이라는 말로 굳어져서 '잘못한 줄 알면서 저지르는 실수'를 바가지에 가득 담은 것과 같다는 말이다. 그러니 형편없는 사람이라는 말이다.

우리는 흔히 '바가지를 긁다'라는 표현을 한다. 이는 '잔소리가 심한 것'을 이르는 말이다. 특히 '마누라의 바가지'로 세상에 알려져 있다. 그러나 바가지는 누구나 긁을 수 있는 것이다. 아내가 남편에게 잔소리와 불평을 할 때뿐만 아니라 누구든지 잔소리가 심하면 '바가지를 긁는다.'고 한다. 그러던 것이 주로 아내와 남편 사이에 사용하는 용어로 어의가 축소되고 있다. 옛날에 전염병이 돌면 그 귀신을 쫓아내기 위하여 상 위에 바가지를 놓고 긁었다. 그 소리가 매우 시끄러워 전염병 귀신이 달아나기를 바라는 뜻이다. 그만큼 바가지 긁는 소리가 시끄러웠던 모양이다. 귀신이 달아날 정도로 시끄러운 소리와 아내가 잔소리하는 것을 동일시하고 있으니 참으로 재미있는 언어세계가 아닐 수 없다.

필자가 중학교에 다니던 시절에는 대포집(대폿집이 표준어지만 당시에는 모두 대포집이라고 썼다.)도 많았다. 하교하는 길에 보면 길거리에 온통 대포집 천지였다. 집집마다 대포를 한 대 씩 가지고 있는 줄 알았다. 물론 농담이지만 당시에는 대포의 뜻도 모르고 그냥 술집을 대포집, 혹은 왕대포집이이라고 부른 것으로 알고 있었다. 앞에서 한자로 쓴 것과 같이 대포(大匏)는 큰 바가지라는 뜻이다. '왕대포'는 대포보다 더 큰 바가지라는 뜻이다. 옆집보다 더 큰 바가지로 술을 퍼 준다는 뜻이다.(참기름>순참기름>진짜참기름>진짜순참기름…… 아이고!) 막걸리는 바가지로 떠 줘야 제 맛이다.

철이 없는 행동을 하거나 남 탓만 하는 사람을 주책바가지라고 표현한다. "그 사람 참 주책이야"라고 하는 말도 사실은 "그 사람 참 주책 없는 사람이야."라고 해야 한다. '주책이다'나 '주책 떨다'는 아직 표준어로 등재되지 않았다. 그러므로 앞으로는 '주책없는 사람'이 맞는 표현이니 바르게 써야겠다. 아울러 술집에 있는 대포는 큰 바가지임을 기억하자. 그러나 대폿집은 이미 고급 술(소주, 맥주, 양주?)집에 밀려 사어(死語)가 되었으니 희미한 추억이 되어 버렸다.

지랄, 염병 그리고…

　지역에 따라 욕이 되는 단어가 있다. 경기도 여주가 고향인 필자는 어려서 "지랄하고 자빠졌네."라는 표현을 많이 들었다. 친구들과 장난하다가도 뭔가 맘에 들지 않거나 잘못된 행동을 하면 "지랄한다," 혹은 "지랄을 해요."라고 하면서 핀잔을 주었다. 당시에는 그저 친구들 놀릴 때 하는 말로 알고 사용했다. 서울에 있는 대학에 진학하고 서울에서 직장생활을 하면서 그것이 욕이라는 것을 알았다. 어려서는 평범하게 농담조로 이야기 하던 것인데, 태능중학교에 처음 발령받아서 아이들과 즐기면서 수업을 하는 중 '지랄'이라는 표현을 했더니 아이들이 기겁을 하였다. 서울에서는 그것이 심한 욕이라는 것이었다. 충청도에서는 '지랄지랄'하면서 평범한 우스갯소리 정도로 사용하고 있는데, 서울에 오니 바람직하지 못한 표현으로 바뀐 것이다.
　'지랄'이라는 말은 <동한역어(東韓譯語)>(古今釋林 卷之28)에 의하면 '간질을 일반에서는 질알(俗稱 肝疾爲窒幹)이라고 한다.'고 되어 있다. 아마도 **간질**(癎疾)을 잘못 표기한 것이 아닌가 한다. 의학용어로는 '뇌전증'이라고 한다. 그러므로 간질이라는 말은 뇌에서 생기는 질환으로 뇌 신경세포가 일시적으로 이상을 일으켜 과도한 흥분상태를 나타냄으로써 의식의 소실이나 발작, 행동의 변화 등 뇌기능의 일시적 마비 증상을 나타내는 현상을 말한다.(서울 아산병원 제공) 이러한 경련이 만성적이거나 반복적으로 발생할 때 우리는 간질이라고 한다. 결국 좋지 않은 병의 일종임을 알 수 있다. 간질에 걸려서 발작하는 증세를 일컫는 말이 **질알(지랄)**이다. 아마도 여기에서 기인하여 "지랄하고 자빠졌네."라는 말이 생긴 것이 아닌가 한다. 발작을 일으키는 상황을 표현하는 말이다. 그것을 일반인에게 적용해서 바람직하지 못한 행동을 할 때 사용하게 되었다. 충청도 사람들이 유머 감각이 뛰어난 것인지 지랄병에 대해 둔감한 것인지는 모르겠으나 작금의 언어기원을 따져 본다면 질병임에는 틀림없다. 사실 필자도 충청도에 오래 살다 보니 지랄에 대해 한 번도 욕이라고 생각하고 써 본 적은 없다. 그냥 친구나 제자들 핀잔주기 쉬운 말로 사용한 적이 많았다.(요즘 연구에 의하면 뇌전증을 고칠 수 있는 약재가 대마에서 추출된다고 하니 참으로 놀랍다. 우리나라에서 대마초는 마약으로 분류되어 있을 터인데 어찌 연구해야 간질을 고칠 수 있을까? 의약용 대마는 연구하도록 길을 터 주는 것이 지랄을 없애는 길이 된다면 법을 고쳐야 할 것이다.)

지랄 다음으로 많이 쓰는 말이 '염병(엠병)'이 아닐까 한다. 흔히 붙여서 "엠병, 지랄하고 자빠졌네."라고 많이 사용한다. 마치 서로 호응관계의 단어인 양 쓰고 있지만 의미는 전혀 다르다. 하나는 발어사처럼 쓰였고, 하나는 동사인 것처럼 보이지만 염병 또한 전염병의 이름이다. '장티푸스'라고 하는 병이다. 설사를 동반하고 열이 나기도 한다. 장티푸스는 살모넬라 타이피균(Salmonella typhi)에 감염되어 발생하는 질환으로 발열과 복통 등의 증상을 나타내는 급성 전신 감염질환이다.(아산병원 제공) 한자로는 **염병(染病)**이라고 쓴다. 그러므로 염병(엠병)이을 독립어나 발어사로 사용하는 것은 잘못이다. 또 '염병할 놈'이라고 표현하는 것 또한 잘못이다. '염병을 앓을 놈'을 그렇게 표현하는 것으로 보인다. 과거 예방접종이 별로 없던 시절에는 전염병에 걸리면 상당한 고통을 수반하기에 악담을 할 때 '염병을 앓을 놈'이라고 했던 것이다. 참고로 '걸린 병과 난병'의 차이를 짚고 넘어가는 것이 좋겠다. 흔히 우리는 '감기에 걸렸다.'고 하고 '몸살이 났다.'고 표현한다. 그렇다면 어떤 것은 **걸린 병**이고, 어떤 것은 **난 병**인가? 답은 간단하다. 외부로부터 들어온 것은 '걸린 병'이고, 내부에서 비롯된 것은 '난 병'이다. 감기는 외부의 바이러스가 침입해서 시작되었기에 감기에 걸렸다고 표현한다. 한편 몸살은 스스로 몸을 혹사하여 내부에서 비롯되었다고 본다. 그래서 '몸살 났다.'고 표현하는 것이다. 그렇다면 염병은 걸린 병일까 난 병일까? 외부의 병원균이 침입해서 생긴 병이니 당연히 걸린 병이다. '장티푸스 걸렸다.'라고 표현하는 것이 맞다. "염병 앓을 놈, 장티푸스 걸릴 놈" 등과 같이 표현해야 옳은 말이다.

생활 속에서 남에게 욕을 하는 것은 바람직하지 않다. 하지만 시원하게 욕을 함으로써 카타르시스 하는 맛을 느끼기도 한다. 욕이 무조건 나쁘다고 할 수는 없지만 가려서 하는 지혜는 필요하다. 이제는 걸린 병과 난 병도 구별하면서 바른 언어를 구사해 보자.

지칭과 호칭(교수 최태호와 최태호 교수)

　초임 교사 시절이었다. 학부형과 통화 중에 "안녕하세요? 저 최 선생입니다."라고 했더니 전화가 끝나고 부친께서 뭐라고 한 말씀하셨다. "네가 너 보고 선생이라고 하는 게 어디 있니?" 라고 하시면서 자기 자신을 선생이라고 높이면 못쓴다고 하셨다. 우리말에는 압존법(壓尊法)이라는 게 있어서 상대방의 입장에서 말하는 것이 가장 기본적인 예의범절이다. 과거에는 할아버지께서 "얘! 네 아비 뭐하니?" 하고 물으시면 손자는 "예, 아비가 신문을 봅니다."와 같이 대답하여야 했다. 아버지는 할아버지의 아들이기 때문이다. 요즘은 조금 변해서 "예, 아버지가 신문을 봅니다."라고 해도 예의에 어긋나지 않는다. 예의는 항상 변하는 것이기 때문이다.

　우리나 사람들은 언어 때문에 다투는 경우가 많다. 특히 반말한다고 싸우고, 말투가 사납다고 싸우기도 한다. 그만큼 우리말의 예절은 쉬우면서도 어려운 면이 많다. 특히 존대법에서 어디를 높여야 할지 모르는 경우가 허다하다. 학생들의 대화를 듣다 보면 가장 자주 듣는 것이 "야! 삼룡아. 선생님이 너 오시래."라고 말하는 것을 많이 보았다. 대학생들도 마찬가지다. 학과장에게 "회장님이 택시를 타셨는데, 길이 막히셔서 늦으신대요."라고 표현한다. 이것은 실제로 필자가 학교에서 경험한 사실이다. 우선 앞의 문장은 "야! 삼룡아 선생님께서 너 오라셔."라고 해야 맞는 표현이고 뒤의 문장은 "00(이름)가 택시를 탔는데 길이 막혀서 좀 늦는다고 합니다."라고 해야 적확한 표현이다. 학생에게는 학과 선배이지만 교수의 입장에서는 제자이기 때문이다.

 어느 모임이든 간에 처음 만났을 때는 본인 소개를 하는 순서가 있다. 그럴 경우 "안녕하십니까? 저는 중부대학교 한국어학과 교수 최태호입니다."라고 인사를 한다. 사회자는 "중부대학교 최태호 교수님이십니다."라고 하지만 본인을 소개할 때는 직함을 앞에 넣은 것이 듣기에 좋다. 일반적으로 직함을 이름 뒤에 붙이는 것은 상대방을 높이는 뜻이다. 그러므로 본인이 "저는 (자기 이름) 작가/교수/의원입니다"라고 하면 자기가 자기를 높이는 것처럼 들린다. 쉽게 말해 "최태호님" 같은 뜻이 되어버린다. 앞에서처럼 "저는 한국어학과 교수 최태호입니다."라고 한 것은 어색하지 않지만 '최태호 교수입니다.'라고 하면 조금 어색하다. 스스로를 높이는 격이 되기 때문이다. 뒤에 직책명을 붙이는 것은 존칭 및 타인을 칭할 때 쓰는 것이고, 앞에 직책을 붙이는 것은 자기소개할 때 쓰는 방식이다. 이것은 군대예절에서 확실하게 드러난다. 군대에서는 자기를 소개할 때 군대 관등성명을 먼저 밝힌다.

 이병 XXX!
 OOO 병장님!

 이라고 하는 것처럼 자신을 밝힐 때는 직책(직업)을 앞에 놓고, 타인을 말할 때는 직책(직급)을 뒤에 넣는 것이 보기에 좋다.
 종교인들 중에 본인이 스스로 "OO스님입니다."라고 하든지 "OOO 목사입니다."라고 하는 것을 가끔 보는데, 사실 보기나 듣기에 썩 좋지 않다. 이것은 장로나 권사, 집사도 마찬가지다. 예를 들면 '장로'라는 말은 '어르신'이라는 뜻이다. 영어로도 'Elder'라고 한다. 자기 스스로 '어르신'이라고 하는 것은 누가 봐도 우스운 일이 아닐 수 없다. 특히 우리나라는 예의지국이라고 하는 나라인데 "나는 최태호 어르신입니다."라고 하는 것이 격식에 맞는가 생각해 보아야 한다. 이 역시 "장로 000입니다."라고 표현하는 것이 듣기에 좋다.

 교수는 직업을 이르기도 하고 직책(직급)을 말할 때도 쓴다. 같은 의미에서 고등학교에서 가르치는 사람을 '교사'라고 하고 대학에서 가르치는 사람을 '교수'라고 한다. 이것은 직업을 이름이지 호칭은 아니다. 가르치는 사람에 대한 일반적인 호칭은 '선생님'이다. 혹간에 대학에서 가르치는 사람을 선생님이라고 부르면 싫어하는 '교수'들이 있다. "내가 고등학교 선생이냐?" 하고 따지는 사람도 보았다. 이런 사람들은 직책과 호칭을 구분하지 못해서 그러는 것이다. 고등학교에서 가르치는 사람을 "교사님!"이라고 부르는 것을 보았는지 묻고 싶다.

 (예절은 항상 변하기에 조만간 "교수님"도 호칭이 될 수도 있지만 아직은 '선생님'이라고 부르는 것이 맞다. 왜냐하면 아직은 호칭어가 아니고 지칭어이기 때문이다.)

찌질이와 샛서방

지난 중에 북한 말과 남한의 말을 비교했더니 반응이 참 좋았다. 계속해서 써 보라는 권유를 받았으나 지금은 우리말의 어원을 중심으로 살펴보고 있는 중이라 몇 번 더 어원 중심의 글을 쓰고 이어서 남·북한의 언어를 비교하기로 약속한다. 지난 중에는 머저리에 관해서 썼는데, 그 의미가 "말이나 행동이 다부지지 못하고 어리석은 사람을 낮잡아 이르는 말"로 민간어원설인 넌더리 등과는 관계가 없다고 하였다.

오늘은 먼저 **찌질이**에 관해서 살펴보고자 한다. 사실 이 '찌질이'라는 단어는 발생한 것이 그리 오래 되지 않았다. 현대인들은 강조하는 의미로 어두의 자음을 된소리로 하는 경향이 있다. 아마도 의미를 강조하기 위한 것이 아닌가 한다. 찌질이는 이미 다 알고 있듯이 '소속된 집단에 잘 적응하지 못하고 겉도는 사람을 **속되게 이르는 말**'이다. 젊은이들이 사용하는 <오픈사전>을 보면 '왕따가 아니라 노는 애도 아니면서 노는 척 하는 아이들, 또는 노는 애들 주위에서 노는 척하는 아이들'을 일컫는 비속어이다. 결국 표준어가 아니라는 말이다. 사실 이 정도로 많이 사용하고 있으면 표준어가 될 법도 한데 아직은 아니다. 언젠가는 표준어의 대열에 들어갈 가능성이 충분히 있는 단어다. 한편 '**지지리**'는 '아주 몹시 또는 지긋지긋하게'의 뜻을 나타내는 부사다. 주로 부정적인 의미로 사용된다. "지지리 못난 사람 같으니 네가 그럴 수 있어?", "나는 왜 이렇게 지지리 복도 없는지 몰라!"와 같이 '아주'를 강조하는 말이다. 찌질이는 표준어가 아니지만 '지지리'는 사전에 등재된 우리말이다. 일본어에서도 무능한 사람을 'zizinasi'라고 한다.(이원희, 일본 열도의 백제어) 중앙어는 아니고 나가노 지방의 방언이다. '나시'가 접미사이고 '지지'가 '무능하다'는 뜻이다. 그러므로 우리말의 지지리가 일본에까지 영향을 준 것을 알 수 있다. '지지리도 못난 사람'이라는 뜻으로 '지질+이= 지질이 => 찌질이'로 변한 말이다. 사전에는 없지만 언중들이 모두 사용하고 있으니 곧 사전에 등재될 가능성이 있다. 다만 그 의미가 바람직하지 않고 서울에 사는 교양인(?)들이 즐겨 사용하지 않아서 아직 보류 중이 아닌가 한다.

다음으로 '가만히'와 '샛서방'의 의미에 관해서 살펴보기로 한다. 도대체 '가만히'와 '샛서방'이 무슨 관계가 있냐고 할 분들이 많을 것이다. 우선 샛서방이라는 단어 먼저 보자. **샛서방**이란 '남편이 있는 여자가 몰래 관계하는 남자'를 뜻한다. 우리 속담에 "과부집 뒤뜰에 부추가 있으면 욕먹는다.", "첫부추는 샛서방에게만 준다."는 말이 있다. 부추가 정력에 좋기 때문이다. 여기서 말하는 샛서방은 '사잇서방'의 준말이다. 지금은 사잇서방이 비표준어가 되었다. **새서방은 신랑(新郎)이지만 샛서방은 간부(間夫), 밀부(密夫), 사부(私夫)** 등으로 엄청나게 의미의 차이가 있다. 이런 샛서방을 제주도 방언으로는 '**가만서방**'이라고 한다. 그 의미는 "남편이 있는 여자가 몰래 관계하는 숨겨둔 서방"이라는 뜻이다. '가만'은 '몰래 숨겨둔'이라는 뜻임이 분명하다. 일본의 아키타 방언에도 'kama'(숨겨둔 나쁜 일)라는 말이 있다.(이원희, 일본 열도의 백제어) 우리말 '가만'이 일본으로 건너가 '부정한 일'이라는 뜻으로 굳어 현재까지 전하는 것이다. 제주도 방언에서 알 수 있듯이 '가만'은 '움직임이 없거나 아무 말 없이', '어떤 일에 손을 쓰지 않거나 그냥 그대로 조용히'라는 의미가 강하다. 제주도 방언의 가만서방과 일본어의 'kama' 등의 의미를 자세히 살펴보면 '가만히'의 어원이 어디서 비롯되었는지 알 수 있다. 샛서방이나 가만서방은 결국

'남들이 모르게 숨겨놓은 일'의 본보기라고 할 수 있다. 그러므로 '가만히'는 '움직이지 않거나 아무 말 없이' 그냥 그대로 손쓰지 말고 조용히 있는 상태를 말하고 '드러나지 않도록' 조용조용히 없는 듯이 행동하는 것을 말한다.

우리말은 어원을 알고 보면 재미있고 흥미로운 것들이 많다. '가만히'의 어원이나 '찌질이'의 어원이 모두 일본까지 건너간 것도 의미 있는 일이다. 찌질이가 되지 말고 가만히(?) 살아가는 것도 삶의 지혜가 될까?(지금은 긍정적이지만 과거에는 부정적인 의미가 강했는데……)

초마면과 짬뽕

　해마다 3월 초부터 4월 초까지 학교는 정신없이 바쁘다. 특히 요즘은 외국에서 유학 온 아이들이 많아서 지도하기에 여간 힘든 것이 아니다. 시간표 짜는 것부터 각 국의 문화에 따라 학생지도를 달리 해야 하기 때문에 상담하기도 버겁다. 불교적 성향이 강한 베트남, 이슬람교도가 대부분인 우즈베키스탄 학생 등등 함께 어울리기가 쉽지 않다. 금년에도 이를 잘 어울리게 하기 위해서 MT라는 것을 갔다. 아이들은 즐겁지만 지도교수는 하나부터 열까지 걱정이다. 술 마시고 추운데 물에 들어가는 녀석이 있지 않을까(사실 필자가 대학 다닐 때 지금 모 중학교 교감으로 있는 친구는 산정호수에 들어 간 적이 있다), 춥기는 한데 삼겹살은 잘 구워지지 않고, 그러다 보니 학생들과 건배하고 한 잔 하는 일이 먼저가 되기도 한다. 소주에 맥주를 섞어서 한 잔 하고, 이어서 무주에서 제일 좋다는 머루포도주를 펜션 주인이 하사(?)하여 또 한 잔 하고, 아이들끼리 소주를 마신다고 해서 소주 조금 마셨더니 바로 그분(?) 오셔서 시체놀이에 들어갔다. 이른바 짬뽕으로 마시면 왜 그런지 정신이 없어진다. 이렇게 마구 섞어서 마시는 것을 짬뽕이라고 한다. 왜 그렇게 부르는지 알 수는 없으나 '짬뽕'(チャンポン)이라는 말 자체가 '이것저것 뒤섞은 것(또는 상태)'이라는 일본어 속어라고 한다. 우리가 흔히 알고 있는 짬뽕이라는 중국 요리 이름도 여기서 나온 것으로, 이런저런 재료를 섞어서 끓인 국수라는 뜻에서 이런 이름이 붙은 것이라고 한다. 필자가 일본어에는 능하지 못해서 인터넷에 떠도

는 것을 인용한 것이다. 그렇다면 짬뽕은 일본말에서 유래한 음식이라 표준어가 안 된 것이라는 생각이 든다. 실제로 '**짬뽕**'은 **국립국어원에서도 '초마면(炒碼麵)'으로 부를 것을 권장하고 있다.** 그래서 또 사전을 찾아보았다. "짬뽕 : ① (←일본어 champon) 중국요리의 하나. 국수에 각종 해물이나 야채를 섞어서 볶은 것에 돼지 뼈나 닭 뼈, 소 뼈를 우린 국물을 부어 만든다. '초마면'으로 순화", "②서로 다른 것을 뒤섞음, '뒤섞기'"라고 순화할 것을 권장하고 있다. 지금까지 우리는 짬뽕이라는 말을 수도 없이 사용해 왔고, 지금도 중국음식점에 가면 "짬뽕주세요."라고 하지 누가 "초마면 주세요."라고 하는가? 궁금해서 인터넷에 들어가 초마면이라고 입력해 봤더니 나오기는 하는데 변형된 짬뽕이라는 느낌이 더 강했다. 흰색 초마면, 맵지 않은 초마면 등으로 우리가 흔히 중국식당에서 먹는 짬뽕과는 다른 느낌을 받았다. 초마면이 있기는 있는데, 짬뽕과는 조금 다른 것으로 사용하고 있었다. 우리나라의 표준어 규정에 의하면 '서울에 사는 교양 있는 사람들이 두루 쓰는 말'이 표준어인데, 과연 서울에 있는 교양 있는 사람들이 짬뽕이라는 말과 초마면이라는 말 중에 어느 것을 두루 쓰고 있는지 물어보고 싶다. 이 정도로 많이 사용하고 있는 단어라면 표준어로 봐야 하지 않을까 한다.

과거에 자장면과 짜장면을 가지고 의견이 분분했던 적이 있다. 그러다가 결국은 자장면을 표준어로 했다가 언중들이 모두 짜장면이라고 하니까 둘 다 표준어로 하기로 하였다. 복수표준어라고 한다. 원래는 작장면(灼醬麵)이다. 그것이 세월의 흐름에 따라 변하여 짜장면이 된 것이다. 그렇다면 지금 사용하고 있는 짬뽕도 표준어로 삼아야 하는 것이 맞다. 다만 그 유래가 일본에서 왔다고 하여 꺼리고 있지만 이미 그 어원을 상실하고 우리말로 자리 잡고 있다고 본다. 사실 필자가 어렸을 때는 일본어를 많이 사용했다. 아버지는 돌아가시기 직전까지도

구구단을 일본어로 외고, 벤또, 쓰메끼리, 다꾸앙, 요지 등등의 일본어를 생활 속에서 그냥 사용하셨다. 그러다가 국어순화운동이라는 말이 나오고 지나친 일본어는 모두 한국어로 바꾸었지만 아직도 그 흔적을 남기고 있는 것이 짬뽕이 아닌가 한다. 짬뽕의 유래가 어찌 되었거나 이미 '이것저것 마구 섞는 것을 짬뽕이라고 하는 것에는 이의가 없다. 또한 중국음식을 일컬을 때도 초마면보다 짬뽕이 훨씬 우세하다. 그렇다면 짜장면만 표준어로 할 것이 아니라 짬뽕도 이제는 표준어에 넣어야 하지 않을까 한다. 하기야 한 때 닭도리탕이라고 하는 음식이 이제는 닭볶음탕으로 완전히 자리를 잡았으니 짬뽕도 가능성이 없는 것은 아니다.

    표준어 규정을 바꾸든지 아니면 짬뽕도 표준어로 하든지 둘 중 하나를 택할 때가 되었다.

토시(套袖)와 마초(macho)

한국어를 가르치다 보면 자주 어원에 관해 질문을 받는다. 그러다 보니 어쩔 수 없이 어원연구를 할 수밖에 없고, 어원을 통해 가르치면 오래 기억하는 것 같아 요즘은 어휘교육론시간을 활용해서 학생들과 함께 더욱 열심히 연구하고 있다. 어휘를 알면 그 의미를 파악하는데 매우 도움이 된다.

요즘 같이 더운 날이면 사람들은 팔에 '토시'를 하고 다닌다. 필자도 중국에 가서 계속 토시를 끼고 다녔다. 사진을 찍으면 색깔이 지나치게 원색이라 보시 싫어서 사진 찍을 때만 빼곤 했는데, 햇볕도 막아주고 시원한 느낌까지 주니 일석이조라고 하겠다. 그런데 이 토시가 어디서 유래했는지 아는 사람들은 별로 없다. 어릴 때 학교가 멀어서 자전거를 타고 다녔다. 겨울이면 추워서 자전거 손잡이에 토시를 끼고 가는 아이들이 많았다. 그것이 얼마나 부러웠는지 모른다. 그냥 장갑만 끼고 25리 길을 가면 손이 얼어서 연필도 잡을 수 없을 정도였다. 그러니 토시를 끼고 가는 아이들은 얼마나 따뜻할까 부럽기만 했다.

우선 토시는 한자어 투수(套袖)에서 유래하였다. 아마 중국인들이 먼저 사용했던 것이 아닌가 한다. '덮을 투(套)', '소매 수(袖)'로 이루어진 한자어다. 그런데 어쩌다가 토시로 되었을까? 그것은 중국어 발음을 그대로 차용했기 때문이다. 중국어로 套袖(tàoxiù)라고 하는데, 그것이 우리나라에 들어오면서 발음을 비슷하게 하여 '토시'라고 한 것이다. 지난 칼럼 중에 다홍색에 관한 글이 있었다. '大紅'색을 중국식 발음 그대로 적용하여 '다홍'색이 되었다고 했다. 마찬가지로 토시도 중국어 발음을 그대로 적용하여 우리말이 된 경우 중의 하나다. 한자어로 읽는다면 '투수'라고 해야 한다. 요즘은 중국에서는 袖套[xiùtào]라고 하는 모양이다. 외국어를 활용할 때 그 발음을 그대로 적용하는 경우가 적지 않다. 그리고 그것이 표준어로 굳어 우리말 어원을 찾기에 힘들게 한다. 토시의 사전적 정의는 '1) 추위를 막기 위하여 팔뚝에 끼는 것, 2) 일할 때 팔소매를 가뜬하게 하고 그것이 해지거나 더러워지지 아니하도록 하기 위해서 소매 위에 덧끼는 물건, 3) 사냥꾼들이 매를 팔에 앉혀 가지고 다니기 위하여 팔뚝에 끼는 물건'이다. 결국 손을 보호하기 위하여 팔목에 끼는 물건이다. 지금에 와서 투수라고 하면 알아듣는 사람도 없을 것이고 야구할 때 공을 던지는 선수로 오해할 사람이 더 많다. 작장면(炸醬麵)보다는 짜장면이 귀에 익었으니 바꾸자고 할 수도 없는 것과 같다. 짬뽕은 언제나 표준어가 되려나 궁금하기도 하다. 짬뽕은 아직도 초마면으로 부르기를 권장하고 있다.

다음으로 우리가 많이 쓰는 말 중에 '마초'라는 단어가 있다. 사실 조금 전에 TV에서 출연자가 한 말이다. '좀 거친 남자' 혹은 '거칠게 행동하는 남자'를 일컬을 때 '마초'라고 하는 모양이다. 필자는 이런 표현을 하지 않는다. 지금까지 해 본 적도 없다. 그런데 공영방송에서 나오는 것을 보니 많은 사람들이 사용하는 단어인 것 같아서 논해보기로 한다. 마초는 우리말도 아니고, 표준어는 더욱 아니다. 'macho'는 '남성적인', '기백 있는', '남자다운' 등의 뜻을 지니고 있다. 'macho-man'은 'a man who is virile and sexually active'이라고 영영사전에 나와 있는 것으로 보아 정력이 넘치고 섹시한 남성을 의미하는 것이라고 보겠다. 이러한 단어가 왜 공영 방송에서 자주 나와야 하는지는 모르겠지만 요즘의 언어행태가 정력적이고 섹시한 것을 좋아하는 풍조에서 비롯된 것이 아닌가 한다. 필자가 마초맨이 아닌 것이 참으로 다행이다.

우리나라 사람들은 외국어를 자연스럽게 수용한다. 한 문장에 영어나 불어를 사용해도 전혀 어색해 하지 않는다. "좀 더 **디테일**하게 설명해 보자.", "**마담! 타이어 빵꾸났어요.**"라고 해도 전혀 이상하지 않다. 다 알아 듣는다. 한 문장에 불어, 영어, 일본어, 한국어가 뒤섞여 있다. 참으로 **스마트**한 민족이다.(이렇게 쓰고 보니 필자가 봐도 좀 우습다.)

토시처럼 굳어서 표준어가 된 것은 살리되 마초맨 같은 표현은 자제하는 것이 좋다. 사람들을 웃겨서 먹고 살기위해서 하는 말이면 어쩔 수 없지만 그냥 해야 하는 말이라면 적당히 문장에 맞게 "기백 있는 사람, 거친 남자, 지나치게 남성다움을 과시하는 남자" 등으로 가려서 쓰면 좋겠다.

페널티 킥과 승부차기

행사를 하다 보면 많은 부분에서 한국어(용어)가 잘못 사용되고 있는 것을 볼 수 있다. 요즘 같은 가을이 되면 체육대회가 많다. 우리 학교도 해마다 체육대회를 해서 학생들의 체력단련과 단합에 도움을 주었는데, 올해에는 아마 코로나 19로 인해 아무 것도 할 수 없는 상황이 되지 않을까 한다. 참으로 슬픈 현실이다. 대학이라는 곳이 학문만 닦는 곳이 아니고 체력단련은 물론 교제와 관계의 실현에도 많은 공헌을 하고 있는 것이 사실이고 이를 통해서 인성을 닦고 자아의 실현을 도모해야 하는 곳이기도 하다.

체육대회를 하다 보면 시간 내에 승부를 가리지 못할 때가 있다. 이때 대부분 '페널티 킥'으로 승부를 가린다. 그 상황을 어떤 이는 승부차기라고 하고 어떤 이는 '페널티 킥 차기'라고 하기도 한다. 실제로 어느 고을의 가을 축제 중에 '페널티 킥 차기'라는 제목을 보았다. 그러나 엄밀하게 말해서 페널티 킥과 승부차기는 그 의미가 다르다.

페널티 킥(penalty kick)의 사전적 정의를 보면 "축구에서, 패널티 구역 안에서 수비수가 직집 프리 킥에 해당하는 반칙을 하였을 때에, 공격 측이 얻는 킥. 골대 가운데 지점에서 11m 떨어진 곳에 공을 놓고 찬다. =>규범 표기는 '페널티 킥'이다."라고 되어 있다. 다른 사전을 보면 "럭비 풋볼에서, 경기자가 반칙을 하였을 때에 상대편이 그 자리에 공을 놓고 자유로이 차게 하는 일."이라고 나타나 있다. 그러니까 페널티 킥은 상대방의 실수나 반칙으로 인해 공격의 기회를 얻어 직접 골대로 공을 차 넣을 수 있는 기회를 말한다. 미국에서는 럭비 풋볼이 유행하기 때문에 이에 관한 내용이 많이 알려져 있지만 우리나라에서는 축구가 더 많이 알려져 있는 관계로 축구에서 적용하는 규칙을 말하는 것이 좋을 것이다.

한 편 승부차기는 "축구에서, 승부가 나지 않을 경우 각 팀의 정해진 선수가 골대 가운데 지점에서 11m 떨어진 곳에서 교대로 공을 차서 승부를 내는 일."이라고 되어 있다. 이에 관한 예문으로는 "전후반을 비기고 결국 승부차기로 승부를 가렸다."라고 쓸 수 있다. 이를 어느 방송에서는 PK전(戰)이라고 하였다. 여기서 'PK전'이란 "페널티 킥과 같은 형식으로 승부를 낸다는 뜻"으로 볼 수 있으나 엄밀하게 따진다면 '승부차기'와는 다른 의미다. 승부차기를 영어로는 'penalty shoot out'(페널티 슛 아웃)이라고 한다.(최종희, <열공 우리말>) 외국에서 들어 온 말이므로 원래의 의미를 분석해 볼 필요가 있다.

페널티 킥은 상대방의 반칙으로 인해서 득점할 수 있는 기회를 얻는 것이고, penalty shoot out(패널티 슈 아웃)은 반칙과 상관 없이 승부가 날 때까지 공을 차는 것이기 때문이다. penalty shoot out에 쓰인 용어를 보면 조금 살벌하다. 'shoot out'이란 본래 "두 사람이 서로 상대방이 쓰러질 때까지 총을 쏘는 것"을 말한다. 그러니까 'shoot out'의 방식으로 상대방이 쓰러질 때까지 공을 차서 승리하는 방식을 취했다는 것이다. 상대방이 실수하여 쓰러지거나 이길 때까지 공격(?)하는 방식으로 승부를 내는 것이다. 그래서 아이스하키의 경우에는 공식적으로 슛 아웃이라는 용어만 사용한다. 골프의 연장전 제도도 슛 아웃에 속한다.(최종희, <열공 우리말>)

우리가 흔히 알고 있는 'PK전'이나 '페널티 킥 차기 대회' 등의 용어는 수정해야 한다. 물론 영문 표기도 실제로 'penalty shoot out'에서 따온다면 'PS전(戰)'이라고 해야 한다. 아니면 외국과 같은 용어인 '슛 아웃'이라는 외래어를 사용하는 것이 좋다. 그러나 이러한 것은 모두 외래어를 차용했을 때의 말이고 우리말 '승부차기'가 있으므로 이것을 그대로 사용할 것을 권한다. 외국어라고 다 무조건 수용하는 것이 아니고 바른 말을 쓰고, 올바른 표현을 차용해야 한다. 사실 '승부차기'라는 단어도 뭔가 빠진 것 같기도 하다. '승부내기' 혹은 '승부가리기'라고 해도 좋을 텐데 조금 아쉽다. 운동 전문가들이 해설할 때 본래의 의미를 완전히 파악한 후에 우리말로 바꾸든지, 아니면 바른 표현을 할 것을 권한다.

한나절은 몇 시간?

젊은이들과 얘기하다 보면 시간가는 줄 모른다. 요즘 젊은이들은 참 재기발랄하다. 어려운 것도 없다. 머리가 허옇게 되니 조금 멀어지는 것 같아서 아쉽기는 한데, 그래도 가능하면 젊은이들과 어울리려고 그들의 언어를 곧잘 사용한다. 카카오톡으로 할 때도 그들만이 쓰는 은어를 가끔 활용하기도 한다. 그러면 동질감을 느끼는 모양이다. 이모티콘도 자주 사용하고, 줄임말도 즐겨 쓴다. 아이들과 레포(라포)를 형성하려면 그들의 언어를 쓰는 것이 필요하다. 그런데 아이들을 시간 개념이 과거의 우리와는 다르다. 한나절과 반나절에 관한 개념이 전혀 없다. 어떤 아이는 하루 중의 낮 동안을 한나절이라고 하고, 또 어떤 아이는 낮 동안의 절반을 '한나절'이라고 한다. 아르바이트를 하기 때문에 시간에 대한 관념은 철저하면서도 우리말로 하면 어디까지가 한나절인지 몰라서 정신을 못 차린다.

결론부터 얘기하면 한나절은 "하루 낮의 반 동안"이다. 대부분의 독자들이 "이게 뭘까?" 하는 반응을 보일 수도 있다. 하지만 사전에 정확하게 '낮의 반'이라고 나와 있다. 그러니까 요즘 젊은이들이 말하는 '하루 종일'의 개념은 '한나절'과 거리가 멀다. 그러니까 '반나절'은 '한나절의 반쯤 되는 동안'이니 시간이 훨씬 줄어들었다.

어떤 이의 블로그에 '하루 낮의 전부'라고 한 것을 보았는데, 그것은 전적으로 잘못된 것이다. 영어로 반나절은 "a quarter of a day"라고 해야 한다. 그러니가 '사분의 일'을 말하는 것이다. 그러니까 '한나절'의 의미를 바르게 알기 위해서는 먼저 '나절'의 뜻을 알아야 한다. 사전에 의하면 '나절'은 "1. 하룻낮의 어느 무렵이나 동안, 2. 하룻낮의 대충 절반쯤 되는 동안을 세는 단위를 나타내는 말"이라고 되어 있으니, '절반'의 개념으로 보아야 한다. 그러니까 한나절은 '하룻낮의 절반'이 맞다. 그러므로 '반나절'은 다시 '한나절'의 반이 되는 것이니 '낮의 1/4'의 시간을 말하는 것이다. 그렇다면 숫자로 계산하면 몇 시간이 될까? 아침 6시부터 저녁 6시까지를 낮으로 환산한다면 12시간 정도로 볼 수 있다.(물론 여름의 긴 날을 말하는 것이고, 겨울에는 더 짧아질 수도 있다.)그렇다면 한나절은 6시간이고, 반나절은 3시간 쯤 된다고 보아야 한다.

정확한 의미를 찾기 위해 사전을 찾아 예문과 함께 구체적으로 확인해 보자.

나절 : 의존명사
  1. 하룻낮의 절반쯤 되는 동안.
    예) 아무 연락도 없이 어제 집에 들어오지 않은 봉수는 오늘 아침나절이 되도록 소식이 없다.(아침나절)
    저녁나절까지 동류만 잘 타면 목적지까지는 늦지 않게 당도할 것입니다.(저녁나절)
  2. 낮의 어느 무렵이나 동안.
    예) 열이 내린 환자가 있더니 저녁나절부터는 차츰 원기를 회복하기 시작하였다.(저녁나절) <다음 한국어사전> (재인용)

'나절'의 어원을 찾기는 쉽지 않은데, 우리말과 한자어의 합성이라는 것이 가장 유력하다. '날(일(日))과 절(切)'의 합성어인데 여기서 '날'의 'ㄹ'이 탈락하고, 한자어와 연결되어 '나절'이 되었다는 것이다. '해가 뜬 동안을 절반으로 잘라낸 시간'이라고 보면 가능하다.

지금까지 많은 사람들이 한나절을 '해가 떠 있는 동안'으로 생각하고 있었던 것 같다. 이제부터는 그 절반을 말하는 것으로 6시간 정도라고 이해하길 바라는 듯에서 길게 써 봤다. 반나절은 2~3시간이라고 보면 좋다.

한량과 난봉꾼

 필자 세대는 베이비 부머 세대라고도 하고 낀 세대라고도 한다. 일제강점기하에 살았던 부모의 시대보다는 덜 힘들었지만 지금의 젊은 이 세대보다는 훨씬 힘든 시절을 보냈다. 소말리아처럼 어려운 시절을 보냈기 때문에 자식들은 그런 삶을 살지 않도록 하기 위해서 갖은 노력을 했고, 자식을 위해서라면 어떤 고생도 마다하지 않았다. 그래서 우리의 자녀들은 고생을 덜 하고 커서 힘든 일을 앞에 두면 미리 포기하거나 부정적인 반응을 보인다. 상상도 하지 못했던 일이다. 언어생활도 낀 세대에 맞게 어중간한 일본어투의 말을 많이 사용하였다. 일본식 단어임에도 불구하고 그것이 우리말인 줄 알고 썼던 것도 많고, 한자어인 줄 모르고 우리말로 인식했던 것도 많다. 초등학교 5학년 정도까지는 거의 일상 용어는 일본어를 썼던 것 같다. 벤또, 다마네기, 우와기, 쓰레빠 등등 생활 속에서 거의 일본어를 사용하다가 6학년 경에 가능하면 한글을 썼으면 좋겠다는 운동이 벌어져 우리말로 교체해서 쓰려고 노력했던 기간이 있다. 오늘은 그 중에서 일본어 거쳐 오면서 잘못 전달된 용어인 '난봉꾼'에 대하여 살펴보고, 그 비슷한 부류인 한량에 대해서 알아보고자 한다. 그 의미가 처음에 생겼던 것과는 많이 달라졌음을 알 수 있다.

 우선 한량부터 알아보기로 하자. <계림유사>에 의하면 한량은 "무사 중에서 등과하지 못한 사람을 일컬어 한량이라고 한다.(武士之未登科者謂之閑良)" 우리는 학교 다니던 시절 한량이라고 하면 보통 '건달'과 비슷한 부류로 생각해 왔다. 할 일 없이 주변 사람들을 괴롭히면서 돈이나 뜯어내고 술이나 마시는 부류인 줄 알고 있었는데, <계림유사>를 읽다 보니 그것과는 전혀 관계가 없이 무사 중에서 등과하지 못한 사람들 일컫는 말이었다. 다른 사전에 나와 있는 말을 조금 더 인용해 본다. "보통 일정한 직업 없이 돈 잘 쓰고 풍류를 즐기며 협기 있고 호걸스럽게 노니는 사람을 가리킨다. 그러나 항상 동일한 의미로 쓰이지 않고 시대에 따라 변해왔다. 조선 초기에는 관직을 가졌던 자로서 향촌에 거주하는 유력계층을 의미했고, 조선 중기 이후에는 벼슬을 못하고 직역(職役)이 없는 사람을, 조선 후기에는 아직 벼슬하지 못한 무인 또는 무과응시자를 의미했다.(<다음백과> 사전 중에서 재인용) 그러니까 과거의 한량은 나름대로 국가의 중대사나 중의를 표방하는데 향촌을 주도하는 역할을 담당했던 인물이다. 정조 때의 〈무과방목〉에서는 무과합격자로 전직이 없는 사람을 모두 한량으로 호칭하였다. 좀더 올라가서 <용비어천가>에는 한량의 뜻을 풀이해 '관직이 없이 한가롭게 사는 사람을 한량이라 속칭한다.'고 하였다. 조선 초기의 한량은 본래 관직을 가졌다가 그만두고 향촌에서 특별한 직업이 없이 사는 사람을 가리켰다. 그러나 뒤에는 벼슬도 하지 못하고 학교에도 적(籍)을 두지 못해 아무런 속처(屬處)가 없는 사람을 가리키게 되었다(<한민족문화대백과> 중에서 재인용). 이와 같이 무인과 관계 있는 단어가 세대를 지나가면서 풍류를 즐기며 노는 사람으로 변했다가 다시 일은 안 하고 놀기만 하는 사람으로 바뀐 것이다.

다음으로 일본을 거쳐 오면서 글자의 의미는 물론 그 뜻마저 이상하게 변한 '난봉꾼'을 보자. 원래 난봉이라는 말은 'libertine(리버틴)'에서 유래했다. 그 뜻은 "방탕자, 난봉꾼, 방탕한, 자유사상의, 자유사상가"이다. 그것이 일본이라는 경유지를 거치면서 "주색과 잡기 따위의 허랑방탕한 짓을 많이 하는 사람"으로 변하게 된 것이다. 고대 로마에서 해방된 노예를 뜻하는 libertinus가 갑작스럽게 주어진 자유를 감당하지 못해 방종을 일삼았다고 해서 나온 말이다. 자유사상가를 뜻하는 libertine에서 나온 자유분방주의(libertinism)는 도덕률과 도덕적 구속력에서 자유로운 동시에 육체적 쾌락을 추구하는 기질이나 행태를 뜻한다. 영국 철학자 토머스 홉스(Thomas Hobbes, 1588~1679)와 그의 사상에 우호적인 사람들에게 붙여진 이름은 리버틴(libertine)이었는데, 바로 여기서 유래한 말이다.(<다음백과> 재미있는 영어 인문학이야기, 재인용) 이러한 '리버틴'이 두음법칙과 일본어의 영향 등으로 '난봉'으로 바뀌게 되었으니 참으로 우스운 일이 아닐 수 없다. 이러한 말은 요즘 우리가 많이 사용하고 있는 낭만이라는 단어와도 비슷한 경로를 거쳤다. 원래 낭만 = romantic '로망'의 일본식 표기이다. 로망을 일본으로 발음할 때 浪漫(낭만)이라고 썼을 뿐인데, 우리나라에 와서 그대로 굳어진 것을 사용하고 있는 것이다. 그러므로 로망을 '낭만'이라고 쓰고 발음하는 것은 아무 근거도 없고 의미도 없다.

난봉꾼과 리버틴이 어느 면에서 같은지 먼저 살펴봐야 한다. 일본을 거쳐 온 근거 없는 우리말들을 서서히 고쳐야 할 때가 되었다고 본다.

함바식당(はんば)과 스키다시(つきだし)

　한때 함바(집) 문제로 나라가 시끄러웠던 적이 있다. 그 뉴스의 제목을 보면 "함바집 뇌물사건 피해자는 운영자인가, 건설노동자인가?"라고 표기되어 있다. 그 내용을 보아도 "함바집 비리 뇌물사건이 수십만 원, 수백만 원이 아니라 수백 억 원이라는데 문제의 심각성과 충격이 커지고 있다. 야당은 이를 정치공세로 활용, 여권을 공격하는 수단으로 삼고 연일 공격을 멈추지 않다. 보통 뇌물사건이나 비리 사건에는 피해자가 등장하는 것이 관례다."(네이버 블로그 <파란나라> 재인용)라고 되어 있는 것으로 보아, 이미 함바집이라는 말은 우리나라 사람들이 두루 쓰는 말로 인식되어 있다. 그 사건은 아직도 끝나지 않아서 법원에 계류 중인 것으로 알고 있다. 국어사전에는 함바(hanba)라고 하여 '건설현장에 마련되어 있는 식당'이라고 나타나 있으며, 동의어로 함바집이라고 표기되어 있다. 언제부터 우리말 사전에 등재되었는지 모르지만 엄연히 일본어에서 유래한 것이다. 원래 '한바(はんば)'라고 하면 '공사장에 있는 노무자 합숙소'를 일컫는 말이었다. 그런데 이것이 바뀌어 '건설현장에 있는 식당'이 되었다. 일제강점기하에서 토목공사장이나 광산 등지에서 노동자들이 숙식을 하도록 임시로 지은 건물을 한바(はんば)라고 불렀다. 함바는 본래 일본어 '한바(飯場)'에서 온 말인데, 한자어를 그대로 풀어본다면 '밥 먹는 장소'인 셈이다. 다음사전에는 '함바'로 등재되어 있다. 이런 것들은 우리말로 '현장식당'이라고 하든지, '가건물'이라고 하는 편이 좋다. 규범표기는

미확정이며 함바집이라고 하면, 이 또한 옥상옥으로 역전앞, 처갓집 등과 같이 같은 말을 두 번 쓴 격이 된다. 사전에는 함바집으로도 나와 있는데, 바람직한 표현은 아니다. 필자가 보기에는 공사현장에서 임시로 만들어서 사용하는 식당이니만큼 "현장식당"이라고 하면 적당할 것이라 본다.

그리고 식당에 가면 많이 볼 수 있는 단어가 쓰끼다시(つきだし)가 아닌가 한다. 오랜 세월 많은 사람들이 그냥 '스끼다시'라고 하여 그대로 굳어버린 것으로 본다. 이 단어는 곁반찬등 간단한 요리를 말한다. 사실 횟집에 가면 본요리가 나오기 전에 나오는 곁반찬으로 알고 있다. 나오는 대로 먹다 보면 정말 맛있는 회를 먹을 수 없는 지경이 될 때도 있으니 이 곁반찬을 미리 많이 먹어두는 것은 회를 맛있게 먹는 방법은 아니다. 필자처럼 회를 별로 즐기지 않는 사람들은 고구마 튀김 같은 각종 튀김류가 나오면 나오는 대로 다 먹어치우고 정작 회가 나오면 배불러서 잘 먹지 못한다.

'つきだし'는 원래 '곁들이다'는 뜻을 가진 일본어에서 온 말이다. '곁들인 안주'를 가리키는 말인데 얼마든지 '기본 안주'라는 우리말로 바꾸어 쓸 수 있다.(이재운 <우리말 1,000가지>) 그런데 우리나라 사람들은 '스끼다시, 쓰끼다시, 쯔끼다시' 등 다양하게 발음하고 있으며, 그 의미는 곁들인 안주라는 의미보다는 회를 먹기 전에 미리 나오는 음식으로 인식하고 있는 사람들이 더 많다. 어학사전에는 "일식집에서 주된 음식이 나오기 전에 가볍게 먹을 수 있도록 내어놓는 음식이나 술안주"라고 되어 있으며 규범표기는 '쓰끼다시'라고 나타나 있다. 국립국어원(말다듬기위원회 회의 : 2013년 5월 2일)에서는 '쓰키다시'를 '곁들이 안주'로 순화하였다. 그럼에도 불구하고 횟집에서 "곁들인 안주 주세요!"라고 하는 사람은 한 번도 보지 못했다. 이러한 용어은

언어의 사회성에서 밀려난 단어라고 볼 수 있다. 우리 민족이 모두 '곁들인 안주'라고 하면 얼마나 좋을까마는 필자조차도 무의식적으로 "스끼다시는 없나요?" 하고 물어 왔던 것을 부정할 수 없다. 가능하면 우리말을 사용하는 것이 좋지만 오랜 세월 굳어 버린 형태의 언어를 어떻게 하면 바꿀 수 있을지는 과제라고 본다.

지난 주에 이어 계속 해서 우리말에 숨어 있는 일본어의 잔재를 살피고 있지만 끝이 없다. 의도적이라도 앞으로는 함바집 대신에 '현장식당'으로, 스키다시 대신 '곁들인 안주'를 써 보면 어떨까 한다. 언어를 버리고 나라까지 잃은 만주족(청나라)과 언어를 보존해서 2,000년 만에 나라를 세운 이스라엘 민족과 비교해 보면 언어의 중요성을 알 수 있을 것이다.

후레자식과 화냥년

　김용택(1948~)시인의 <섬진강>이라는 시를 읽다 보면 "~~(전략), 무등산을 보며 그렇지 않냐고 물어보면 / 노을 띤 무등산이 그렇다고 훤한 이마 끄덕이는 / 고갯짓을 바라보며 / 저무는 섬진강변을 따라가며 보라 / 어디 몇몇 애비 없는 후레자식들이 / 퍼간다고 마를 강물인가를."이라는 구절이 있다. 마지막 구절에 '몇몇 애비 없는 후레자식들'이라는 시어가 있다. 우리는 과거에 후레자식(혹은 호래자식)이라는 소리를 많이 들어왔다. 중학교 때 국어 선생님께 질문했더니 '호로(胡虜)자식'에서 나온 말이며 '오랑캐의 자식'이라는 뜻이라고 알려주셨다. 그 이후 까맣게 잊고 있다가 갑자기 섬진강이라는 시를 읽으니 후레자식이라는 단어가 나와서 옛일을 상기하게 되었다. 우선 사전적 의미로는 '배운 데 없이 제풀로 막되게 자라 교양이나 버릇이 없는 사람을 낮잡아 이르는 말'이라고 되어 있으며, 호래자식과 의미가 같다고 하였다. 그런데 이상하게 애비 없는 후레자식과 같이 앞에 대부분 '아비 없는'이라는 말이 붙어 다닌다. 김용택의 시에도 예외 없이 '애비 없는 후레자식들이 퍼간다고 마를 강물인가?'라고 하였다. 그렇다면 호로(胡虜)자식과 아비 없는 자식이 어떻게 의미가 연결될 수 있을까 생각해 보자. 우선 후레자식의 의미는 크게 두 가지로 나눌 수 있다. 하나는 홀어미나 홀아비 밑에서 자라 보고 배운 것이 부족하여 '홀의 자식'에서 나왔다는 설과 또 하나는 예의범절이라고는 도무지 찾을 수가 없는 오랑캐 노비의 자식과 같다는 의미로 호로자식에서 나왔다는 설이 있다. 결국 그 의미는 보고 배운 것이 없는 사람을 낮잡아 보는 표현이다.

원나라나 청나라 때 오랑캐(?)들이 우리나라에 침입하여 젊은 여성들을 많이 잡아갔다고 한다. 그 때 갖은 고초를 다 겪고 고향으로 돌아온 사람들이 있는데 이들을 일컬어 화냥년(還鄕女환향녀→화냥년)이라고 했다고 한다. 갖은 학설이 많지만 환향녀의 유래가 원나라에 있는지는 정확하게 문헌에 나타난 것이 없다. 물론 만주족이 세운 청나라에도 많이 끌려 갔지만 당시의 문헌에도 환향에 관한 기록은 별로 없다. 다만 환향한 여인들이 홍제원(洪濟院) 밖에 있는 냇물에서 더렵혀진 몸을 씻는 것으로 모든 것을 불문에 붙였다는 이야기가 전해진다. 그럼에도 불구하고 조선시대는 정절을 목숨처럼 귀하게 여기던 시절이라 아무리 홍제원 밖의 냇물에 씻었다고 할지라도 곱게 봐주지 않았다. 그래서 정절을 잃은 사람들을 환향녀라고 부르다가 요즘처럼 여자를 비하하는 표현으로 '년'으로 바꾸어 부르게 된 것이 아닌가 한다. 이들이 돌아와서 아이들 낳게 되면 바로 호로자식(오랑캐의 자식)이 된다. 그러므로 환향녀의 자식이 호로자식인 경우가 많았다는 설이 많이 알려져 있다.

이제 필자의 주장을 펼쳐보고자 한다. 병자호란 이전에도 이미 환향이라는 말이 존재했던 것으로 보아 이미 원나라에서 비롯된 단어로 고려시대로 거슬러 올라가야 한다고 본다. 몽고에서는 많은 고려의 여인들을 원했고, 그 중에서 타국에서의 노비생활을 이기지 못하고 환향한 여인들이 있었다고 본다. 그러므로 환향은 이미 그 유래가 오래 되었고, 또한 중국어의 花娘이라는 단어와 연계해서 살펴볼 수 있다. 화낭(花娘)의 실제 중국어 발음이 화냥임을 생각한다면 쉽게 이해할 수 있다.(조항범, 우리말 어원이야기) 예전부터 중국에서는 '기생이나 첩을 화냥'이라고 불렀다. 그 의미도 우리의 그것과 비슷하게 '성적으로 문란한 여성'을 지칭하고 있음을 볼 때 화냥년의 유래는 중국어와 동일한 발상에서 비롯되었다고 본다. 다만 언어라는 것은 시대상황이 종합적으로 어우러져 만들어지는 것을 생각한다면 고려시대의 환향과의 관계를 전혀 무시할 수 없다. 환향해서 낳은 자식이 결국은 아비 없이 자랐을 것이고, 아비 없이 자란 자식이 교육을 제대로 받지 못하여 '홀의 자식'(과부의 자식, 오랑캐의 자식)이라는 말을 들었을 것이다. 그것이 다시 모음변이로 인하여 후레자식으로 바뀌었을 가능성을 배제할 수 없다.

요즘 국적 없는 단어들이 난무하고 있다. TV 오락 프로그램이 오히려 언어의 혼란을 가중시키는 것 같아서 안타까울 때가 많다. 가능하면 아름다운 우리말을 살려 쓰는 지혜로운 국민이 되었으면 좋겠다.

최태호(崔台鎬)

- 단국대학교 한문교육학과 졸업
- 한국외국어대학교 교육대학원 한국어교육학과 졸업(교육학석사)
- 한국외국어대학교 대학원 국어국문학과 졸업(문학박사)
- 현, 한국대학교수협의회 공동 대표
- 현, 한국대학교수연대(노동조합) 공동 위원장
- 현, 대한민국 교육정상화네트워크 공동 대표
- 현, 중부대학교 교수
- 저서 : 『한국문학의 제양상』 외 40여 권
- 논문 : 「구지가고」 외 다수

한국어문화문법 3
/
우리말 어원과 변천

초판 인쇄 2022년 2월 07일
초판 발행 2022년 2월 12일

지은이   최태호
E-mail   thchoi29@hanmail.net

펴낸이   강신용
펴낸곳   문경출판사
주 소   34623 대전광역시 동구 태전로 70-9 (삼성동)
전 화   (042) 221-9668~9, 254-9668
팩 스   (042) 256-6096
E-mail   mun9668@hanmail.net
등록번호   제 사 113

ⓒ 최태호, 2022

ISBN 978-89-7846-773-5 93700

값 20,000원

* 무단 복제 복사를 금함
* 잘못 만들어진 책은 교환해드립니다.